Karl-Josef Kuschel
Weil wir uns auf dieser Erde
nicht ganz zu Hause fühlen

SERIE PIPER
Band 414

## *Zu diesem Buch*

»Mir fällt ein, was mir fehlt: das ist die Grundlage der Schriftstellerei. Das ist auch die Grundlage der Religion« – eine bemerkenswerte Aussage Martin Walsers in diesem Buch, das eine Fülle überraschender Einsichten in den engen Zusammenhang von Religion und Literatur bietet. Zwölf führende Schriftstellerinnen und Schriftsteller unserer Zeit wurden befragt nach der Bedeutung der Religion in ihrem Werk und ihrer eigenen Biographie: Christen wie Nichtchristen, Gläubige wie Skeptiker, religiös Engagierte wie Distanzierte. In der Auseinandersetzung mit Religion präsentieren sich die Autoren als verletzte, betroffene, nachdenkliche, provokative Zeitgenossen. Kein Streitgespräch, kein Fachdisput, wohl aber Hintergrundanalysen, Werkstattgespräche enthält dieses Buch zu zentralen Fragen der eigenen Existenz: Welchen Sinn hat es, von Gott zu reden? Wer ist Jesus von Nazareth? Was bedeutet seine Botschaft in einer Zeit des Unfriedens, der Angst und der Bedrohung? Welchen Sinn hat Religion? Woran kann man glauben? Welche Rolle spielen biblische Stoffe, religiöse Figuren, Mythos und Mystik für die Gegenwartsliteratur? Was ist die Aufgabe des Schriftstellers in einer zunehmend inhumanen Welt? Wichtige Autoren nehmen hier zum ersten Mal zu so grundsätzlichen Fragen Stellung. Viele bisher verborgene oder verdrängte Aspekte ihres Werkes und ihres Lebens leuchten auf. Uralte religiöse Fragen bekommen in der Sprache der Schriftsteller zeitgenössische Aktualität.

Karl-Josef Kuschels Fragestil ist unaufdringlich, unapologetisch. Literatur wird bei ihm nicht religiös vereinnahmt, sondern als Herausforderung an Theologie, Kirche und Christentum erschlossen.

*Karl-Josef Kuschel*, geboren 1948 in Oberhausen/Rheinland. Studium der Germanistik und Katholischen Theologie an den Universitäten von Bochum und Tübingen. 1977 Promotion bei Hans Küng und Walter Jens. 1978/79 Visiting Scholar an der Harvard University, Cambridge, Mass. (USA). Seit 1980 Akademischer Rat am Institut für ökumenische Forschung der Universität Tübingen und Lehrbeauftragter an der Kath.-Theologischen Fakultät. Autor zahlreicher Bücher und Artikel auf dem interdisziplinären Forschungsgebiet von Theologie und Literatur.

Karl-Josef Kuschel

# Weil wir uns auf dieser Erde nicht ganz zu Hause fühlen

## 12 Schriftsteller über Religion und Literatur

In Zusammenarbeit mit
Hartmut Meesmann

Piper
München Zürich

ISBN 3-492-00714-7
April 1985

Umschlag: Federico Luci
Satz: FotoSatz Pfeifer, Germering
Druck und Bindung: Clausen & Bosse, Leck
Printed in Germany

HANS KÜNG
WALTER JENS
IN DANKBARKEIT

# Inhalt

# Zum Verständnis

Wie gehen Schriftsteller unserer Zeit mit dem Thema Religion um? Darum geht es in diesem Buch. Mit 12 Schriftstellern habe ich Gespräche geführt und versucht, zwei Aspekte gleichzeitig im Blick zu behalten: Welche Rolle spielt die Auseinandersetzung mit Religion *im Werk,* und welche Bedeutung kommt der Religion *in der eigenen Lebensgeschichte* zu?
Keine allgemein-religiösen Fragen wurden an die Autoren herangetragen, sondern Fragen gestellt, die von der ganz individuellen Werk- und Lebensgeschichte ausgingen. Leser, die mit Person und Werk vertraut sind, werden hier mit Hintergründen und Reflexionen bekanntgemacht, die sie überraschen mögen. Leser, die Person und Werk nicht kennen, möchte ich neugierig machen, über die Auseinandersetzung mit der religiösen Thematik das ganze Werk für sich zu entdecken.
Daß die hier versammelten Autoren zu solchen Gesprächen bereit waren, ist keine Selbstverständlichkeit. Viele von ihnen sind ein nicht geringes Wagnis eingegangen. Sie haben so mit dem vermeintlichen *Tabu gebrochen*, Religion sei kein Thema mehr für »säkulare« zeitgenössische Autoren. In der Tat: verhinderten nicht oft Berührungsängste, Vereinnahmungsfurcht, Scheu vor dem Ideologieverdacht eine differenziert werkimmanente Auseinandersetzung oder gar eine öffentliche Stellungnahme? Diese Gespräche dokumentieren im Ge[illegible] teil, welch hohen Stellenwert die Religion im Werk [illegible] Denken zeitgenössischer Schriftsteller besitzt. J[illegible]

ren (I. Drewitz, B. Frischmuth, P. Härtling, A. Muschg, W. Schnurre, K. Struck, M. Walser) waren überhaupt zum ersten Mal bereit, zum religiösen Aspekt ihres Werks und Denkens öffentlich Stellung zu nehmen.

Warum gerade Schriftsteller? Was sucht Theologie im Raum der Literatur? Was kann der Theologe sich von Schriftstellern sagen lassen? Zugegeben: die Gespräche mit Schriftstellern waren für mich als Theologen mit *Erwartungen* verknüpft. Sie in aller Knappheit und Direktheit zu benennen, dient nur der Transparenz des Verfahrens. Angesichts einer tiefgreifenden Identitäts- und Relevanzkrise des Christlichen in einer – für viele Zeitgenossen bereits – postchristlichen Gesellschaft, angesichts einer Epoche jedenfalls, in der kirchliches Christentum (Theologie, Verkündigung, Pastoral) einer beispiellosen Glaubwürdigkeitskrise ausgesetzt ist, war der »Gang zu den Dichtern« in der Tat mit Hoffnungen verbunden. Hat sich bei ihnen vielleicht noch ein Stück Glauben bewahrt, der sich durch die Auseinandersetzung mit der Institution Kirche »reingehalten« hat? Ist bei ihnen vielleicht noch etwas incognito vorhanden, was frei ist von institutionellem Zwang? Sind sie nicht freier, unabhängiger, unbefangener in der Artikulation ihrer ganz persönlichen Erfahrungen? Sind sie nicht glaubwürdiger, weil sie keine Partei zu vertreten, keine Interessen zu verteidigen, keine Rück-sichten zu nehmen haben? Sind nicht gerade sie *exemplarische Zeitgenossen* – Repräsentanten ungezählter Menschen, die ebenfalls die Epochenzäsur der Entkirchlichung hinter sich haben und dennoch nach authentischer Artikulation religiöser Erfahrungen suchen? Sind nicht gerade die Künstler »ausgestattet mit einer besonderen Sensibilität für das, was sich in der Tiefenschicht einer Epoche abspielt«?
Verkörpern nicht sie einen Typus von Zeitgenossenschaft, dem die Erfahrung wichtiger ist als die Lehre, die Glaubwürdigkeit wichtiger als formelle Richtigkeit, die Authentizität wichtiger als die Orthodoxie? Auch diese Gespräche belegen es! Sie greifen damit eine Erfahrung auf, die der Marburger Kunsthistoriker und Theologe Horst Schwebel ebenfalls im Gespräch mit Schriftstellern und Künstlern machte: »Vertröstungen gelten nicht mehr, Scheinlösungen werden nicht aner-

kannt. Wo Selbstgefälligkeit, Trägheit und Feigheit das Terrain beherrschen, wird um den Durchbruch zur Humanität gestritten.« (»Glaubwürdig. Fünf Gespräche über heutige Kunst und Religion«, 1979).

Welche Absicht verfolgen diese Gespräche konkret? Sie wollen *Bewußtseinsarbeit* treiben, indem sie Literatur und Theologie gleichermaßen herausfordern. Sie wollen religiös Interessierten die Augen öffnen, daß im Raum der Literatur in der Tat ein Kontinent kreativer Sprachübungen, produktiver Phantasie und kühner Reflexionen zu entdecken ist, der den uralten Fragen der Religion eine neue zeitgenössische Vitalität verschafft. Und sie wollen literarisch Interessierten eine Ahnung davon vermitteln, daß Religion immer wieder – ob als christliche oder nichtchristliche, ob als bejahte oder bestrittene – eine unerschöpfliche Quelle literarischer Produktivität ist.

Ein Stück literarischer Feldforschung wollen diese Gespräche sein, Beiträge zu einer *konkreten Literaturtheologie* – in Form literarischer Selbstzeugnisse. Empirie und Authentizität stehen im Vordergrund, ja sind das Spezifikum dieser Gespräche. Das Buch will so als Beitrag zu einer literarisch-theologischen Produktivitätsästhetik verstanden werden, die Voraussetzungen, Methoden und Prozesse literarischer Produktivität zu erhellen versucht.

Worin liegt der *Reiz eines Gesprächs*? Es bot mir die Chance, den lebendigen Menschen hinter dem Werk zu entdecken, sein Denken im Prozeß zu verfolgen und die tastenden Versuche, Positionen zu beschreiben und Entwürfe anzufertigen, direkt mitzuerleben. Kurz, es bot die Chance, gegenüber Selbstfestlegungen im Werk noch einmal unabhängiger, ungeschützter und spontaner zu formulieren. Ziel war es denn auch, über die Vertiefung und Konkretisierung vom Werk her bekannter religiöser Positionen hinaus, den Gesprächspartner zum Entwurf »unerhörter« (bisher so nicht formulierter) Gedanken zu inspirieren. Und nicht selten »zwang« die Dynamik des Gesprächs zu Äußerungen, die für beide Gesprächspartner überraschend waren. Die dialogische Form – im Raum akademischer Germanistik oder Theologie nicht eben häufig anzutreffen – ermöglichte so ein Höchstmaß an Lebendigkeit, Offenheit und Unabgeschlossenheit des Denkens. Gespräche werden hier zum Medium der Wahrheitssuche.

Religiös-theologische *Streitgespräche* freilich enthält dieses Buch *nicht*, so sehr es von der Rede und Gegenrede lebt und für den Leser selber Auslöser dazu sein kann. Gewiß: es hätte mich als den theologischen Gesprächspartner nicht selten gereizt, gerade von den kritisch-provokativen Antworten her das Gespräch inhaltlich zu vertiefen, den Thesen noch schärfer Antithesen entgegenzustellen. Doch war Zurückhaltung geboten (auch noch dort, wo sachliche Korrekturen angebracht gewesen wären), sollte der Charakter des *Hintergrundgesprächs* gewahrt bleiben. Wo das Gespräch zwischen Theologen und Literaten gerade erst begonnen hat, muß das *Zuhören* und *Nachfragen* Priorität haben; auch nur der Anschein von Besserwissen mußte vermieden werden. Anders gesagt: in diesen Gesprächen – Werkstattgespräche im Sinne Horst Bieneks – sollten zuallererst die Autorinnen und Autoren selber zu Wort kommen. Ihr Denken, ihr Werk sollte Profil gewinnen. Die theologische Aufarbeitung und Vertiefung, ja die theologische Sachdebatte im Prozeß der Wahrheitsfindung wäre eine weitere, überaus lohnende Aufgabe. Dieser zweite Schritt aber sollte hier nicht vor dem ersten getan sein.

12 Gespräche mit so unterschiedlichen Autoren ergeben auf den ersten Blick eine disparate Fülle von Material. Ein zweiter Blick läßt freilich erkennen, daß sich in allen Gesprächen – trotz ganz individueller Fragestellungen – eine *thematische Grundstruktur* durchhält. In manchen Fällen wurde direkt ein zentrales Thema für das Gespräch vorgegeben (K. Marti zu »Ostern«, W. Jens zu »Weihnachten«, P. Härtling zu Fragen des politischen Engagements, I. Drewitz zum Thema Hoffnung, S. Heym zum Thema Marxismus und Judentum, H. Böll zum Gottes- und Christusverständnis, K. Struck zu Fragen weiblicher Identität); in anderen Fällen wurde ein genereller autobiographischer Einstieg gewählt (B. Frischmuth, A. Muschg, M. Walser); in jedem Fall aber versuchten die Gespräche – ausgehend von Schlüsselzitaten aus dem jeweiligen Werk – zentrale religiöse Themen zu umkreisen: Welchen Sinn hat es, von Gott zu reden? Wer ist Jesus von Nazareth? Welche

Bedeutung kommt Christus im Vergleich mit anderen religiösen Leitfiguren zu? Welche Bedeutung hat die Kirche? Welchen Sinn hat Religion überhaupt? Welche Rolle spielen nichtchristliche Religionen? Was ist die spezifische Rolle der Literatur? Welchen Stellenwert haben biblische Stoffe? Im abschließenden Essay (»Der Gang zu den Dichtern«) versuche ich, diese Grundthemen noch einmal zu bündeln und in Form einer kleinen Synopse die zentralen Aussagen der Autoren zusammenzustellen. Die ganze innovatorische Kraft literarischen Nachdenkens über Fragen der Religion soll auf diese Weise noch einmal nachdrücklich herausgestellt werden.

Zwölf Autoren: das wirft die Frage nach der *Auswahl* auf. Nur solche Autorinnen und Autoren kamen für diesen thematischen Zusammenhang in Frage, deren Werk für die gegenwärtige literarische Situation eine gewisse Exemplarität besitzt und deren Arbeiten erkennbar eine engagierte Auseinandersetzung mit Religion enthalten. Das Spektrum der religiösen Positionen sollte dabei breit angelegt sein. Schriftsteller, deren christliches Selbstverständnis auch öffentlich dokumentiert war (Drewitz, Jens, Marti, Rinser), sollten ebenso zu Wort kommen wie Autoren mit durchgängig religionskritischer Haltung (etwa Walser, Heym, Muschg) oder ausgesprochen atheistischer Überzeugung (Schnurre). *Entscheidend* war die *Offenheit* in der Auseinandersetzung mit Religion, ein lebens- oder werkgeschichtlich erkennbares engagiertes Interesse. Da dies den Ausschlag gab, konnte »objektive« Repräsentanz im Literarischen nicht möglich sein. Wohl aber wurde darauf geachtet, daß unterschiedliche Gruppen wenigstens symbolisch vertreten waren. Schriftstellerinnen kommen zu Wort, zwei davon gehören der jüngeren Generation an (Frischmuth, Struck), andere Autoren entstammen der mittleren oder älteren Generation. Zwei Schriftsteller kommen aus der Schweiz (Marti, Muschg), eine Autorin aus Österreich (Frischmuth), ein Autor aus der DDR (Heym).

Überraschend war, auf wieviel spontane Zustimmung die Bitte um ein solches Gespräch stieß. Noch die wenigen Absagen (im ganzen drei) entsprangen nach Aussage der angefragten Autoren keinem Desinteresse an der Sache, sondern einer eingestandenen Scheu, schon jetzt öffentlich zu so sensitiven Fragen Stellung zu nehmen. Und doch wird man manche Namen vermissen, gerade auch aus Österreich oder der DDR, gerade auch solche der jüngeren Generation, gerade auch einige Lyriker. Vielleicht wird es möglich sein, ein solches Unternehmen fortzusetzen. Als Gesprächspartner und Herausgeber habe ich freilich den Wunsch, man möge bei der Kritik dieses Buches weniger darauf achten, wer fehlt, als darauf, wer hier vertreten ist.

Ist diese so *positive Resonanz* ein hoffnungsvolles Zeichen, gar ein kulturelles Symptom, das so vor fünfzehn Jahren, als im Raum der Theologie die Parole vom »Tod Gottes« und unter Schriftstellern die vom »Tod der Literatur« umging, noch undenkbar gewesen wäre? Wie immer: mit vorschnellen Deutungen kann man den hier geknüpften Gesprächsfaden rasch wieder zerreißen. Gerade theologische Rezipienten leisteten sich einen Bärendienst, wenn sie diese neue Offenheit für Religion im Raum der Literatur bloß selbstbestätigend auf ihr Konto verbuchen würden. Die Antworten aus dem Munde zeitgenössischer Autoren zeigen, wie sehr sich diese Form der Auseinandersetzung mit religiöser Thematik gegen jegliche Vereinnahmung sperrt. Es gibt kein Zurück mehr zu einer Religion der Vergangenheit, nur noch einen kritischen Transformationsprozeß nach vorn!

Aber theologische Rezipienten können aufgrund dieser Gespräche gewiß sein, daß die von ihnen vertretene und bedachte Sache lebendig und herausfordernd bleibt. Und sie können lernen, wie man von dieser Sache betroffen und engagiert, kritisch und leidenschaftlich, aufgeklärt und aufgewühlt zugleich reden kann ohne theologische Nomenklatur, komplizierte Formelsprache und weltfremdes Vokabular. Sie können ein Stück *unbefangener Subjektivität* lernen im Umgang mit religiösen Traditionen und Texten. Und gerade weil diese Gespräche von unbefangener Subjektivität leben, wollen sie zur Stellungnahme herausfordern, zu Widerspruch und Gegenrede. Die Absicht des Buches ist, Gespräche neu zu eröffnen. Allen Autoren gilt mein herzlicher Dank für das Vertrauen und die Offenheit bei den Gesprächen.

Zur *Technik der Gespräche* mag der Hinweis genügen, daß die Autoren eine Liste mit Leitfragen vorher zugesandt bekamen, die dann im Verlauf des Gesprächs ergänzt oder variiert wurden. Nach dem Gespräch erhielten sie die Möglichkeit, ihre Antworten noch einmal schriftlich zu überarbeiten. Die Autoren haben davon unterschiedlich Gebrauch gemacht. In jedem Fall ist die vorliegende Fassung von den Autoren selber autorisiert. Bis auf eine Ausnahme sind diese Gespräche vom April 1981 bis zum Frühjahr 1985 in der Zeitschrift PUBLIK-FORUM zuerst veröffentlicht worden. Es war diese engagierte, tapfere, angesichts eines so kleinen Mitarbeiterstabs bewundernswert effektive Zeitschrift (der guten Tradition »katholischen Rebellentums« entstammend, wie Walter Dirks einmal formulierte), welche mir zuerst den publizistischen Raum zur Verfügung stellte. Hartmut Meesmann, der zuständige Redakteur dieser Zeitschrift, hat die von mir eingebrachte Idee zu den Gesprächen von Anfang an begeistert mitgetragen und ihre Realisierung ermöglicht. Er war bis auf eine Ausnahme bei allen Gesprächen präsent, hat die von mir erarbeiteten Fragen gegengelesen und für die gesamte technische Verwirklichung Sorge getragen. Ihm vor allem gilt mein herzlicher Dank für die kollegiale und freundschaftliche Zusammenarbeit in gemeinsamer Sache. Herrn Ulrich Kern, Mitarbeiter am Institut für ökumenische Forschung der Universität Tübingen, danke ich ebenfalls für gelegentliche technische Hilfe im Zusammenhang dieser Gespräche.

Gewidmet habe ich dieses Buch, dem nun bald 10 Jahre Forschung auf dem Grenzgebiet von Theologie und Literatur vorausgehen, zweien meiner Lehrer, denen ich am meisten auf meinem theologischen und literarischen Weg verdanke: Hans Küng und Walter Jens. Sie haben mich 1977 als Doktoranden kritisch begleitet und gefördert, als ich eine umfangreiche Studie über »Jesus in der deutschsprachigen Gegenwartsliteratur« erarbeitete. Seitdem haben beide ihre Zusammenarbeit weiter intensiviert, haben Projekte gemeinsam realisiert, an denen auch ich beteiligt sein konnte. Zu nennen ist vor allem das große, von ihnen einberufene Symposion über »Theologie und Literatur« im Mai 1984 an der Universität Tübingen. Es hat dem Dialog zwischen Schriftstellern, Literaturwissenschaftlern und Theologen wichtige Impulse gegeben. Ich widme ihnen dieses Buch als Zeichen der Dankbarkeit und der Ermutigung, das so wichtige Dialogunternehmen fortzusetzen.

Tübingen, im Januar 1985 Karl-Josef Kuschel

# Im Namen Gottes gegen Gott protestieren. Über Tod und Auferstehung

## Gespräch mit *Kurt Marti*

*Sie haben in einem Gespräch vor einigen Jahren über den Auslöser Ihrer literarischen Aktivitäten gesprochen. Sie sagten, daß sich für Sie erst im Verlauf Ihrer Tätigkeit als Pfarrer das Sprachproblem zu stellen begann, das Problem der Predigtsprache, das Problem der Sprache in Kirche und Theologie überhaupt. Die in der Kirche herrschende Sprache habe Sie je länger desto mehr unbefriedigt gelassen. Nun haben Sie 1969 Ihr bekanntes Lyrikbändchen »Leichenreden« veröffentlicht, in dem Sie sich mit dem Fragenkreis Tod und Auferstehung beschäftigten. Gab es dazu einen konkreten Anlaß aus Ihrer Praxis?*

Der konkrete Anlaß war meine Übersiedlung nach hier, nach Bern, 1969, in eine Gemeinde mit sehr vielen alten Leuten, infolgedessen mit vielen Sterbefällen und Beerdigungen. Ich hatte jede Woche ein oder zwei solcher Todesfälle. Wie macht man das? Man hilft sich damit, daß man sich in die Routine rettet. Ich kann ja nicht in jedem Fall voll engagiert sein. Und nach einigen Jahren ist es mir einfach ungemütlich geworden, mich da funktionieren zu sehen, in dieser Routine, die eine Art Schutzmechanismus war. Und dann hat mich einmal jemand gefragt: »Was machst Du denn, was treibst Du?« und ich sagte: »Ich komme nicht mehr zum Schreiben, ich muß nur noch Leute beerdigen!« Darauf er: »Dann mach doch das zum Thema!« Und ich dachte: »Ja, warum nicht.« Und schrieb dann die Leichenreden«, Erinnerungen an wirklich gehaltene Leichenreden. Sie sind aus der Not der Praxis heraus entstanden, ein Versuch, Distanz zur Routine der Praxis zu bekommen.

*In den »Leichenreden« fällt auf, daß Sie neben zahlreichen theologischen Autoren auch Leute wie Heine, Fromm, Bloch und auch Pariser Mauerinschriften aus dem Jahre 1968 zitieren. Welche Rolle spielt das marxistische Denken in Ihrer Reflexion über die Fragen von Tod und Auferstehung?*
Keine. Es sei denn, auf eine ganz indirekte Weise dadurch, daß der Marxismus dazu beiträgt, daß man sich fragt: Gibt es ein Leben *vor* dem Tod? Das ist die marxistische Fragestellung. Wenn man ständig konfrontiert wird mit der Frage aus der Gemeinde: »Gibt es ein Leben *nach* dem Tode?«, so ist natürlich der Marxismus eine Art Motivation zur Gegenfrage: »Gibt es ein Leben *vor* dem Tod?«
*Nun taucht ja in einem Gedicht aus den »Leichenreden« bei Ihnen eine eigentümliche Verknüpfung von Auferstehungshoffnung und Herrschaftskritik auf. Die Rede von »das könnte manchen Herren so passen / dass mit dem Tode alles beglichen / die Herrschaft der Herren / die Knechtschaft der Knechte / bestätigt wäre für immer« stellt ja die Verwalter, die Beherrscher des Diesseits noch einmal unter ein Gericht und destabilisiert somit Herrschaftsverhältnisse, die sich hier und jetzt für endgültig halten. Das hieße: Ohne die Auferstehungshoffnung der Knechte lebten die Herren sicherer. Ist da nicht von ihnen eine Verbindung von christlicher Utopie und marxistischer Diesseitsanalyse intendiert?*
Die Rede von der Auferstehung als Kritik an den bestehenden gesellschaftlichen Hierarchien glaube ich direkt aus der Verkündigung Jesu bezogen zu haben. Wenn Er beispielsweise sagt: Die Großen der Welt üben Gewalt über euch, unter euch aber soll und wird es nicht so sein, die Ersten werden die Letzten sein ... und all diese Texte, im Blick also auf das, was Er sagt zur Zukunft. Marxistisches mag das noch verstärkt und bestätigt haben. Ich bin ja als Pfarrer verpflichtet, jeden Sonntag von der Bibel her zu argumentieren. Wenn dann noch andere Dinge dazukommen, die mich in meiner Sicht des Evangeliums bestärken, gut, dann nehme ich sie dankbar mit hinzu.
*»Wir sind Protestleute gegen den Tod«, sagen Sie mit Christoph Blumhardt und schreiben in einem entsprechenden Gedicht: »Im Namen dessen, der Tote erweckte, im Namen des Toten,*

*der auferstand, wir protestieren gegen den Tod von Gustav E. Lips.« Wird so nicht eigentlich die Theodizeefrage (Wie kann der gute Gott das Leid zulassen?) umgangen? Kann man im Namen dessen gegen etwas protestieren, was derselbe wenn nicht betrieben, so doch auch nicht verhindert hat? Heißt das nicht in letzter Konsequenz, im Namen Gottes gegen Auschwitz protestieren?*

Ja, genau, das heißt's. Das Gedicht bezieht sich ja auf einen Mann, der durch einen Verkehrsunfall, also gewaltsam, ums Leben gekommen ist. Wenn man annimmt, daß Gott das will, daß Leute einander gegenseitig umbringen, im Verkehr zum Beispiel, dann muß man auch den Schritt tun und sagen: Es ist Gottes Wille, daß Leute sich gegenseitig umbringen, im Krieg und eben bis hin zu Auschwitz. Wenn der gewaltsame Tod, den Menschen anderen Menschen zufügen, – der Verkehrsunfall ist noch der leichteste Fall –, wenn man also dieses Töten mit Gott rechtfertigt und gleichsam Gott hinter diesem Töten annimmt, dann ist wirklich kein Halten mehr; dann kann man alles rechtfertigen; dann kommt man zu einer Vorstellung des Verhältnisses Gott–Mensch, wonach der Mensch letztlich eben doch nur eine Art Marionette Gottes ist, eines Gottes dann, der allmächtig ist in einem furchtbaren, entsetzlichen Sinn. Karl Barth hat von diesem Allmächtigen, der alles bewirkt, auch diese Töterei, gesagt, er sei ein Götze, der Satan. In dieser Sicht habe ich mir – weil es konkret immer vorkommt, daß ich solche Beerdigungen halten muß – einfach abgewöhnt, bestimmte Formeln, die beispielsweise in der Liturgie gegeben sind – etwa: Es hat Gott dem Herrn gefallen, den und den durch den Tod, auch den Unfalltod, abzuberufen – zu gebrauchen. In der Praxis kann ich dann nur stammelnd etwas sagen, vielleicht nicht so trostvoll. Das Althergebrachte könnte die Angehörigen im Moment vielleicht besser trösten, aber ich fürchte, daß sie dadurch bestätigt würden in einem völlig unchristlichen Gottesbild.

*Aber ist das nicht letztlich ein Widerspruch: Im Namen Gottes gegen Gott zu protestieren? Oder Sie müssen sagen: Dann war Gott nicht in dem Unfall, dann war Gott nicht in Auschwitz. Man kann – und viele haben es getan – im Namen von Ausch-*

*witz gegen Gott protestieren. Aber angesichts von Auschwitz im Namen Gottes gegen Gott ...? Wogegen protestieren Sie denn da noch im Namen Gottes?*

Gott war in Auschwitz als Jude! Ich glaube wirklich nicht, daß Gott jener Weltenlenker und Weltregierer ist, den wir nun haftbar machen können für das Furchtbare, das wir tun. Ich glaube, der Mensch hat eine ungeheure Freiheit, eine furchtbar gefährliche Freiheit. *Das* ist das eigentliche Rätsel! Warum hat Gott ein so freies, ein im guten wie leider auch im schlechten Sinne so fähiges Wesen geschaffen, das auch ein Auschwitz zustandebringt? Diese Frage bleibt stehen und ich möchte sie nicht auflösen dadurch, daß man im Hintergrund doch einen Weltenlenker annimmt, der auch Auschwitz gleichsam organisiert oder toleriert hat. Das ist wirklich menschliche Schuld.

*Was steckt denn dann letztlich hinter etwa einem uneinsehbaren Unfall? Schicksal? Der Zufall?*

Menschliches Verschulden sehr häufig, meistens sogar ...

*Und bei Naturkatastrophen? Erdbeben?*

Ja, das nehme ich hin ... Dafür kann kein Mensch etwas. Ich würde auch von einer Naturkatastrophe, einem Erdbeben, nicht einfach sagen, das sei Gottes Gerichtszeichen oder so. Ich weiß nicht recht, was es ist. Es kann eine Mahnung an unsere Vergänglichkeit sein, an unsere Gefährdetheit, eben als Wesen in der Natur. Aber das ist etwas ganz anderes, als wenn es um Krieg geht, als wenn es darum geht, daß Menschen einander erschlagen. Erdbeben muß ich wahrscheinlich annehmen als Fügung, als Schicksal. Daß aber Menschen sich gegenseitig umbringen, das soll ich nicht annehmen, sondern mich dagegen auflehnen.

*Woran sich die Kritik an Ihrer Position entzündet, ist, daß Sie diese Kritik im Namen Gottes vorbringen. Gibt es nicht die Alternative, radikal zuzugestehen, daß wir da etwas nicht wissen, daß wir da auch Gott aus dem Spiel lassen?*

Aber ich weiß doch von Jesus her, daß Gott nicht will, daß wir einander umbringen! Das läßt sich von Jesus her doch eigentlich mit Sicherheit sagen. Hier kann ich doch sagen: Das will Gott nicht. Jesus selbst hat, als der Turm in Siloha einstürzte, den Leuten gesagt: Das ist ein Zeichen für euch, aber das war eben eine Naturkatastrophe. Das gegenseitige Töten, das ist für mich klar, liegt nicht im Sinne Jesu.

*Sie biegen die Fragen nach dem Wie, Wann und Überhaupt der Auferstehung in einem Ihrer Texte ab und verweisen auf die Auferstehung derer, die leben. Der Text endet: »Ich weiß nur, wozu er uns ruft, zur Auferstehung heute und jetzt.« An einer anderen Stelle reden Sie davon, daß wir vom täglichen Tod auferweckt werden müssen. Was heißt das konkret: Auferstehung hier und jetzt? Der tägliche Tod?*

Indem das nicht mehr geschieht, daß man einander umbringt, im Krieg – aber auch im Verkehr. Man gewöhnt sich ja so schnell an alles. Aber vielleicht auch, daß man einander nicht umbringt auch in einem übertragenen Sinn, nämlich mit Worten, mit Unverständnis, mit Haß und Vorurteilen. Das alles ist auch ein Stück Sich-gegenseitig-Umbringen. Positiv gesagt, daß man gemeinschaftsfähig wird, gemeinschaftsfähig ist, füreinander, miteinander lebt und in diesem Miteinander auch das eigene Leben entfalten kann. Gott will das Leben und nicht das Gegenteil, daß wir einander das Leben nehmen, stehlen, uns gegenseitig um das Leben betrügen.

*Würden Sie nun aus Ihrer 30-jährigen Gemeindeerfahrung einen Punkt benennen können, wo Sie einmal aus voller Überzeugung sagen konnten, hier ist Auferstehung heute und jetzt passiert?*

Ja doch, das gibt es. Das sind aber immer ganze Geschichten, das kann man nicht in zwei Sätzen erzählen. Ich habe es erlebt in Ehen, die völlig durcheinander und zerstritten waren, daß die Ehepartner ihre tote Ehe doch wieder auferwecken, miteinander auferstehen konnten. Ich hab's erlebt, daß Leute sich verändert haben, aus ihrem engen Privatleben, in dem sie mehr und mehr frustriert waren, ausgebrochen sind ... Jemand übernimmt zum Beispiel eine führende Position in der Gefangenenhilfsorganisation »amnesty international«, obwohl er vorher in einer ganz bürgerlichen Umgebung dahinlebte. Ich habe es aber auch erlebt bei jungen Menschen, die ich in der Konfirmation hatte, die ein wenig ratlos und eben frustriert durch's Leben liefen, plötzlich aber motiviert worden sind, sich in einer Arbeitsgruppe für die Dritte Welt voll einzusetzen. Man erlebt an solchen Fällen, wie jemand aufersteht, sich tatsächlich aus den kleinen, oft lächerlichen, auch sehr belastenden Miseren einer kleinbürgerlichen Existenz befreit.

*Gibt es solche Erfahrungen auch im gesamtgesellschaftlichen Bereich? Sehen Sie da Entwicklungen, von denen Sie sagen könnten, hier geschieht Auferstehung? Über Revolutionen als Motor gesellschaftlicher Veränderungen denken Sie ja wahrscheinlich sehr nüchtern.*

Das ist schwierig. Ich sehe einerseits, daß alles schiefgehen kann, nimmt man die Ökologie, die Rüstungsproblematik. Das alles kann durchaus apokalyptisch enden. Und ich leide unter diesen finsteren Aussichten und finsteren Möglichkeiten.

*Vielleicht kann ich gerade hier weiterfragen, weil es nicht so einfach ist, die Frage der Auferstehung im gesamtgesellschaftlichen Rahmen zu beantworten. Sie haben keine Mühe, wenn ich das richtig verstehe, die Passion gesamtgesellschaftlich sehr konkret zu beschreiben. Sie schreiben zum Beispiel in »Zärtlichkeit und Schmerz«: »Passion 1973. Der Hohe Rat der Unternehmer und ihrer Generale entschied: Ein Präsident soll kein Freund der Armen, er soll ein Komplize der Reichen sein. Der Hohe Rat fällte sein Urteil: Des Todes schuldig. Das Urteil wurde sogleich vollstreckt. Am Präsidenten zuerst und dann an 20000 Chilenen. Darauf begab sich der Hohe Rat geschlossen und dankbar zur Heiligen Messe, beugte seine Knie vor dem Gekreuzigten und von Pastor Wurmbrandt traf telegrafisch ein Glückwunsch ein. Und siehe der Kaufpreis stieg und das Weiße Haus und die Multis atmeten auf. Lehrer frohlockten in bernischen Schulen: Endlich wieder Ruhe und Ordnung in Chile.« Also: Die Passionsgeschichte Jesu und die Passion der Sozialisten Chiles werden hier ineinander verwoben. Gäbe es Ähnliches auch bezüglich der Auferstehungshoffnung zu beschreiben? Tun sich nicht Schriftsteller schwerer, gerade Auferstehungshoffnungen zu beschreiben als Passionsszenen zu skizzieren?*

Das ist immer ein Akt der Hilflosigkeit, wenn man einen Vorgang nur als Passion beschreiben kann. Wenn's um Auferstehung geht, in diesem gesellschaftlichen Sinn, dann möchte ich das nicht mehr schreiben wollen, ich wäre am liebsten dabei, wenn so etwas geschieht. Ich glaube schon, daß es Auferstehungserlebnisse gibt. Ich sehe das beispielsweise in der ganzen Bewegung gegen die Atomkraftwerke, oder bei Ihnen in der Bundesrepublik unter den Grünen. Auch da spüre ich – in diesen Tendenzen und Aufbrüchen – etwas von Auferstehung.

*Und im christlichen Bereich?*

Im Einsatz für die Dritte Welt. Ich habe das hier miterlebt. Es waren ja vor allem kirchliche Impulse ausschlaggebend, die sich aber über die Kirchen hinaus ausgeweitet haben. Und das ist auch richtig so. Wir wollen eine andere Welt, nicht nur eine andere Kirche. Die Kirche kann immer nur ein Vehikel, ein Instrument sein, wenn es um die Welt geht. Insofern finde ich es gut, daß alle diese Tendenzen und Aufbrüche nicht nur kirchlich sind, sondern weit über die Kirche hinausgehen, daß auch noch andere Motivationen mit dazu kommen, von denen die Kirche ihrerseits wieder etwas lernen könnte. Bedenklich ist nur, daß die offizielle Kirche immer wieder eher bremsend wirkt und furchtbar ängstlich ist. Das gibt einem zu denken. Also, Auferstehungserlebnisse gibt es ganz sicher. Oder nehmen Sie nur Polen, wie da plötzlich ein Lech Walesa auftritt und eine Situation völlig verändert. Das hat man gar nicht voraussehen können. Aber es ist wie bei Jesus, da ist beides zusammen: die Hoffnung, daß etwas anfängt und andererseits die apokalyptischen Warnungen.

*Was bedeutet für Sie eigentlich die Rede von der Auferstehung Jesu? In einem nachapostolischen Bekenntnis schreiben Sie: »Ich glaube an Jesus, ausgeliefert wie wir der Vernichtung des Todes aber am dritten Tag auferstanden, um weiterzuwirken für uns und unsere Befreiung, bis Gott alles in allem sein wird. Ich glaube an den Heiligen Geist, der uns zu Mitstreitern des Auferstandenen macht, zu Brüdern und Schwestern derer, die für Gerechtigkeit kämpfen und leiden.« Sind Sie der Meinung, daß Auferstehungshoffnung auch grundsätzlich ablösbar ist von der Auferstehung Jesu? Wie dies etwa im Judentum der Fall ist?*

Ich glaube nicht, daß Jesus in ein Jenseits auferstanden ist, sondern – aber bitte, das sind jetzt keine endgültigen Aussagen, das ist, was ich *jetzt* darüber denke – sondern er ist, so interpretiere ich Ostern, auferstanden in seine Jünger, in seine Gemeinde. Er wirkt durch die Jünger, durch die *gute* kirchliche Tradition in die Welt hinein. Das verstehe ich unter seiner Auferstehung. Und nicht so, daß er in irgendeine metaphysische Überwelt auferstanden wäre. Er ist auferstanden, glaube ich, in diese Welt und in ihre Zukunft hinein, und ich sehe nicht, wie anders man eigentlich die Ostergeschichten auslegen soll. Er motiviert die Jünger, die völlig am Boden waren und die überhaupt keine Motivation mehr hatten. *Er* hat sie neu motiviert. Ich glaube, dieser Prozeß geschieht immer wieder! Er ist auferstanden in diese unsere Kirche als der immer wieder neu Motivierende: Damit die Kirche ihrerseits in das Leben hinein aufersteht, die Welt in seinem, in Jesu Sinne verändert.

*Und die Auferstehung allgemein? Läßt sie sich nur über die Auferstehung Jesu verstehen?*

Das sind ja heiße Fragen, ich kann mich da furchtbar blamieren. Ich würde die allgemeine Auferstehung nicht unbedingt zusammengekoppelt sehen mit der Auferstehung Jesu. Aber ich würde in Jesus so etwas sehen wie einen Exponenten der allgemeinen Auferstehung. Doch ich muß gestehen, ich kann mir unter allgemeiner Auferstehung wenig vorstellen, zunächst. Ich glaube, wenn man sich's vorstellen wollte, so würde man doch immer nur bei einer Fortsetzung des jetzigen Lebens bleiben ...

*Über den Tod hinaus?*

Über den Tod hinaus. Nach allem aber, was ich aus der Bibel weiß, wäre das aber gar nicht Auferstehung, es wäre eher Unsterblichkeit, Unsterblichkeit der Seele. Auferstehung ist aber Tod, radikale Vernichtung des Menschen mit Leib und Seele – und dann etwas Neues! Also, Unsterblichkeit könnte ich mir noch vorstellen, das stellen sich ja viele Religionen vor. Aber offenbar ist Auferstehung etwas anderes und die Bibel redet von Auferstehung und nicht von Unsterblichkeit. Ich glaube, daß es eine Verwandlung gibt, daß Gott Verwandlung bewirkt. Ich glaube sogar, daß es zur Schöpfung gehört, daß sich alles immer wieder verwandelt, und ich lese an der Schöpfung ab, auch in der materiellen Schöpfung, daß nichts verlorengeht. Es bleibt aber auch nichts wie es ist, sondern es kommt völlig anders wieder. Oder erscheint völlig anders von neuem. Auferstehung heißt für mich: Ich sterbe oder wir sterben Gott entgegen im Vertrauen, daß, was immer er machen wird, wohin und wozu auch immer er uns verwandeln wird, daß es gut so ist, weil ich glaube, daß Gott gut ist. Mehr kann ich nicht dazu sagen, als erstens auf Gott zu blicken, und zweitens auf dieses Beispiel, das uns immer wieder gegeben wird, auf das Samenkorn, das stirbt ...

*Das ist das Paulinische Motiv vom Verwandeltwerden ...*

Ja, ich habe das Gefühl, wenn man von Auferstehung spricht, dann taucht immer wieder dieser Fortsetzungsgedanke auf: Werden wir uns wiedersehen? Nach dem Tode? Das ist die Vorstellung von einer einfachen Verlängerung; von Verwandlung ist nichts dabei. Doch gerade dieses Moment der Verwandlung ist mir sehr wichtig. Aber ich kann nichts aussagen über das, was sein wird.

*In diesem Zusammenhang eine konkrete Zuspitzung. In einem Karl-Marx-Gedicht heißt es bei Ihnen: »Hier und da, weißt Du, glaube ich wirklich an Auferstehung. Warum also nicht an die Deine? Deinen Erbschändern, fürchte ich, hoffe ich, käme sie so wenig gelegen, wie den Profitgeiern bei uns. Deswegen, gib keine Ruhe, dreh Dich weiter. Der Tag wird kommen.« Es fällt hier sprachlich einmal der vertraute Umgang auf, den Sie mit Karl Marx pflegen, zum anderen ist die Auferstehungshoffnung, die Sie hier mit Karl Marx verbinden, mit der jesuanischen in Parallele gesetzt. Sehen Sie grundsätzliche Unterschiede? Wird Marx also ähnlich auferstehen wie Jesus?*

Nein, keineswegs, nicht daß ich wüßte! Aber ich sehe in ihm einen, der versucht hat, ungerechte Verhältnisse zu verändern. Ich glaube, daß er das ehrlich gewollt hat. Vielleicht, gut, ist er auch mitschuldig an den Perversionen des heutigen, des realen Marxismus. Ich denke deshalb, daß, wenn er heute käme und wieder die Gesellschaft analysieren würde, daß diese Analyse dann anders ausfallen würde, daß er nämlich auch die sozialistischen Gesellschaften mit seiner Methode kritisieren würde, sich entsetzen würde, daß er da dogmatisiert worden ist. Daß auch er sich wandeln würde, das heißt, daß auch das, was der

Marxismus eingebracht hat in unsere Geschichte, in unser Denken, daß auch dies sich wandeln muß. Die Kirche sollte im Gespräch bleiben auch mit dem Marxismus, weil da einiges zu lernen ist. Aber es geht nicht darum, daß Karl Marx auferstanden ist oder auferstehen wird, jedenfalls nicht anders als wir alle. Der Marxismus an und für sich ist genauso in den Prozeß der Verwandlung einbezogen. Es gibt vielleicht einmal ein Christentum oder christliche Zustände, die den Marxismus überflüssig machen, es gibt vielleicht einmal einen Marxismus, der im besten Sinne die Kirche überflüssig macht. Das wäre dann die Synthese. Aber das ist eine Utopie.

*Zum Ausdruck Ihrer Auferstehungshoffnung verwenden Sie sehr oft die Paulinische Redeweise vom »Gott, der alles in allem sein wird«. Was heißt das konkret? Wird das nach Ihrer Vorstellung jemals innergeschichtlich verwirklichbar sein?*

Nicht, wenn Sie das als Ergebnis einer innergeschichtlichen Evolution sehen wollen. Wenn Sie aber meinen, daß es in der Geschichte auch Innovationen, nicht nur Evolutionen gibt, daß also etwas Neues eintreten kann, etwas, was man nicht einfach aus dem Bisherigen ableiten kann, dann würde ich das bejahen.

*Welche Rolle spielt Gott bei diesem innovatorischen Akt?*

Ich habe ein Unbehagen, wenn man Gott als Herrn der Geschichte versteht. Ich kann ihn nicht einfachhin identifizieren mit der geschichtlichen Entwicklung, nach der Art etwa: Die Weltgeschichte ist das Weltgericht. Dann hätten ja immer die Sieger Recht und die Besiegten, von denen niemand mehr spricht, die fielen gleichsam aus Gott heraus. Nein, Gott steht der Geschichte gegenüber, er ist es darum auch, der etwas Neues in die Geschichte einbringen kann. Ich glaube, mit Jesus hat er tatsächlich etwas Neues in die Geschichte eingebracht. Jesus mußte nicht kommen, das war nicht geschichtsnotwendig.

*Das Thema Auferstehung zieht sich eigentlich wie ein roter Faden durch Ihr Werk, und zwar auch mehr indirekt, indem sie utopische Auferstehungsbilder zeichnen. Da spielt etwa das Bild des Tanzes eine große Rolle; aber theologische Originalität liegt eigentlich in Ihrem Bild vom messianischen Paar. Sie schreiben: »Einleuchtender, weil bibelnäher, schiene mir im Vorstellungsbild der Wiederkunftserwartung an ein Messiaspaar zu denken, welches das Ende jeder einseitigen Geschlechtsherrschaft, vielleicht das Ende jeglicher Herrschaft von Menschen über Menschen darstellen könnte.« Fragen des Verhältnisses zur Frau schließen sich hier an, Fragen des Verhältnisses zur Körperlichkeit und Sexualität, Fragen auch nach dem, was Sie die Theogustie genannt haben. Könnten Sie den Hintergrund dieser Einsichten etwas erläutern?*

Da gibt es einen mehr persönlichen Ansatz zunächst, und einen mehr grundsätzlich-reflektierenden. Mir hat die rein männlich-väterliche Vorstellung von Gott immer ein bißchen mißfallen, muß ich sagen. Das war für mich schon immer eine Blockierung. Ich habe mich schon als Student für das interessiert, was C. G. Jung über Trinität und das Weibliche in der Gottheit damals geschrieben hat. Die männliche Gottesvorstellung genügte mir einfach nicht, weil ich entscheidende Erfahrungen und Einsichten Frauen verdanke. Ich bin recht unkirchlich aufgewachsen. Als ich als Pfarrer dann in die Kirche kam, da haben mich alle die Pfarr-Herren, diese damals patriarchalischen, doch sehr schockiert – die patriarchalische Pfarrhauswelt gerade im Protestantismus! In meiner persönlichen Entwicklung war da ständig ein Stachel. Von daher war ich schon immer empfänglich – nicht erst jetzt von der feministischen Theologie her – für Versuche, Gott anders zu denken, gleichsam das Weibliche auch zu integrieren in die Gottesbeziehung, in das Gottesverständnis. Mit der Zeit ist dann das Moment der Reflexion stärker geworden und dazu kam der Aufbruch der ganzen feministischen Theologie. Man kann verstehen, wenn jetzt die Frauen rufen: Gott ist eine Frau. Das kann aber nicht die letzte Lösung sein.

Letzte Lösung kann nur sein, daß beides in Gott integriert ist, daß beides von Gott herkommt – und das steht ja schon in der Schöpfungsgeschichte: Gott schuf den Menschen ihm zu Bilde, als Mann und Frau schuf er sie – also, Mann und Frau sind zusammen Gottes Bild. Nun kommt natürlich die Frage: Aber Jesus ist ja ein Mann, der Messias. Aber Jesus konnte, unter diesen historischen Bedingungen wie sie damals existierten, gar nichts anderes als ein Mann sein, weil die Frau ja gar nicht öffentlich hat wirken können. Er war sozusagen dazu verurteilt, ein Mann sein zu müssen, aber das ist nicht das letzte Wort. Deshalb muß auch die Messiaserwartung dementsprechend verändert werden dürfen. Vielleicht liegt die Innovation darin, daß der Messias eben nicht mehr nur ein Mann ist, auch nicht das Gegenteil, also nur eine Frau, sondern warum nicht ein Paar? Es hat ja übrigens auch schon in der Romantik einzelne Männer gegeben, die von einem weiblichen Messias gesprochen haben ...

*Franz von Baader zum Beispiel ...*

Ja.

*Aber bringt dies Christen nicht in Schwierigkeit mit der Vorstellung von Christus als dem Messias, der zweiten Wiederkunft Christi als des Messias?*

Da müßte man zunächst einmal darüber sprechen, was soll Wiederkunft überhaupt, welche Funktion hat sie in unserem Glauben? Gut, mir geht's drum, die Bilder und Vorstellungen, die in der Kirche eben so da sind, ein bißchen zu verändern und zu fragen: Warum könnte nicht ein Paar wiederkommen? Es gibt in der östlichen Theologie die Vorstellung, daß Christus mit der Sophia, der Weisheit, wiederkommt. Das wäre ja auch ein Paar.

*Eine letzte Frage zur Auferstehung: Der Schriftsteller Friedrich Dürenmatt hat zu seinen Kreuzigungsgrafiken einmal geschrieben, daß angesichts der Zustände, der permanenten Kreuzigung – sinngemäß ausgedrückt – nicht eigentlich heute das Kreuz, sondern die Auferstehung das Skandalon des Christentums sei. Würden Sie dem zustimmen?*

Das Skandalon bleibt nach der Bibel das Kreuz. Aber vielleicht ist Skandalon nicht das richtige Wort. Vielleicht müßte man sagen: Die Schwierigkeiten des Christentums und des Glaubens, die liegen natürlich mehr im Auferstehungsglauben. Weil ja der Kreuzigungsglaube nicht nur ein Glaube ist, sondern ...

*Sondern eine Erfahrung?*

Ja, ganz richtig, eine Erfahrung, eine furchtbare Erfahrung, die sich durch die Jahrhunderte zieht. Das ist Realismus. Insofern ist das weniger schwierig zu verstehen als die Auferstehung.

*Also Auferstehung ist die größere Zumutung für die Vernunft?*
Ja.
*Ihre literarischen Arbeiten kommen aus der pastoralen Praxis. Wirken sie auch wieder dahin zurück? Wie sieht das etwa in einem konkreten Fall aus?*
Ich kann vielleicht, weil wir mit den »Leichenreden« begonnen haben, mit den »Leichenreden« antworten. Ich habe sie geschrieben, sie sind dann publiziert worden. Und das hat natürlich Rückwirkungen gehabt auf meine Gemeindepraxis. Ich bin ja nun, nachdem viele Leute diese »Leichenreden« gelesen haben, daran gebunden. Ich kann mich konkret, in den Kasualien nicht dementieren. Ich will es auch nicht. Es ist für mich selbst eine Hilfe gewesen, um aus der Routine herauszukommen. Es gibt natürlich Leute, die haben die »Leichenreden« gelesen, und die sagen, wenn in der Familie jemand stirbt ...
*Dann lasse ich mich von dem nicht beerdigen ...*
Ja eben. Aber das macht nichts, weil wir mehrere Pfarrer sind. Da habe ich auch kein schlechtes Gewissen, sie können zu einem Kollegen gehen, der vielleicht ihr Bedürfnis abdeckt. Und es gibt dann die anderen, die kommen und sagen: Wir haben die »Leichenreden« gelesen und hier ist jetzt jemand gestorben und wir möchten, daß Sie in diesem Sinne eine Abdankung halten. Zum Beispiel mit der »Leichenrede« von Gustav E. Lips. Da ist zum Beispiel ein junger Familienvater durch einen Autounfall ums Leben gekommen, ein andermal ist einer in den Bergen abgestürzt, auch ein junger Familienvater, und die Angehörigen sind dann zu mir gekommen und haben gesagt: Wir würden es nicht ertragen, wenn jetzt ein Pfarrer käme und würde sagen, dies alles ist Gottes Wille.
Natürlich, ich bleibe nicht auf dem stehen, was in den »Leichenreden« formuliert ist. Ich versuche auch da, weiterzudenken. Nie habe ich eine literarisch verknappte Leichenrede gehalten. Ich weiß aber von vielen Kollegen, daß sie diese literarischen Leichenreden in Beerdigungen einbauen. Das greift also schon hinein in meine Praxis als Gemeindepfarrer, und nicht nur in die meine.

# Wie es ist und wie es sein könnte. Über Weihnachten als Utopie

## Gespräch mit *Walter Jens*

*Herr Jens, Sie haben sich in letzter Zeit sehr engagiert mit der Friedensproblematik auseinandergesetzt und dabei immer wieder – gewissermaßen wie auf einen Basistext – auf die Weihnachtsgeschichte bei Lukas zurückgegriffen. Sie haben diesen Text auf dem diesjährigen Hamburger Kirchentag ausführlich für unsere Zeit interpretiert und sind auch jüngst als Herausgeber einer Textsammlung zum Thema »Frieden. Die Weihnachtsgeschichte in unserer Zeit« hervorgetreten. Warum hat Sie gerade diese lukanische Weihnachtsgeschichte so betroffen gemacht?*

Weil in dieser Weihnachtsgeschichte beispielhaft gezeigt wird, wie es *ist* und wie es sein *könnte*; wie die Welt sich in der Politik ausnimmt – das wird bei Lukas ja sehr nüchtern dargestellt – und wie demgegenüber ein Friedensreich Konturen gewinnen kann, das Zeichen wie Freundlichkeit, Sanftmut, Innigkeit in einer Weise repräsentiert, die die friedlose politische Welt – die in der Weihnachtsgeschichte gar nicht einmal so sehr kriegerisch dargestellt wird – ad absurdum führt. Für mich ist deshalb die Weihnachtsgeschichte die größte Utopie, die sich denken läßt: Nur, daß es sich im *uneigentlichen* Sinn um eine Utopie handelt, weil der Ort, der Stall, die Höhle, die Weide der armen Leute, sehr genau gezeichnet ist: Frieden garantiert durch die Benachteiligten, Frieden geleistet aus der Perspektive der Plebejer, Frieden verwirklicht von den Ärmsten. Nein, ich kann mir nicht denken, daß es einen humaneren Text als diesen geben könnte.

*Sie sagen, »wie es ist und wie es sein könnte«. Sie weisen also auf den Doppelaspekt dieser Geschichte hin: Gesellschafts- und Herrschaftskritik einerseits, also die Antiidylle schlechthin, und andererseits das »Gegenzeichen«, das »Hoffnungsbild«, der Gegenentwurf also zur vorfindlichen Gesellschaft, die voll von Macht und Gewalt steckt. Ist diese Weihnachtsgeschichte für Sie ein Text unter vielen, den Sie beliebig austauschen könnten, oder hat er etwas Einmaliges?*

Er hat etwas Einmaliges, weil die Geschichte ja nicht aus dem Kontext zu lösen ist. Das aufgesuchte Kind, dessen Insignien, die Windeln zum Beispiel, Gott bezeichnen, wird – das ist nicht zu vergessen – elendig krepieren. Und das gleiche Kind in der Krippe wird indirekt schuldig sein – im Sinne einer Veranlassung – am Mord vieler armer kleiner Kinder männlichen Geschlechts. Das heißt, der Stall und das Kreuz, die Anbetung und der bethlehemitische Kindermord gehören zusammen. Deshalb kann ich mir diese Geschichte nicht als austauschbar denken. Sie ist in der Tat einmalig, weil sie das Freundlichste und das Grauenerregendste so aneinanderkettet, wie es kein vergleichbarer Text der Weltliteratur tut.

*In Ihrer Auslegung der Geschichte wird so etwas wie eine politische Deutung des Christlichen sichtbar, die normative Züge trägt. Gibt es für Sie – vielleicht gerade vom Weihnachtsthema her – so etwas wie ein politisches »Grundgesetz« des Christlichen, das sich in konkretem politischen Handeln niederschlagen muß? Sehen Sie umgekehrt aber auch die Gefahr einer einseitigen Politisierung des Christlichen etwa für parteipolitische Zwecke?*

Zum zweiten Punkt: Ein schlichtes Ja. Das Christliche ist zwei Jahrtausende lang politisiert worden zugunsten einer herrschenden Klasse, zugunsten einer Amtshierarchie, zugunsten von mächtigen Parteien. Ich brauche nur an die Worte der Bischöfe zur Staatsverschuldung zu erinnern, um deutlich zu machen, was ich meine.

Mir geht es um etwas anderes. Natürlich weiß ich, daß man mit der biblischen Botschaft nicht Wohnungs- und Arbeitslosenprobleme lösen kann. Wer so redet, macht seinen Gegner lächerlich. Ich kann mir aber nicht denken, daß es irgendeine Rechtfertigung vom Evangelium her für die These »Gewehre rechts, Gewehre links, das Christkind in der Mitten« geben kann. Ich kann mir auch schlechterdings nicht vorstellen, daß es eine andere Aufgabe für einen Christen gibt, als auf allen Ebenen – den Mitmenschen gegenüber, in der Familie, im eigenen Land und im Angesicht des Gegners, der für einen Christen nie ein Feind sein kann und darf – Frieden zu stiften. Das galt immer. Das gilt aber heute ganz besonders. Jede Granate, die gebaut wird, verhindert das Sattwerden hunderttausender von Kindern.

Das heißt: Wer sich heute für die Rüstung erklärt, kann nicht mit dem Argument kommen, auch diese diene am Ende irgendwie dem Frieden – so wie es manche kirchlichen Würdenträger beider Konfessionen gern hätten. Rüstung dient heute zunächst einmal dem elendigen Tod von hunderttausenden kleiner Kinder in der Krippe, die sich von Jesus von Nazareth allenfalls dadurch unterscheiden, daß ihre Mütter keine Windeln für sie haben, nicht einmal dies.

Deshalb meine ich, das Grundgesetz für einen Christen im weitesten Sinne sei, Frieden zu stiften. Ich sehne mich nach den Zeiten, als anklägerisch-humane Künstler wie Otto Dix Jesus mit der Gasmaske gemalt haben. Ja, wir sollten ihn heute wieder mit der Gasmaske malen. Wir sollten auch dem kleinen Kind, dem Windelkind der Weihnachtsgeschichte, eine Gasmaske in die Krippe legen, um zu zeigen, wie groß die Perversion des Satzes »Wir Christen sind für den Frieden, aber nicht für den Frieden um jeden Preis« ist – mit dem Blick auf die Kinder, das sollte genügen. Sich für die Rüstung zu erklären bedeutet, im Hier und Heute zu morden.

*Die Weihnachtsgeschichte ist also für Sie in der Nüchternheit und sanften Präzision, wie Sie einmal gesagt haben, ein dramatischer Appell zur Umkehr und zum Frieden. Umgekehrt aber scheint dieser Friedensappell nicht denen zu gelten, die sich »in offener Rebellion gegen das jesuanische Liebesgebot und sein hohes Lied des Pazifismus« befinden – wie Sie selbst einmal geschrieben haben. Sie sagen: »Es gibt Menschen, die den Frieden nicht verdienen«. Liegt hier nicht für den Christen ein Dilemma, ein Dilemma, das schon Brecht in seinem Gedicht »An die Nachgeborenen« thematisierte? Wir leben deshalb – wie Brecht sagt – in finsteren Zeiten, weil die, die der Freundlichkeit (man könnte auch sagen Friedfertigkeit) zum Durchbruch verhelfen wollen, sich unfreundlicher (unfriedlicher) Mittel bedienen müssen?*

Zunächst einmal: Die biblischen Zeugnisse sagen doch wohl mit gebotener Eindeutigkeit, daß der Mensch verworfen werden kann. Daran kann kein Zweifel sein. Und wenn es heißt, Frieden allen, die Gott liebt, wird man bedenken müssen, daß es Grenzen der Liebe gibt und daß »Schalom« im Sinne der Drohung: Du könntest verworfen werden, widerrufbar ist. Dies ist das eine.

Das andere: Ich glaube nicht, daß wir uns in unserem Kulturkreis, um der Freundlichkeit zum Durchbruch zu verhelfen, unfreundlicher Mittel bedienen müssen. Das ist in Lateinamerika, in El Salvador, sicherlich anders. Da wird derjenige, dem jahrhundertelang erklärt worden ist, es gebe einen gerechten Krieg, möglicherweise sagen müssen: Den gibt es gewiß nicht, aber es gibt eine gerechte Revolution, zu der du dich freiwillig, nicht gezwungen, bekennst. Aber das ist nicht unser Problem.

Ich glaube, daß wir freundlich sein können. Die gewaltigen Märsche der letzten Wochen haben dies gezeigt, Alte und Junge friedlich vereint. – Am Rande bemerkt: Es ist ja sehr charakteristisch, wie gut sich die Großeltern und Enkel verstehen und wieviel weniger gut die Eltern und die Kinder. Die Alten, die ein wenig mehr schon an den Tod denken und ein bißchen gelassener argumentieren und genauer erkennen, daß der Mensch nicht vom Brot allein lebt; daß es nützlicher sein kann, in den Abend zu schauen, an das Ende der Tage zu denken – ein wenig pathetisch gesprochen – als über die nächst größere Automarke nachzudenken. Ich denke dabei oft an den Satz von Plenzdorf in der Werther-Variation, wo es heißt: Jeans können nur 17jährige oder 60jährige tragen, aber dann mit Hosenträgern.

Ernst gesprochen: Wir können die Macht der Freundlichkeit zeigen. Die Demonstration am 10. Oktober in Bonn war ein solches Beispiel. Ach, was war die Enttäuschung groß, daß es so friedlich ausging. Das erste Echo: »Leider ist ja nun doch keine Fensterscheibe zerschlagen worden. Aber das war natürlich eine Ausnahme.« Also, es können Gegenzeichen errichtet werden. Ich sehe eine von Monat zu Monat wachsende Friedensbewegung im Zeichen Martin Luther Kings – oder die Friedensbewegung wird am Ende sein; wenn sie sich ins Schlepptau nehmen läßt, von wem immer, oder auseinanderdividiert im Zeichen des: »Den wollen wir und den wollen wir nicht.«

*Sie schreiben selbst in Ihrer Einleitung zum »Frieden«-Band: »Schaut Euch um. Vergleicht die Verheißung von Bethlehem mit der Wirklichkeit unserer Tage. Seid pacifici (Friedensstifter). Laßt für Euch das Kind nicht sterben«. Sie haben jetzt schon einiges in bezug auf die Rüstungsproblematik gesagt. Können Sie das noch etwas konkretisieren für eine Gesellschaft wie die Bundesrepublik, die ja gerade heute vom politischen Unfrieden geprägt ist? Wo sehen Sie die Grenze zwischen Friedenspflicht und Protestgebot?*

Ich glaube, daß es notwendig ist, sich unter Umständen – alt und jung, und ich wäre dabei – von den Atomrampen wegtragen zu lassen. Ja, es könnte notwendig sein für einen Christen, sehr bald, freundlich, friedlich, unbewaffnet ohnehin, vertrauensvoll, der Solidarität verpflichtet, gegen die Tötungsanlagen in einer Weise zu demonstrieren, daß es zu einem Konflikt mit der Staatsmacht kommen kann. Man kann nur darauf vertrauen, daß es am Ende einigen Politikern, auch kirchlichen Amtsträgern, im In- und Ausland doch die Augen öffnet, wenn sie junge und alte Leute, die alten Leute aller Parteien, weinen sehen. Mehr habe ich dazu nicht zu sagen.

*Stört es Sie nicht, daß die Exegeten heute die Bethlehemsgeschichte übereinstimmend als weithin legendär ansehen? Daß Jesus also wahrscheinlich nicht »im Stall« geboren, von Hirten aufgesucht, also vielleicht nicht »in Niedrigkeit« geboren ist. Schon im Parallel-Text zu Lukas, im Matthäus-Evangelium, ist ja das Armuts-Motiv weniger erkennbar. Überzeugen Sie diese Einwände und hätten sie inhaltliche Konsequenzen für Ihre sozialkritische Interpretation der Geburtsgeschichte Jesu?*

Nein. Ich kenne natürlich die Einwände der Exegeten. Ich glaube aber nicht, daß diese Geschichte radikaler entmythologisiert werden muß als vergleichbare andere Texte, die ja auch nicht geschichtliche Tatbestände transportieren, sondern von

Ostern her die Ereignisse um Jesus von Nazareth auszudeuten versuchen. Ich habe einmal in einem Aufsatz die Evangelisten als Schriftsteller bezeichnet, weil ich glaube, daß der Schriftsteller Lukas im Vergleich zu den anderen Evangelisten den tiefen Sinn, der in der Ambivalenz von Armut und messianischem Dasein, von Königsein und Elendsein, von – ein Sprung jetzt – Auferstandensein und In-der-Todesstunde-bitterlich-Schreienmüssen, am genauesten herausgearbeitet hat. Deshalb beunruhigen mich die Aussagen der Exegeten, die ernstgenommen sein wollen, nicht mehr als in anderen Fällen.

*Hat also Lukas die tiefere Wahrheit um diesen Jesus von Nazareth in einer fiktiven Geschichte erfaßt?*

Genau das meine ich. Es heißt bei Bacon, glaube ich: Die Natur spricht nicht aus sich selbst, sondern sie muß von der Kunst gezwungen werden, zu reden. Die Weihnachtsgeschichte wurde mit Hilfe der lukanischen Kunst – ich würde den Ausdruck hier mit großem Bedacht verwenden – zu jener Pointe gebracht, auf die sie von Anfang an hinzielt.

*Sie haben gerade den großen »Sprung« angedeutet: Es fällt auf, daß für Sie die Weihnachtsgeschichte keineswegs nur eine sozial- und herrschaftskritische, sondern auch eine spezifisch theologische Dimension hat. Krippe und Kreuz, Stall und Galgen, bilden auch für Sie eine theologische Einheit. Sie sprechen sogar unmißverständlich von der Zusammengehörigkeit von Weihnachten und Ostern, Geburt und Wiedergeburt, Jesu Menschsein und Christi Gottheit. Was bedeutet Weihnachten für Sie theologisch? Ist die Rede von Gott hier unverzichtbar?*

Die Rede von Gott ist unverzichtbar. Gott zeigt in der sinngebenden lukanischen Geschichte auf den Stall. *Hier* geschieht es, hier ist die Krippe, hier ist die Höhle, hier ist die Windel, *dort* geht hin. Weihnachten, das ist Vorhof, das ist Präludium. Sehr zu Recht hat man in den ersten Jahrhunderten deshalb Weihnachten keine große Bedeutung gezollt. Die Entscheidung fällt Karfreitag und fällt Ostern. Ich meine freilich, daß ein kleiner Goldglanz die Karfreitagsgeschichte illuminiert, im Sinne des ›anders wäre es besser‹, so wie ich gleichfalls meine, daß der Schatten des Kreuzes über dem ganz und gar nicht im lyrischen Genre-Stil zu denkenden Ambiente von Bethlehem liegt. Die eine Nacht und die andere Nacht gehören zusammen. Aber: Vorspiel und Endspiel, das bleibt davon unbetroffen.

*Sie haben sich mit der Weihnachtsthematik in erster Linie als engagierter Interpret von Texten auseinandergesetzt, weniger dagegen als Schriftsteller. Sie verweisen immer wieder – wenn Sie nach poetischen, literarischen Gestaltungen dieses Themas suchen – auf Peter Huchels Gedicht »Dezember 1942« (siehe Seite 23). Was ist es mit diesem Gedicht, das Sie so betroffen macht? Würden Sie es einen christlichen Text nennen? Wenn ja, in welchem Sinn?*

Ich glaube, daß die Umkehr der ursprünglichen Botschaft christlicher sein kann, als der verlogene Transport von Klischees im Sinne von »Stille Nacht, heilige Nacht«. Sicherlich wird durch das radikale Umfunktionieren, wie es bei Huchel geschieht, die Weihnachtsgeschichte nicht ausgelöscht, wohl aber in ihrer Bedrohbarkeit, Anfälligkeit, Zerstörbarkeit verdeutlicht, – womit wir wieder bei den armen, kleinen Kindern in der Sahel-Zone sind. Jesus von Nazareth – man denke an seine Haltung gegenüber den Kindern – wird heute tagtäglich, während die Bombensegner und Bombenapologeten wegblicken, getötet. Und wir, die wir uns Christen nennen, tun alles, um diesen Kindern noch nicht einmal die wenigen Jahre zwischen Stall und Galgen zu ermöglichen; kein freundlicher Schein vom lieblichen Obergaliläa fällt da in die Wüstenei hinein.

*Sie haben sich in Ihren literarischen Arbeiten mit der Jesusfigur auseinandergesetzt. Ich denke da an den »Fall Judas«, wo in der Form eines fiktiven Seligsprechungsprozesses für Judas die Bedeutung Jesu indirekt aufleuchtet. Doch Jesus ist hier mehr der Bruder im Leid, der Komplize des Verfolgten, der Befreier aus den Zwängen der Schuld. Die Weihnachtsthematik erscheint mir bei Ihnen merkwürdigerweise literarisch ausgeblendet. Liegt es am großen literarischen Vorbild Huchel, das Sie zögern läßt? Gibt es für Sie andere literarische Vorbilder? Und wie müßte ein Schriftsteller heute überhaupt an das Weihnachtsthema herangehen? Gibt es für Sie so etwas wie ästhetische Grundsätze oder Rahmenbedingungen, die ein Schriftsteller, will er anspruchsvoll schreiben, beachten müßte?*

Eine sehr schwierige Frage. Ich glaube, die Unmöglichkeit der Nacherzählung dieser Geschichte liegt in der Stummheit der Hauptperson, sehr schlicht gesagt. Sie kann nicht denken. Sie bleibt im Mittelpunkt und gewinnt trotzdem nur undeutlich Kontur. Sie ist noch nicht fähig, Partner zu sein, sondern ist eher der – dem Glauben entsprechend – Anzubetende. Das ist für einen Schriftsteller zu wenig. Die Ambivalenz fällt fort. Diese Geschichte ist, denke ich, nur auf der Traktat-Ebene oder in der radikalen Widerlegung nachzuerzählen. Hier die Idylle, dort der Verwaltungsvorgang, und dann schließlich die Engel am Himmel und die Hirten auf dem Feld. Ich sehe keine Möglichkeit eines Ansatzes für einen Schriftsteller, der nicht religiösen Kitsch oder »Sartre mit Happy-end« schreiben will. Aber es ist ja nun einmal so im Raum der Kunst, daß jedes plötzlich gelungene Werk alle Theorien außer Kraft setzt. Man könnte sich eines Tages eine Beschreibung ganz von der Peripherie her, etwa aus der Sicht dessen, der unverdient im Hintergrund bleibt, des zweifelnden Joseph etwa, denken. Aber das ist so delikat, daß ich, käme ein Schriftsteller zu mir mit diesem Plan, ihm zunächst einmal abraten würde. Allenfalls könnte dies ein Mann, der über die summierte Kraft von Böll und Bernanos und über deren Glauben verfügte, schreiben.

*Ist dies bei der Passionsthematik anders?*

Da ist die Hauptperson auch ein Anzubetender, aber ein Anzubetender, der gedankenreich, elend, königlich und verzweifelt ist; das heißt, dort ist ein Schattenwerfer vorhanden und das ist bei der Weihnachtsgeschichte nicht der Fall.

*Sie sprachen einmal von einer möglichen (wünschbaren) Synthese zwischen Liebeskommunismus und Christentum. Wem fühlen Sie sich verpflichtet? Sehen Sie Anzeichen für eine Verwirklichung?*

Ich würde nicht von einer Verbindung zwischen Liebeskommunismus und Christentum sprechen, sondern zwischen einem humanen Sozialismus und einem Christentum, das vom Liebeskommunismus weiß und ihn praktiziert; so wie es Bloch in seinem Werk »Prinzip Hoffnung« dargestellt hat, dem ich mich bei solchen Überlegungen verpflichtet fühle. Ich glaube, daß es mehr und mehr Ansätze zur Realisierung dieser Verbin-

dung gibt. Wenn ich etwa an die Positionspapiere von evangelischen Christen in der DDR zum Sozialen Friedensdienst oder an die Stellungnahmen von Vertretern christlicher Kirchen in Lateinamerika denke, an Dom Helder Camara zum Beispiel, dann, glaube ich, erweist sich diese Verbindung als praktikabel. Christen sehen die gerechtere Welt *hier* als ein Gleichnis der verheißenen Welt am Ende der Tage an, die gerecht ist.
*Worin unterscheidet sich dann Ihre Position – gerade auch in der Auslegung des Weihnachtsthemas – etwa von der eines Ernst Bloch? Ist es die Unverzichtbarkeit der Rede von Gott in Jesus Christus? Gott, verstanden vielleicht als universale Hoffnungschiffre für eine Wirklichkeit, die die vorfindliche geschichtliche oder erfahrene Wirklichkeit hinter sich läßt, die auch den Tod übersteigt?*
Das ist sicher der Fall. Unverzichtbarkeit der Rede von Gott in Jesus Christus? Ja, so würde ich es auch formulieren. Ich kann mir – um im Horizont Ihrer Frage weiterzudenken – keine andere Religion oder Weltanschauung denken, die mich mit Lessing sagen läßt: »Ich mag *in* meiner Todesstunde zittern, vor meiner Todesstunde zittere ich nicht« – und nun mache ich ein Fragezeichen. Ich glaube, daß die Identität von Macht und Ohnmacht als das Menschlichste und zugleich als dasjenige, was das Menschliche übersteigt, das Unvergleichbare der christlichen Botschaft ist. Griechische Götter, Figuren aus anderen Religionen, sind gewaltige Menschen, unendlich viel mehr als wir und gerade deshalb nicht sehr viel mehr. Jesus Christus ist uns wesentlich näher als Zeus oder andere Götter, und zu gleicher Zeit der ganz andere. Und in dieser Identität von ungeheurer Nähe und Weltenferne – und dem jederzeit möglichen Umschlag von einem ins andere – wird für mich die Eigenart des Christlichen deutlich. Ich muß sehr gelassen und fromm sein, um einen Jesus von Nazareth in der Stunde des Sterbens alttestamentarische Verlassenheitsformeln sprechen zu lassen. Ich halte es für einen Ausdruck ungeheurer Stärke, einer unbegreiflichen Stärke, ins Zentrum aller Überlegungen einen, der auf den ersten Blick gescheitert ist, zu rücken: vere homo, vere deus – wahrer Mensch, wahrer Gott!

## Dezember 1942

Wie Wintergewitter ein rollender Hall.
Zerschossen die Lehmwand von Bethlehems Stall.

Es liegt Maria erschlagen vorm Tor,
Ihr blutig Haar an die Steine fror.

Drei Landser ziehen vermummt vorbei.
Nicht brennt ihr Ohr von des Kindes Schrei.

Im Beutel den letzten Sonnblumenkern,
Sie suchen den Weg und sehn keinen Stern.

Aurum, thus myrrham offerunt ...
Um kahles Gehöft streicht Krähe und Hund.

... quia natus est nobis Dominus.
Auf kahlem Gerippe glänzt Öl und Ruß.

Vor Stalingrad verweht die Chaussee.
Sie führt in die Totenkammer aus Schnee.

Peter Huchel

# Wir müssen wieder zu den Mythen zurück. Über Mythos, Mystik und die Frage nach Gott

Gespräch mit *Luise Rinser*

---

*Frau Rinser, können Sie meine Beobachtungen bestätigen, daß das Tabu »Gott« in den letzten Jahren für viele Schriftsteller gebrochen zu sein scheint? Wir finden bei Peter Handke zunehmend mystische Gotteserfahrungen. Gabriele Wohmann schreibt in einem Gedicht »Lieber Gott sagen ist möglich«, und im letzten Stück von Botho Strauss »Kalldewey: Farce« ist angesichts der bedrückend ausweglosen Situation der dort beschriebenen Menschen wieder von Gott die Rede. Hat es Ihrer Meinung nach dieses Tabu gegeben und fühlen Sie sich mit Ihrer schon immer stark religiös geprägten Position bestätigt?*
Bestätigt? Nein. Nicht in dem Sinne: »Ich habe ja immer schon gesagt, daß es Gott gibt und daß man Religion braucht.« In diesem Sinne sicher nicht.

Alle Menschen kommen jetzt, merkwürdigerweise oder auch nicht merkwürdigerweise, auf religiöse Fragen. Da spielt vieles mit: die Abwendung vom Intellektualismus, die Angst vor der Zukunft. Die Beschäftigung mit Gott meint eigentlich die Suche nach dem Urvertrauen. Die Frage nach Gott ist also zunächst gar nicht einmal eine theologische Frage. Die Frage heißt vielmehr: Ist denn überhaupt etwas da, woran wir uns halten können? Ist denn da einer oder eines, das uns beschützt und auffängt?

Es ist nicht so, als ob sich die Schriftsteller erst heute mit dieser Frage beschäftigen. Die großen Schriftsteller taten das schon immer. Es gibt jedoch eine neue Art der Beschäftigung mit der

Gottesfrage. Mit ihr hat Samuel Beckett begonnen in seinem Stück »Warten auf Godot«. Hier findet sich der Prototyp der religiösen Literatur, dieses Warten auf etwas. Ich fürchte allerdings, daß die Gottesfrage Mode geworden ist in der Literatur. Man trägt wieder Gott, man trägt wieder Religion. Es ist die Not, die Erfahrung der Verlassenheit, die den Menschen wieder zur Frage nach Gott bringt. In all dem rapiden Wandel, dem wir unterworfen sind, ist Gott ja so etwas wie das einzig Bleibende. Man möchte gerne etwas haben, was bleibt. Vielleicht spielt auch die Sehnsucht nach einer Vaterfigur mit.

*Sie selber haben sich in Ihrem literarischen Arbeiten nie gescheut, religiöse Fragen, speziell auch die Gottesfrage, immer wieder zu thematisieren. »Gott ist ein schlechtes Stilprinzip«, hat Gottfried Benn einmal gesagt. Hat Sie dieser Satz als Autorin jemals beunruhigt?*

Ich kenne diesen Satz nicht. Ich habe natürlich etwas gegen Erbauungsliteratur. Ich habe auch große Schwierigkeiten beispielsweise mit Gertrud von Le Fort, obwohl sie eine große Dichterin war. Und ich habe meine Schwierigkeiten mit meinen eigenen früheren religiösen Aussagen. Ich habe mir meinen eigenen Stil und meinen Ruf für eine Weile verdorben mit zwei speziell katholischen Büchern, einmal mit »Abenteuer der Tugend«, wo Nina, eine emanzipierte Frau, »religiös« wird, und dann natürlich mit dem Roman, den ich nicht mag, obwohl er vor Jahren ein Bestseller wurde: »Die vollkommene Freude«, ein konventioneller Roman mit konventionellen religiösen Vorstellungen.

Im übrigen, mit dem Ausdruck »Gottesfrage« habe ich meine Schwierigkeiten. Ich habe nie nach Gott gefragt. Ich war ja auch merkwürdigerweise nie atheistisch. Es machte mir zu schaffen, daß Leser mir vorwarfen, ich verstünde sie in ihrem Unglauben nicht. Darum wollte ich die Erfahrung des Nicht-Glauben-Könnens machen. Ich möchte dieses Experiment nicht noch einmal machen. Ich befand mich plötzlich in der Hölle. Es war eiskalt. Mir ging es auf eine merkwürdige Weise hundeschlecht gut. Das dauerte drei Tage. Und genau nach drei Tagen war ich wieder entlassen aus der Hölle. Ich habe damals verstanden, wie es sein muß, ganz und gar ohne das zu leben, was man Gott nennt. Wo plötzlich nichts mehr ist und man begreift, was Gott eigentlich ist, nämlich alles, das Leben. Gott ist für mich Sympathie, Liebe, Leben. Das sind Synonyme.

*Sie sagen, Gott sei für Sie von einem ganz anderen Ansatz her neu erschlossen worden. Wie ist denn überhaupt Ihre Entwicklung, die Entwicklung Ihres theologischen Problembewußtseins verlaufen? Sie schreiben in Ihren autobiographischen Aufzeichnungen »Den Wolf umarmen«: »Mein Weg, ein langer Weg, führte von der Phase kindlicher Mystik über die Phase der ersten pubertären Auflehnung gegen die Zwänge der katholischen Kirche in Elternhaus, Schule, Internat, zur Ablehnung und Ablösung der Religion in christlicher Form, bis hin zur Gleichgültigkeit, und nach Jahren der Gottferne zu einer neuen Hinwendung zumindest zu religiösen, auch zu theologischen Fragen«. Diese Skizze scheint mir repräsentativ für viele heutige Menschen zu stehen. Können Sie etwas konkreter beschreiben, wie diese neue Hinwendung innerlich aussieht? Was hat sich da verändert?*

Das war natürlich alles differenzierter. Diese Autobiographie endet im Jahre 1950. In den vergangenen 30 Jahren habe ich eine ganz andere Entwicklung durchgemacht. Ich habe mich mit anderen Religionen beschäftigt, mit der jüdischen und islamischen Mystik, mit dem Zen-Buddhismus. Ich habe dabei begriffen, daß Christus in allen Religionen zu finden ist, man gibt ihm dort nur einen anderen Namen. Im Grunde ist er überall der »Sonnengott«. Es ist für mich eine bedeutende Erkenntnis der letzten Jahre, daß in Christus alle Mythen vom Sonnengott zusammenlaufen. In Jesus ist er ein historischer Mensch geworden. Ich habe auf dem Umweg über die östlichen Religionen unser abendländisches Christentum neu verstanden, nachdem ich mich mit der katholischen Dogmatik zwanzig Jahre herumgeschlagen hatte. Ich kann sie jetzt beiseitelegen, weil ich auf ganz anderen Wegen begriffen habe, was Christentum ist.

Nebenbei: Ein Problem, warum gerade junge Menschen soviel Schwierigkeiten mit dem Christentum haben, liegt auch in der Sprache. Man muß viel mehr verfremden. Wenn ich etwa statt von »Jesus« vom »Sonnengott« rede, dann klingen da ganz andere Dinge mit. Wir sind so mit Klischees zugedeckt, daß wir überhaupt nicht mehr wissen, was gemeint ist. Hier muß man der Kirche und den Theologen einen Vorwurf machen. Ich meine, daß die Zeit rein intellektueller Theologie vorbei ist. Ich jedenfalls bin nicht auf dem Weg der Theologie, sondern auf dem Umweg über die Mythen zu Christus gekommen, ein Umweg, der keiner ist, sondern der direkte Zugang ist zum Kern der Religion.

*Auch zum christlichen Gott?*

Es gibt doch keinen *christlichen* Gott! Es gibt Gott. Es gibt eine christliche *Gottesvorstellung*, es gibt eine buddhistische Gottesvorstellung. Wir wissen doch alle nicht, was oder wer Gott ist. Ich kann Ihnen irgendeine theologische Definition geben, aber das hilft doch nichts. Was Gott ist, erfährt man aus ganz anderen Erkenntnisquellen.

*Ist die Wahrheit über Gott, wenn es sie gibt, für Sie größer als sie im Christentum zum Ausdruck gebracht ist?*

Für mich werden die Dinge immer einfacher. Christsein – jetzt sage ich etwas sehr Gefährliches – hat recht wenig mit dem offiziellen Christentum zu tun. In Nordkorea beispielsweise leben die Menschen christlich, obwohl es dort kein offizielles Christentum gibt. Die Menschen haben keine Ahnung, wer Christus ist. Aber sie lieben ihn. Allerdings: Die Menschen dort fragen mich nach diesem Christus. Sie fragen mich, was denn ein westlicher Mensch als Leitidee hat, wenn er keine tragende politische Ideologie und keine große Führergestalt als Vorbild hat? Meine Antwort: Wir haben eine Gestalt, die Christus heißt. An der Reaktion meiner Zuhörer merke ich häufig, daß in ihnen eine unartikulierte Sehnsucht lebt, die auf etwas gerichtet ist, was über ihre revolutionär-politische Ideologie hinausreicht. Ich habe schon zwölf Jahre zuvor in der Sowjetunion erfahren, daß auch in einem atheistischen Land die Frage nach dem, was man Gott nennen kann, wieder aufbricht. Es ist die Erfahrung, daß der Marxismus als Religionsersatz nicht mehr funktioniert. Durch meine nordkoreanischen Freunde werde ich beinahe in eine missionarische Rolle gedrängt.

*Was ist denn für Sie das Besondere an diesem Christus? Ist die Gotteserfahrung für Sie über diesen Christus erschlossen?*
Der historische Jesus ist die Inkarnation dessen, was mit Gott gemeint ist. Als Anhängerin von Teilhard de Chardin möchte ich sagen, Gott ist die große Sympathie, die alles zusammenhält, um einmal nicht das Wort Liebe zu gebrauchen. Ich könnte auch sagen, Gott ist die Liebe, die Liebe ist Gott. Ganz konkret: Wo erfährt denn unsereiner, daß es Gott gibt? Ich kann sagen: Immer dann, wenn ich etwas oder jemanden liebe, ist immer auch zugleich etwas Drittes da. Da ist eine »Dimension mehr« zu spüren. Und diese »Dimension mehr« nenne ich Gott. In Jesus kommen das Menschliche und das Göttliche zusammen. Für mich ist Jesus also die Verkörperung der universellen Sympathie.
*Sie sprechen in »Den Wolf umarmen« im Blick auf die Gottesfrage von zwei für Sie entscheidenden »Epiphanien«, Augenblicken blitzartiger Erleuchtung und Einsicht in tiefere Zusammenhänge. Einmal beim keplerischen Wort von der »Harmonie der Welt« und zum anderen beim Wort des Nikolaus von Cues vom Zusammenfall aller Gegensätze in Gott. Beidesmal ist die gleiche Erkenntnis damit verbunden, daß es »keine Gegensätze in der Welt« gäbe, »keine Widersprüche, wir sind es, die sie schaffen«; es gibt nur Polaritäten, der Tag ist nicht Tag, wenn es keine Nacht gibt, das Leben ist nicht Leben, wenn es nicht den Tod gibt, eins ist dem anderen eingeschlossen, eins wird zum anderen, alles wandelt sich, das Bleibende ist der Wandel«. Kühn ziehen Sie daraus den Schluß, »daß auch das Gute nicht sei ohne das, was wir das Böse nennen und Gott nicht sei ohne den Teufel. Einmal sah ich das Universum als einen Wirbel von Licht und Schwärze, und das war Gott«.*
*Hier schließen sich einige Fragen an: Steht dieser ganz stark mystisch geprägte Ansatz Ihrer Gotteserfahrung nicht in einem Gegensatz zum personalen Schöpfer- und Erlöser-Gott des Christentums? Sind das Personale und das Apersonale in Gott Ihrer Meinung und Erfahrung nach versöhnbar oder stehen sie sich unversöhnt gegenüber?*
Da möchte ich Sie doch erst zurückfragen: Was ist denn ein personaler Gott? Ich kann mir darunter gar nichts vorstellen.

Wenn ich mir da etwas vorstelle, dann sehe ich den lieben Gott auf dem Thron sitzen, und so stellen sich ja viele Leute Gott vor: als Vater, als Mann.
Natürlich weiß ich, was, philosophisch betrachtet, eine Person ist. Aber kann man das auf Gott anwenden? Was ich begriffen habe in meinem Leben ist, daß man über Gott *nichts* aussagen kann.
Gut und Böse sind Begriffe aus der Moral, also zeit- und kulturgebunden. Ich spreche lieber von hell und dunkel, also von Polaritäten statt von Gegensätzen. Zwischen zwei Polen ist Spannung.
Sie haben vom Schöpfer-Gott gesprochen. Nun: Schöpfungen entstehen nur aus der Spannung zwischen zwei Kräftepolen. Jeder Künstler schafft nur aus der Spannung. Gott ist ein schöpferischer Künstler. Also muß er in sich Spannung haben. Die Spannung zwischen Sein und Werden, zwischen Schaffen und Zerstören. Aber Gott ist nicht gut und nicht böse. Er ist, der Er ist. Wir aber sind nicht Gott, wir haben eine Ethik, die uns verbietet, Indifferenz abzuleiten aus dieser Gottesvorstellung. Unsere Ethik steht in der Bergpredigt.
Und nun zu Ihrer Frage, ob meine Gottesvorstellung oder Gotteserfahrung nicht im Gegensatz steht zum Glauben an einen personalen Schöpfer- und Erlöser-Gott des Christentums: Nun, die christlichen Mystiker sagen, »Christus ist nicht geboren, wenn er nicht in dir geboren ist«. Dies ist ein Satz, der seltsamerweise nie als Häresie gebrandmarkt wurde. Man darf ihn also sagen. So darf ich wohl auch folgendes sagen: Wir haben uns die Menschwerdung Gottes nicht radikal genug vorgestellt. Ich »sah« einmal den Himmel ganz leer, Gott ist nicht mehr »da oben«, sondern er ist der Gott-in-mir. Beten, das heißt für mich: den Gott-in-mir an- und aufrufen.
*Ja, muß denn Gott nicht ein Gegenüber bleiben, damit er Gott bleiben kann?*
Dieses Gegenüber haben Sie ja in sich selbst auch. Was innen ist, ist außen, was außen ist, ist innen. Sie sprechen ja auch mit sich selbst. Sie schimpfen mit sich selbst, Sie loben sich. Das eigentliche Du in mir ist das ewige Selbst, moralisch gesehen: das, was man Gewissen nennt. Trotzdem hänge auch ich noch

im Moment an einer Vorstellung vom lieben Gott, zu dem ich, wenn ich sterbe, hinkomme und mich vor seinen Thron werfe. Da schleppe ich Reste aus der kindlichen Vorstellungswelt mit. Und das macht auch gar nichts.
Wissen Sie, wir leben in der Kirche und in der Theologie oft so, als wären wir alle absolut Rechtgläubige. Das ist gar nicht wahr. Wenn Sie einzelnen Menschen bestimmte dogmatische Fragen stellen, etwa nach Zeugung oder Geschaffenwerden Jesu, so hören Sie Häresien. Und die soll der Mensch ja auch haben, das ist so menschlich, daß sich jeder seine Welt selbst baut.
*Noch einmal zurückgefragt: Ist bei einer solchen, die Welt als Polarität beschreibenden Position die Frage nach der ethischen Qualifikation nicht vergleichgültigt? Wenn Gott und Teufel, Gut und Böse, ja vielleicht auch Liebe und Haß, Krieg und Frieden nur zwei Seiten einer notwendig zusammengehörenden polaren Spannungsstruktur sind, werden dann die Gegensätze nicht verewigt, die ethischen Wertmaßstäbe nicht vergleichgültigt? Ist Parteiergreifen dann noch möglich, gesellschaftliche Veränderung noch verlangt?*
Aber sicher, gerade. Damit der Messias kommt, damit Gott sich verwirklicht, sind wir Menschen aufgerufen, daran mitzuarbeiten. Das ist ja unsere ungeheure Aufgabe. Jeder einzelne ist mitverantwortlich dafür, daß der Messias kommt. Es ist nicht gleichgültig, auf welcher Seite ich lebe. Wissend, daß es Polaritäten im Leben gibt, muß ich mich entscheiden, wo ich engagiert sein will. Ein bewußter Mensch entscheidet sich bewußt. Die meisten Menschen lassen sich treiben. Für den, der bewußt religiös lebt, ist es eine unentrinnbare Forderung, viel unentrinnbarer als die Zehn Gebote: zu *lieben*. Wenn oder indem Du nicht liebst, sündigst Du. Mit jedem nicht-liebenden Gedanken stellst Du Dich auf die Seite der negativen Macht. Du erhöhst damit das Potential an Haß in der Welt.
*Ich möchte noch einmal zu der Frage zurückkehren, ob Gott als personales Gegenüber verstanden werden kann bzw. muß. Sie schreiben: »In meinen Notizen von damals taucht immer wieder die Frage auf: Was willst Du von mir, Gott?« Ist das für Sie eine Fragestellung von damals oder ist sie – möglicherweise mit*

*einer veränderten Antwort – auch heute noch relevant? Also nicht nur die Frage einer jeden Erfahrungstheologie »Wie erfahre ich Gott«, sondern auch die Frage einer jeden Offenbarungstheologie »Wie erfährt Gott mich?«. Oder muß die letztere Frage religionskritisch als irrelevant gelten?*

Pythagoras sagt, daß die Seelen präexistent (von Ewigkeit her) vorhanden sind. Eines Tages müssen sie dann auf die Erde kommen und bevor sie Abschied nehmen von ihren himmlischen Gefährten, legen sie in deren Hände ein Gelübde ab, möglichst rein zurückzukommen. Dann steigen sie hinab, kommen als Menschenkinder auf die Welt und bringen Erinnerungsfetzen mit auf die Erde. Sie haben ein Leben lang eine ungeheure Sehnsucht nach dem Reich ihrer Herkunft. Was da auf die Erde kommt, ist unser eigentliches göttliches, höheres Selbst, das eigentlich Bleibende, das sich immer wieder zurücksehnt nach der größeren Einheit, aus der es stammt.

Ich selber, das ewige Selbst in mir, erinnert sich an das, was einmal war, was sein soll und was sein wird. Sie können das auch den Christus in mir nennen. Praktisch wirkt sich das bei mir so aus, daß ich ein Gewissen habe, das mich jeden Verstoß gegen die Liebe als »Sünde« erleben läßt. Ich frage mich: Was würde Christus tun? Das, was er tun würde, ist identisch mit der Antwort auf die Frage: Was will mein höheres Selbst von mir?

*Also ein Handeln nach Matthäus 25: Was du dem geringsten meiner Brüder getan hast, das hast du mir getan ...*

Ja, richtig: das *hast* du mir getan. Und nicht: das ist so, als *hättest* du es mir getan. Nein: du hast mir, dem Christus, etwas Gutes oder etwas Böses getan. Die praktische Konsequenz ist: im Nebenmenschen den Christus sehen und ihn danach behandeln. Wenn Sie an Christus glauben, wirklich glauben, dann können Sie kein Menschenverächter sein und dann werden Sie auch nie einen Menschen verlorengeben. Sie werden immer an ihn glauben und für ihn hoffen. Der Christus ist in vielen Menschen freilich wie verschüttet. Man muß ihn herausholen, ihn aufwecken. Wieviel religiöses Potential im Menschen liegt, sehe ich an den vielen Jugendlichen, mit denen ich in Verbindung stehe. Aber sie wollen andere Erkenntniswege gehen, nicht die

üblichen, wie sie die Schule anbietet. Sie wollen nichts *über* Gott wissen, sondern Gott *erfahren*, unmittelbar.
Von den jungen Menschen werde ich immer wieder gefragt, wieso es denn kommt, daß ich – mit meinen nunmehr 70 Jahren – noch immer an den Menschen glaube. Schreiben Sie dies doch einmal auf, wurde mir gesagt. Und dann habe ich, sehr widerstrebend, mit der Autobiographie »Den Wolf umarmen« angefangen. Ich wollte zeigen, was in einem jungen Menschen, in diesem Fall bin ich es eben, steckt. In jedem jungen Menschen steckt ungeheuer viel, das verschüttet wird. Ich möchte sagen: Schaut, so ist die Jugend, macht sie nicht kaputt.
*Sie sprechen in Ihrem Buch vom Vater-Gott/Mutter-Gott. Sie schreiben: »Ich habe meine Götterbilder nie in Katastrophen gestürzt. Ich ließ sie dahingehen, die Gottesvorstellungen früherer Erkenntnisstufen. Aber ich hörte immer weiter die Stimme des Großvaters, ich habe nie aufgehört mit dem Großen Vater zu sprechen«. Von der Vater-Erfahrung ist in Ihrem Buch – meist kritisch – häufig die Rede, von der Mutter-Erfahrung dagegen weniger. Welche Rolle hat Ihre Selbsterfahrung als Frau für Ihr Gottesbild gespielt?*
Wie viele Frauen meiner Generation hatte ich keine rechte Beziehung zur Madonna. Da wir so erzogen waren, zum Manne aufzublicken, stellten wir uns Gott als Mann vor, sei es als Gott-Vater, sei es als Gott-Sohn Jesus Christus. Die Vorstellung des Vater-Gottes war mir immer fremd, da ich keine gute Vater-Beziehung hatte und vielleicht doch immer schon, ohne es zu wissen, »feministisch« dachte. Daß Jesus ein Mann war, das war hinzunehmen. Was sollte er sonst sein in jener Zeit? Wäre er Frau gewesen, hätte er nicht Rabbi, nicht Lehrer sein und nicht öffentlich auftreten können. Daraus aber ist nicht abzuleiten, daß er, geistig gesehen, »Mann« sein mußte. Da ich mich viel mit der Psychologie C. G. Jungs beschäftigt habe, arbeite ich gern mit dem Begriffspaar Anima und Animus. Der Animus ist das Männliche im Menschen, die Anima das Weibliche. Christus war Animus und Anima in voller Harmonie. Das macht ihn einzigartig und göttlich.
Es gibt afrikanische Stämme, die, ehe sie christianisiert wurden, Gott »Vater-Mutter« nannten. Wir aber sahen in Gott nur

die Animus-Seite. Der große Wandel in unserer Zeit ist die Erkenntnis, daß Gott auch seine Anima hat. Er ist beides. Wäre er nur eines, wäre er nicht alles, also nicht Gott. Ich beginne, mich mit der Gestalt der Madonna zu befassen, zu der ich, wie gesagt, wenig Beziehung hatte. Sie interessiert mich als Frau. Sie muß eine ganz außerordentliche Frau gewesen sein und das wäre sie auch dann gewesen, wenn Jesus kein Gott gewesen wäre, keine Inkarnation Gottes. Wie sie mit ihm durchhält bis zum Kreuzestod ... Aber sie war mehr: Sie war und ist eine mythische Gestalt. Ich sage, was ich damit meine, am besten mit einem Bild: Im Wiener Dom-Museum steht eine Marienfigur, eine Holzplastik aus dem 15. Jahrhundert, die man aufklappen kann. Ist sie offen, sieht man auf dem Inneren der Seitenflügel die Menschen, die bei ihr Zuflucht suchen. Im Mittelteil aber sitzt Gott-Vater und hält ein Kreuz, über dem die Taube schwebt. Das alles im Bauch der Madonna. Die Darstellung wurde im 16. Jahrhundert als häretisch verboten. Warum? Weil sie die Vorstellung erweckt, als sei vor der Trinität, vor dem Logos, die Mutter gewesen, die Ur-Mutter, die Mater, die Materia. Die Materia, die den Geist gebiert, nicht umgekehrt. Man kann die Darstellung aber auch anders sehen, unhäretisch, weil undogmatisch, ganz unbefangen: die Madonna als die Schutzmantel-Madonna; das Weibliche, das uns das Urvertrauen gibt. Maria, die Mutter, die Mittlerin, die Fürsprecherin. Wie gesagt: Ich beginne, sie neu zu verstehen. Ich halte eine neue Interpretation für eine höchst wichtige Aufgabe der Existenz-Theologie.

*Die Madonnen-Vorstellung wurde aber doch Jahrhunderte lang dazu benutzt, das Weibliche in der Theologie und in der Kirche zu unterdrücken – mit Konsequenzen auch für die Gesellschaft?*

Ehe die Emanzipationsbewegung einsetzte, hatte ich darüber schon eine Arbeit geschrieben: »Unterentwickeltes Land Frau« ist der Titel.

*»In dunklen Zeiten hilft mir weder das Christentum noch der Buddhismus, da hilft mir nur die alte chinesische Philosophie: der Taoismus«, schreiben Sie. »Gott, das ist die alles bewegende Kraft, er ist der Wandel, er wandelt sich mit uns, wir wan-*

*deln uns mit ihm. Die Lehre der mittelalterlichen Mystiker, die sich mehr mit dem Taoismus verband, das ist kein Diskussionsthema, das ist eine große Erfahrung.« Wie sehen Sie – nicht intellektuell, sondern aus Ihrer spirituellen Erfahrung heraus – das Verhältnis zwischen dem »Gott der Bibel« und dem »Gott der Religionen«? Was fehlt dem christlichen Gott, daß er für die »dunklen Zeiten« offenbar für Sie keine Hilfe ist?*

Man muß mich nicht ein Leben lang auf etwas festnageln, was ich einmal in besonderen Umständen sagte. Ich glaube, ich habe das im Zusammenhang mit meiner Gefängniszeit gesagt. Als ich im Dritten Reich im Gefängnis auf die Todesstrafe wartete, habe ich nicht gebetet. Gott war da nicht bei mir. Gott ist überhaupt nicht jemand, an den ich mich mit Bitten wende. Das habe ich schon als Kind nicht gemocht. Ihn anzuflehen, um irgendetwas zu erreichen, das schien mir einfach zu kindisch. Aber ich kann heute doch sagen, daß ich im Grunde immer mit Gott gelebt habe, daß Gott zu meinem Leben, zu meiner Welt dazugehört. So, wie Sie das da zitiert haben, würde ich es also heute nicht mehr sagen. Gott ist immer da. Ich habe ein Urvertrauen mitbekommen, eine Urbeziehung, die ich mir nie erarbeiten mußte. Dafür sage ich manchmal auch ganz einfach und theologisch inkonsequent: Danke, lieber Gott.

*Wenn Sie von jungen Leuten, die nicht mehr über starke Bindungen zur Kirche verfügen, die sich auch nicht so sehr intellektuell mit der Theologie und dem Glauben des Christentums auseinandersetzen können, aber dennoch religiöse Grundanliegen haben, gefragt würden: Warum soll ich angesichts dieser Welt, deren Hinfälligkeit und Brüchigkeit ich tagtäglich spüre, an Gott glauben, möglicherweise gar an den christlichen Gott, was würden Sie antworten?*

Ich würde sagen: Deine Frage ist falsch. Nämlich: Du *mußt* gar nicht an Gott glauben, Du *darfst* an ihn glauben. Aber, so würde ich sagen und so sage ich wirklich: Was ist denn dieser Gott für Dich? Was ist es, woran Du glaubst oder nicht glaubst? Ich wurde vor zwei Jahren einmal gebeten, in einer Münchener Vorstadtschule Religionsunterricht zu geben, in einer auch konfessionell gemischten Klasse von Fünfzehnjährigen. Da wurde ich gefragt: Kann man sich Gott vorstellen? Ein junges

Mädchen, Friseurlehrling, sagte: »Also das ist so: Es gibt Sachen, die man nicht sieht und die doch da sind; wenn ich zum Beispiel ein Kind streichle und es lieb habe, dann weiß ich, was Gott ist.« Das ist eine geniale Antwort, nicht wahr? Wenn sie Menschen liebt, erfährt sie Gott.

Bei meinen Gesprächen mit jungen Menschen sehe ich ab von allen theologisch-religiösen Klischees. Ich wende mich sozusagen direkt an die innere religiöse Erfahrung der jungen Menschen. Es ist höchst überraschend zu erfahren, was junge Menschen von vornherein wissen.

*Wenn Sie auf die letzten 20 Jahre zurückblicken und sich Religion, Kirche, Theologie anschauen – was ist, was war dominierend, was wird in den nächsten Jahren überleben? Was wird vielleicht wieder neu erwachen? Wohin gehen Kirche, Theologie, Religiosität?*

So einfach ist das nicht zu sagen. Aber ich meine folgendes sagen zu dürfen: Vom Zweiten Vatikanischen Konzil ist vieles von manchen hohen Herren zugeschüttet worden. Von der alten thomistischen Theologie wird, glaube ich, wenig bleiben. Wir müssen zwar auf dem Fundament der alten Theologie weiterbauen, aber wir müssen schauen, daß man uns möglichst viel Freiraum läßt. Was der Papst zum Beispiel unterbinden will. Die ganze Entmythologisierung muß überwunden werden, der ganze Intellektualismus. Jesus hat ja ganz untheologisch gesprochen. Obwohl er ein Rabbi war. Wir müssen wieder zurück zu den Mythen. Wir müssen nicht nur das Dogmatisch-Gemeinsame in den christlichen Religionen herausstellen, nicht nur »ökumenisch« denken, wir müssen tiefer graben, bis dort hinunter, wo wir auf die Mythen stoßen, die der ganzen Menschheit gemeinsam sind. Die Theologie der Zukunft könnte dort ansetzen, wo der Bruder des großen Dogmatikers Karl Rahner, der Theologe Hugo Rahner, zu arbeiten begann: Auf dem Gebiet der Symbolik der Kirche. Ich glaube nicht, daß die Zukunft der Theologie in der Sozialkritik liegt, so unabdingbar wichtig sie ist. Wichtiger noch ist das Auffinden des Lebensquells in den Mythen.

# An die Bergpredigt kann man glauben. Über Politik und christliches Engagement

## Gespräch mit *Peter Härtling*

*Herr Härtling, Sie haben sich gerade in letzter Zeit sehr für die ökologische Bewegung und für die Friedensbewegung engagiert. Wie ist es dazu gekommen? Ist Ihr Engagement auch deshalb so stark, weil Sie persönlich durch Ihren Wohnsitz von einem der umstrittensten Projekte betroffen sind: dem Bau der Startbahn-West des Frankfurter Flughafens?*

Ich möchte etwas ausholen. Was die Friedensbewegung angeht: Ich war ein kleiner Nazi gewesen, aus vielen Gründen. Als das Hitlerreich zusammenbrach, lebten wir als Flüchtlinge in Zwettl in Österreich, und ehe die Rote Armee einmarschierte, paukten mir noch einmal – ich werde es nie vergessen – zwei oder drei uniformierte Deutsche, ich glaube SS-Soldaten, Hoffnung ein. Sie sagten: Der Führer hat neue Waffen, wir werden doch noch siegen. Du, sagten sie zu mir, wirst dann noch ein richtiger Offizier werden. Sie kippten den ganzen Unrat in meinen Kinderkopf, und ich glaubte ihnen. Dann marschierten die sowjetischen Truppen ein, mein Vater verschwand in einem Gefangenenlager, die Welt änderte sich, und ich fand nur sehr zögernd und widerständig hinein, ließ mich allerdings immer genauer belehren und begriff so langsam, was an Schlimmen hinter uns lag.

An einem Tag im Sommer spielte ich auf einem großen Hof, der hinter dem Gasthof lag, in dem wir ein winziges Zimmer hatten, und da kamen zwei Männer in Zivil – ich hatte noch immer meine Uniform an, denn ich hatte nichts anderes –, pack-

ten mich und sagten: Na, da haben wir dich ja endlich, du kleiner Faschist. Dir müssen wir erst einmal beibringen, was Demokratie ist.
Ich werde diesen Augenblick nie vergessen. Ich war außer mir vor Wut, und seither bin ich ein fast erbitterter Pazifist. Der Mensch muß, will er Frieden halten, diese Verlogenheit durch Friedfertigkeit unterlaufen. Die Haltung der Friedfertigkeit muß man nicht revidieren. Man muß die Gewöhnungen revidieren, die mit dem Frieden zusammenhängen.
Ich war zurückhaltender Beobachter beispielsweise bei den Ostermärschen – ich war damals noch sehr jung –, aber ich war diesem Protest auf eine sehr mißtrauische Weise zugetan. Mich hat dann später, in den Jahren 1968/69, die Gewaltdiskussion sehr mitgenommen. Ich habe immer Schwierigkeiten gehabt, mit den etwas jüngeren Studenten zu diskutieren. Wir sprachen, beispielsweise im Buchhändlerkeller in Berlin damals, darüber, daß Gewalt gegen Sachen nützlich bzw. politisch sinnvoll sei, weil sie Sachen zerstöre, an denen der Mensch – ohnedies verdorben durch Wohlstandsgesinnung – unnötig hänge. Ich habe mich dagegen inständig gewehrt, nicht, weil ich diese Sachen für unbedingt nützlich erachtete, sondern weil ich den Denkansatz für verheerend hielt. Wo immer man beginnt, zu zerstören, auch bei den Dingen, die der Mensch gemacht hat, kann man, glaube ich, nicht mehr aufhören. Allein dieser Anfang des Kaputtmachens – nach dem Motto »Macht kaputt, was Euch kaputtmacht« – ist im Grunde nicht mehr zu bremsen.
Eine weitere Prüfung konnte ich mit Leib und Kopf hier im Flörsheimer Wald, an der Startbahn-West, in der Auseinandersetzung mit den Polizisten erleben. Ich habe solche Ausbrüche von Gewalt vorher nicht erfahren, auch nicht im Krieg: Diese durch Sprachlosigkeit und Sprachunfähigkeit hervorgerufenen Aggressionen. Daß Staatsgewalt einmal auf diese Weise auf mich zukomme, das habe ich nicht erwartet. Das hat mich bis in die Wurzeln hinein erschüttert.
*Was sind über die aktuellen politischen Probleme hinaus die Ziele, für die Sie sich engagieren? Gibt es so etwas wie eine Härtlingsche Utopie von einer deutschen Gesellschaft? Sie ha-*

*ben ja einmal einen Band mit der Mörikeschen Utopie vom »Land Orplid« herausgegeben. Ist hier eine Vergangenheit verborgen, die möglicherweise neu unsere Zukunft sein könnte?*

In Mörikes Land Orplid sicher nicht. Er hat es ja auch untergehen lassen. Damals, als Mörike sein Traumland – bezeichnenderweise eine Insel – aus dem Meer steigen ließ, war das, womit er diese Insel besiedeln konnte, nichts anderes als das Produkt einer Biedermeier-Phantasie. In ihr tobten sich geradezu die alten Muster aus: Es gab die Herrscher, die Untergebenen, das Naturvolk, das zivilisierte Volk ... und das alles auf der Insel Orplid. Nur in einem winzigen Gedicht, in einem seiner vollkommensten Gedichte, hat er, was ausdrücklich nichts taugte, tauglich gemacht: »Du bist Orplid, mein Land! Das ferne leuchtet.« Und dieses Nicht-Erreichbare, dieser Widerschein von etwas Besserem, das Utopische also, das hat er nur in diesem Gedicht geschaffen.

Mein Orplid sähe anders aus. Es gibt viele Möglichkeiten, mit denen der Mensch sich menschlicher machen kann. Einmal ist es die *Sprache*. Wir haben in den letzten 20 bis 30 Jahren ungemein starke Sprachverluste erleiden und eine bemerkenswerte Sprachverrohung hinnehmen müssen. Dem kann sich widersetzen, wer schreibt. Er kann das auch beispielsweise dadurch tun, daß er in den Schulen mit Kindern redet, für Kinder schreibt ...

*Wie Sie das tun ...*

Wie ich das tue, ja. Das ist das eine. Das andere ist, daß wir – und das zeigt sich auch in der Politik – in unserer Gesellschaft fast zwanghaft dazu neigen, zu polarisieren. Woher das kommt, ist mir nicht ganz klar. Die Ideologien sind ja eigentlich verschwunden. Es sind oft Bagatellen, die zu Polarisierungen führen. Ich sehe da fast eine Art latenten wölfischen Haß. Dies wieder zu lindern, uns auszutreiben, ist eine Frage an die Kultur, an die Religion, auch an die Institutionen wie Schule und Kindergarten.

Warum – das ist übrigens eines der Rätsel, an denen ich beiße – hat nach einer Phase nicht-autoritärer Erziehung – ich sage nicht: anti-autoritäre Erziehung – merkwürdigerweise der

Egoismus zugenommen, die Lust und Neigung zum Schlägertum, zur Polarisierung, zur Ausschließlichkeit, zu einem merkwürdig verzerrten elitären Denken? Diese Frage kann ich mir selbst nicht recht beantworten. Man muß diese Tendenzen jedoch entschieden bekämpfen, indem man ihnen nicht nachgibt, indem man vielmehr genau, zärtlich, aufmerksam bleibt, indem man einfach die Friedfertigkeit, die man täglich neu übt, auch im gesellschaftlichen Zusammenleben durchhält.

*Hat denn der Schriftsteller dem Bürger etwas voraus im politischen Engagement? Gibt es also für Sie so etwas wie eine besondere »Verantwortung« des Schriftstellers? Für wen wäre er verantwortlich und wem hat er sich möglicherweise zu verantworten?*

Verantwortlich ist er niemandem. Verantwortlich handelt der Schriftsteller dann, wenn er zum Beispiel über die verdeckenden, hilflosen, nur reagierenden Sprachmuster der Politiker hinaus Sprachempfindung weckt für Feindschaft, Freundschaft, Nähe, Distanz, für den Zugriff auf Wirklichkeit und für die Verluste an Wirklichkeit. Das alles ist beschreibbar, nur die Politik unterläßt dies.

Nehmen wir beispielsweise die FDP. Sie ist für mich geradezu ein Musterbeispiel an Sprachverlust. Programm hat die FDP in diesem Sinne überhaupt gar nicht mehr vorgeführt oder vorführen wollen. Es ist der Sprachverlust, der diese Partei zerstört. Man muß sich nur einmal anhören, wie Herr Genscher sich und die Entscheidung zum Koalitionswechsel verteidigte, dann sieht man sechs Spruchbänder aus seinem Mund hängen, mehr nicht, und diese sechs Spruchbänder müssen genügen, »liberale« Politik zu rechtfertigen. Das ist eine solche Verarmung, daß mir fast die Sprache wegbleibt.

*Also, der Schriftsteller hat dem Bürger die Sensibilität für Sprache voraus?*

Ja, auch die Angst vor der Sprache. Er hat Angst vor Wörtern. Ein Schriftsteller, der es mit sich selbst genau nimmt, fürchtet die Wirkung von Wörtern. Und schon allein dadurch kann er jemandem, der diese Übung nicht hat, klarmachen, was er mit Wörtern, mit Sprache anrichtet.

*Von woher ist Ihr politisch-moralisches Engagement begrün-*

*det? Spielen christliche Motive dabei eine Rolle? Sie haben einmal von Ihrer »Zuversicht« gesprochen, die »auch schon Schrunden« habe, und in diesem Zusammenhang nicht nur Ernst Bloch, sondern auch das Neue Testament ins Spiel gebracht. Sie schreiben: »Ich habe eine sehr kritische Beziehung zur Amtskirche. Deshalb bin ich auch im Kirchenvorstand, weil ich gucken wollte, wie das läuft. Es hört sich so blöd an, wenn man sagt, man sei ein gläubiger Christ; das bin ich nicht. Ich nehme die Gestalt Jesu sehr ernst.« Was ist es konkret, was Sie an der Gestalt Jesu herausfordernd finden?*

Ich bleibe bei dem, was ich damals gesagt habe: Ich scheue mich zu erklären, ich sei ein gläubiger Christ. Dem, der von sich sagt, er sei gläubig, glaube ich nicht. Denn das so einfach zu sagen, halte ich schon für sehr kühn. Im Glauben selbst steckt unaufhörlich, wirklich Lebenssekunde für Lebenssekunde, auch der Zweifel. Das macht ihn erst zum Glauben. Aber in diesem Zusammenspiel von Hinneigung und Abwendung gibt es Gestalten und Sätze, die die Gegensätze aushalten, die einem Halt geben. Eine solche Gestalt ist für mich Jesus, und die Bergpredigt ist bei ihm wiederum das Wichtigste. Jesus entwirft ein *Muster für das menschliche Zuammenleben*. Es ist ein Muster auch, und das ist das Aufregende, für ein *friedfertiges* Zusammenleben. Das ist es, was ihn für meine Begriffe einzigartig macht. Und genau diese Einzigartigkeit, diese große Utopie, die man aber nie als Utopie nehmen sollte, sondern immer als *Auftrag*, läßt auch den Gedanken zu, daß Jesus selbst als Gestalt ein *Entwurf* ist. Und dann bin ich dort, wo man glaubt.

*Was macht die Einzigartigkeit dieses Jesus aus im Vergleich zu anderen Größen der Religionsgeschichte, Buddha etwa oder Mohammed?*

Daß er die Haut des Menschen bis zum äußersten ausfüllt, daß er Mensch bleibt, daß er, anders als der unglaublich sanfte Buddha oder der in seinem Anspruch anmaßende Mohammed, in dieser Menschengestalt gefangen ist. Und Jesus hält diese Gefangenschaft durch, er hält sie aus. Er sprengt diese Haut nie. Im Gegenteil, dieser Leib wird immer ärmer, immer schmutziger, immer dürftiger und bedürftiger. Dies ist es, glaube ich, was ihn abhebt von den anderen und auch von ihnen trennt. Die Person Jesu ist für mich *der große Entwurf des Menschen.* Ein solcher Entwurf muß aber entworfen worden sein. Den, der ihn entworfen hat, können Sie Vater nennen. Soweit kann ich persönlich nicht gehen. Jesus verweist aber nicht nur in seiner Rede, viel mehr noch in seiner Existenz auf Gott.

*Sie sind sehr vorsichtig im Gebrauch der Worte »Vater« und »Gott«. Die christliche Tradition hat nicht nur das Glauben wie Jesus, sondern auch das Glauben an Jesus immer wieder zum Ausdruck gebracht und dafür die Formel »Sohn Gottes« gebraucht. Sind das Formeln, die Sie für sich selber neu übersetzen oder sind das theologische Kategorien, mit denen Sie nichts anfangen können?*

Ich kann schon etwas mit diesen Kategorien anfangen. Aber ich muß sie tatsächlich immer wieder neu übersetzen. Das hängt natürlich mit bestimmten Erfahrungen und Lebenssituationen zusammen. Ich bin wirklich sehr vorsichtig, mich an feste Formeln zu halten. Mir scheint es auch für einen lebendigen Glauben sehr wichtig zu sein, daß man die Formeln ständig prüft und aufbricht.

Ich möchte es an einem Beispiel verdeutlichen: Das Wort »Herr« als ganz nahe Anrede Gottes in den Passionen von Johann Sebastian Bach erklärt sich ja auch aus dem Herrschaftsdenken einer bestimmten Epoche. Löse ich es aus diesem Zusammenhang, was heißt dann »Herr«? Ich weiß es nicht. Damit schlage ich mich herum. Das hat sicher mit meinem Sprachverständnis und meiner Verwundbarkeit zu tun. Wörter ritzen mich, wenn ich sie als querliegend spüre, als zeitfalsch, als verlorengegangen. Ich kann das Wort »Herr« ertragen, wenn es ein anderer für mich spricht, wenn er es so überzeugend spricht, daß ich ihm nicht zu widersprechen brauche. Aber ich selbst könnte das so nicht sagen. Merkwürdig.

*Wie stehen Sie zur Vorstellung der »Erlösung«? Sie sagen, Jesus sei ein Entwurf des Menschseins. Transzendiert er auch das Menschsein?*

Wenn er das nicht täte, wäre Glauben noch schwieriger. Für mich ist die Frage: Wozu hat er diese Gefangenschaft im Men-

schen so verdeutlicht, eine Gefangenschaft, aus der wir nicht ausbrechen können? Um uns zu zeigen, daß wir fähig sein könnten – und jetzt gehe ich ab von jeder traditionellen Aussage –, *uns selbst zu erlösen.* Das ist ein ganz wesentlicher Punkt. Er hat diese Erlösung des Menschen zum Menschen vorgelebt.
*Das wäre also der Schritt der Transzendenz über das reine Humanum hinaus?*
Ja.
*Gehört dazu auch der Begriff »Auferstehung«?*
Für mich hat der Begriff Auferstehung mit Literatur zu tun. Ich will das erklären: Die Auferstehung ist eine große, erlösende Fiktion. Die Leidenden, die Jesus sterben sahen, denen der Mund geschlossen war vor Erschrecken, die starr waren, fingen nach einer Zeit an, sich selbst zu erlösen, indem sie sich erzählten, daß Jesus lebe.
*Das ist zweifellos eine konsequente Interpretation Ihrer Erlösungsvorstellung. Auferstehung also als die utopische Schilderung der Erlösung des Menschen von sich selbst?*
Ja.
*Wir können dieses Thema hier nicht vertiefen, obwohl es reizvoll wäre. Mich würden vielmehr Ihre Erfahrungen mit der sogenannten Amtskirche interessieren. Welcher Art ist Ihr Engagement in der konkreten Institution Kirche und welche Erfahrungen haben Sie damit gemacht?*
Mein Verhältnis zur Institution Kirche war mal näher, mal ferner, das hat auch mit frühen Erfahrungen zu tun. Meine Mutter nahm sich 1946 das Leben und der einzige Mensch, der sich aufschloß und meine Schwester und mich sozusagen als Leidende annahm, war ein Pfarrer in Nürtingen. Ich habe ihm das nie vergessen. Er lebt noch und ich mag ihn sehr. Er ist einer von den Menschen, der mir klargemacht hat, was glauben bedeutet. Er macht es mir heute noch klar.
Ich habe mich dann häufig von der Kirche entfernt durch Zweifel, auch durch Nachdenken. Im übrigen bin ich ein sporadisch zäher Kirchgänger. Ich war dann wieder aufgeweckter und wachte auch wieder auf, als ich vor etwa sechs Jahren zum Evangelischen Kirchentag eingeladen wurde. Die Gespräche dort und einige sehr präzise, sich am Text reibende Schrift-

auslegungen, etwa durch Ernst Käsemann, haben mir sehr geholfen.
Als dann hier in Walldorf die Auseinandersetzung um die Startbahn-West begann, kam ein Gemeindemitglied, das im Kirchenvorstand mitarbeitete, und fragte, ob ich denn nicht mitmachen wolle, oder meine Frau. Ich überlegte mir das und sagte mir: Das ist eine Gelegenheit, auch die Vorurteile, die du hast, wenigstens einmal zu überprüfen, indem du dort hingehst, wo es möglicherweise am verkrustetsten ist. Ich habe dann den Kirchenvorstand hier als besonders aufmerksam und lebendig erlebt. Dies ist hier auch eine Waldenser Gemeinde, eine reformierte unter lauter lutherischen Gemeinden. Man fragt sich hier unabläßlich gegenseitig ab, duldet einander aber auch in extremen Spannungen.
Die Amtskirche ist für mich nicht mehr von großer Bedeutung, muß ich gestehen. Wenn der christliche Glaube dieses Jahrhundert überstehen, wenn die Kirche Menschen wachrufen und beleben will, dann sollte die Amtskirche, sollten die Verwalter und Bürokraten immer mehr zurücktreten. Wenn ich die DDR und die dortigen Gemeinden besuche und mit Pfarrern spreche, dann denke ich oft, daß die Kirche dort den Gemeinden viel näher ist und dadurch wohl auch dem Glauben. Die Kirche in unserem Land wird ja viel zu sehr verwaltet, auch dogmatisiert, weil Verwaltungen schnell dogmatisieren. Und ich glaube, daß ein Pfarrer, der in einer Gemeinde über drei, vier Jahre ernsthaft arbeitet, der auch ernsthaft seinen Glauben mitteilt, immer größere Schwierigkeiten haben wird mit den Kirchenverwaltungen.
*Trotzdem bleibt es ein erstaunliches Phänomen: ein Schriftsteller in einem Kirchenvorstand. Wie kommen Sie sich dort vor, auch im Hinblick auf andere Kollegen?*
Überhaupt nicht komisch. Sie meinen wahrscheinlich, daß man sich da ein bißchen schrullig, ein bißchen merkwürdig vorkommt. Ich finde das gar nicht. Ob ich in einer Partei bin – ich habe mich ja sehr lange für die SPD eingesetzt, habe dort auch meine politische Heimat, obwohl ich oft an dieser Partei leide –, ob ich im Gemeinderat bin oder ob ich im Kirchenvorstand sitze, das sind zunächst einmal alles Angebote an den

Bürger, wenn er sich öffentlich machen will. Und die Kirche gehört zur Öffentlichkeit. Natürlich: Ich muß evangelischer Christ sein, ich muß evangelische Kirchensteuer zahlen, um überhaupt in einem Kirchenvorstand mitarbeiten zu können. Das ist mir klar. Aber ich kann das ja genauso wieder lassen.

*Können Sie über ihr christliches Engagement, das ja keineswegs so öffentlich bekannt ist, mit Ihren Schriftstellerkollegen reden?*

Ich kann mit einigen meiner Kollegen sicher ohne Mühe sprechen und auch mit Verständnis rechnen. Zum Beispiel mit Walter Jens. Ich könnte es sicher auch mit Günter Grass, mit Heinrich Böll. Ich habe es nie getan. Weshalb nicht, kann ich nicht so recht sagen. Wir kommen eigentlich nie darauf.

*Hat das nicht auch mit dem von Ihnen erwähnten Sprachverlust zu tun? Gibt es ein Sprachdefizit unter Schriftstellern, was den Glauben betrifft?*

Nein. Es gibt eher eine zunehmende Angst vor zu großen Wörtern. Wir Schriftsteller trauen uns nicht. Ich halte das nicht für eine Armut, sondern für den Ausdruck einer Verwunderung, einer Empfindlichkeit, für den Ausdruck dessen, daß wir Schriftsteller nicht so voreilig sind, große Wörter über die Lippen gehen zu lassen.

*Sie wagen es jetzt in diesem Gespräch, öffentlich über Ihren Glauben zu sprechen. Unterscheidet Sie das von anderen Schriftstellern?*

Auch das nicht: Walter Jens tut es sehr häufig. Heinrich Böll hat seine Verzweiflung in vielen seiner Bücher ausgedrückt und ist deswegen für mich einer derjenigen Gefährten geworden, die mich immer wieder glauben ließen – so merkwürdig sich das anhört. Der Literatur ist nur eines verlorengegangen: die platte Religionsliteratur, die, wie ich immer sage, Kniefall-Poesie. Es gibt sie natürlich noch in Traktaten, vor allem in der katholischen Kirche. Aber sie hat ihren Wert in der Literatur verloren.

*Ich möchte noch einmal auf die Bergpredigt zurückkommen. Es fällt auf, daß, wenn Sie auf Christliches zu sprechen kommen, neben dem Stichwort Bergpredigt immer auch Franz von Assisi auftaucht. Im Zusammenhang der Friedensproblematik haben Sie neulich geschrieben: »Und wir Schreibenden können vielleicht helfen, können in unseren Geschichten und Gedichten vom friedfertigen Menschen erzählen, der einmal die Erde bewohnt: Ein Stück Kindlichkeit sollte er sich bewahren, Vorurteile und Neid sollte er sich aus dem Sin schlagen, Zärtlichkeit und Neugierde sollte er pflegen, Besitzgier und Machtstreben sollte er nicht mehr lernen und nicht mehr lehren. Das ist, ich weiß es, ein Idealbild, ein Wesen mit Aura und doch auch das seit eh und jeh entworfene Geschöpf des Friedens, der aus der Bergpredigt Entsandte, der Heilige Franz, Mendel Singer aus Joseph Roths »Hiob«, Thoreaus Walddenker, die Krusche Bertolt Brechts, der alte Stechlin – sie sind meine Gefährten wie Martin Luther King oder wie Martin Buber«. Wie steht es um die Bergpredigt? Ist sie für Sie eine Art »Grundgesetz« christlichen Handelns? Oder eine Art utopischer Zielvorstellung, die aber mit den konkreten Zwängen unserer Gesellschaft nicht vermittelbar ist?*

Ich will das mit einem Satz sagen: Die Bergpredigt ist für mich ein *Grundgesetz menschlichen Handelns.* Ich lasse da das Christliche weg. Die Bergpredigt ist wirklich das Grundgesetz, das unser menschliches Handeln bestimmen müßte, könnte, sollte. Deshalb denke ich auch, daß alles, was man aus der Bergpredigt umsetzen kann in Erzählungen und in Geschichten, »etwas bringt«, wie meine Kinder immer sagen.

*Was müßte man umsetzen? Das Problem bei der Bergpredigt ist ja immer: Kann ich sie wörtlich verstehen oder nur im übertragenen Sinn? Und nehme ich sie im übertragenen Sinn, ist das dann nicht immer schon auch eine Entschärfung? Ich nenne nur die Stichworte Gewaltverzicht, Feindesliebe?*

Ich habe den »Hiob« von Joseph Roth genannt. Dieses Buch, welches eines meiner Lieblingsbücher ist, erzählt die Geschichte eines Kindes, das nicht sprechen kann, das in sich verschlossen und in sich gefangen ist. Es erzählt zugleich von dem Wunder, daß dieses Kind, das nichts hört und nichts redet, am Ende ein Dirigent, ein Musiker wird. Es ist also, wenn man so will, eine Parabel. Und nun betrachten Sie sich die Spannung zweier Sätze aus der Bergpredigt, die unser gesamtes Leben einrahmen können. Es heißt einmal: Ihr seid das Salz der Erde, ihr werdet zertreten werden. Und auf der anderen Seite: Ihr seid das Licht der Welt.

Jeder, der den Mendel Singer gelesen hat, hat ein Stück Bergpredigt mit gelesen, ohne daß er es weiß. Oder: Was Ernst Bloch im »Prinzip Hoffnung« schreibt, sind – zumindest am Ende seines Buches – Sätze, die in den letzten beiden Kapiteln der Offenbarung des Johannes stehen könnten; etwa wenn er von der »neuen Heimat« schreibt. Deshalb ist es mir gleich, ob ich das Bibelwort irgendwo wiedererkenne oder ob ich die Botschaft lese. Für mich ist das Literatur, die mit dem Menschen und seinem Glauben zu tun hat, ohne daß man da draufschreiben kann: Christlich.

*Herr Härtling, Sie haben die Debatte um die Gesinnungs- und Verantwortungsethik sicher verfolgt. Wie stehen Sie persönlich dazu?*

Ich halte eine solche Debatte für höchst fragwürdig. Da sitze ich sozusagen zwischen diesen beiden fabelhaft gezimmerten Stühlen ... Was heißt Gesinnung, was heißt Verantwortung und was heißt Ethik? Kann ich Gesinnung und Verantwortung teilen? Ich weiß es nicht. Deshalb sitze ich zwischen diesen beiden Stühlen und fühle mich nicht schlechter als vorher. Verantwortung ist ein sehr komplexes Phänomen. Ich ziehe mich immer wieder zurück auf diesen Jesus in unserer Haut. *Er ist die Verantwortung*. Es kommt darauf an, sie zu übernehmen und zu leben.

*Der ehemalige Bundeskanzler Helmut Schmidt hat ja immer die Unterscheidung gemacht zwischen dem einzelnen, der etwa Gebote wie die Feindesliebe oder den Gewaltverzicht für sich persönlich realisieren könne und etwa einem Politiker, der Verantwortung für das Gesamtwohl trage und dies nicht in gleicher Weise könne. Von Bismarck stammt der Satz: »Mit der Bergpredigt kann man keinen Staat regieren.« Wie stehen Sie dazu?*

Das sind beides dumme Sätze. Das hat ja noch niemand ausprobiert. Mich verblüfft es immer wieder, daß Politiker, sobald sie nicht mehr einzelne sind, sondern Verantwortung tragen, die Möglichkeit, die ein einzelner auch für andere mitbringt, einfach ausschließen. Für mich sind diese Sätze deswegen so dumm, weil sie auch unmenschlich sind. Niemand hat bisher unter den Politikern den Versuch unternommen, sich vorzustellen, was das Gegenüber – nehmen wir einmal Kohl und

Breschnew – an je eigener Geschichte, an individueller und kollektiver Angst, an kollektiver Hoffnung, an ausgeschlossener Erfahrung, an veränderter Erfahrung alles mitbringt. Niemand tut das. Es werden einfach Sätze, Einsichten, Weisungen regelrecht gestanzt und so steht man sich dann gegenüber. Was mich so entsetzt, auch an der Demokratie, ist, daß von uns Gewählte, die vorher ins Gespräch gezogen werden konnten, kaum sind sie gewählt und haben sie Macht, sofort in ein Weisungsdenken verfallen. Das ist eine Attitüde, die sofort eintritt. Sie ist im Grunde eine Kränkung des Menschen.

*Stichwort Franz von Assisi. Der einzige lyrische Text von Ihnen, der, soweit ich sehe, direkt auf eine Gestalt der christlichen Geschichte bezogen ist, gilt ihm: Bittlied an den Heiligen Franz (siehe Seite 49). Schwebt Peter Härtling eine Art »franziskanischen Christentums« vor?*

Der Heilige Franz – das »heilig« verwende ich hier anders als die Kirche es versteht – war schon immer eine Gestalt, die Jesus am nächsten stand. Denn auch er ist nicht aus seiner Haut herausgegangen, er ist in sich geblieben, um über sich hinaus zu kommen. Ich kenne kaum eine andere Gestalt, die das so rigoros gelebt hätte, auch in diesem wunderbaren Selbstbewußtsein. Franz von Assisi ist nach Jesus der Mensch, der mir zeigt, daß ein solcher Weg ein Weg des Menschen ist.

*Ist Franz von Assisi für Sie also ein Vorbild für das Christentum schlechthin?*

Ja, aber zugleich immer auch ein Stein des Anstoßes für die Amtskirche. Diejenigen, die den Franz in ihren Kirchenämtern und auf ihren Thronen lesen, müßten sich von ihm ständig angefochten fühlen.

*Eine vielleicht zusammenfassende Frage: Was bedeutet für Sie Glaube, was Religion?*

Ich möchte die Antwort über einen kleinen Umweg geben. Ich habe vorhin gesagt, daß ich politisch den Sozialdemokraten durchaus noch immer nahestehe. Wenn ich das sage, stehe ich einer Politik, einer politischen Geschichte nahe, die man grob Sozialismus nennen kann. Was aber ist heute Sozialismus? Was versteht etwa ein Erhard Eppler unter Sozialismus – er hat es erklärt, aber weit ist er damit nicht gekommen –, was versteht

ein Oskar Lafontaine unter Sozialismus? Diese Vorstellungen zusammenzubringen, dürfte gar nicht so einfach sein. In einem aber werden sie sich wahrscheinlich verständigen können: Das, was der im 19. Jahrhundert durch die Industriegesellschaft bedrängte und veränderte Mensch für sich an Menschlichkeit bewahren wollte, das war ein politischer Vorgang. Hier spricht sich eine politische Grundhaltung aus, die bewahrenswert ist. Es geht um Solidarität, soziales Verständnis, Einsicht darin, daß man sich immer von neuem gegen Besitzstandsstreben und dergleichen wehren muß. All das ist eigentlich nicht verlorengegangen. Nur die Begründungen sind welk geworden. Sie fassen nicht mehr.
In den Kirchen ist ähnliches passiert. Nur sind die Grundwerte und Grundgestalten mit Ideologien natürlich nicht zu vergleichen. Das Kommunistische Manifest oder auch das schwer zu lesende »Kapital« von Karl Marx haben außerordentlich viel ausgelöst. Beides wird aber in 200 Jahren nur noch schwer zu begreifen sein. Die Bergpredigt aber ist durch 2000 Jahre geblieben. Daß heute sehr viele Sozialdemokraten, bis tief in die linke Sozialdemokratie hinein, sich fast verzweifelt auf die Bergpredigt besinnen, muß ja Gründe haben. Ein Grund ist: Wir sind wieder dort, wo wir eigentlich nicht mehr sein wollten. Wir spüren wieder entsetzlich unser Eingesperrtsein in uns selbst.
*Man kann also nicht an das Kommunistische Manifest glauben, aber an die Bergpredigt?*
Ja.
*Und Religion ist nicht mehr länger Opium des Volkes?*
Religion kann Opium des Volkes noch immer sein. Nur wünsche ich mir eine Kirche, in der Religion dies nicht ist.

## Bittlied an den Heiligen Franz

Schlaf, Franz, schlaf!
Der Vogel Wegverzehr
und auch das kleinste Schaf
der Herde
wärmen die Erde.

Sing, Franz, sing!
Die Lerche Bleibetreu,
die in dem Feuer hing
und sang – wer macht sie bang?

Bet, Franz, bet!
Der Adler Wageviel,
der deine Stirn anweht
mit Nacht
hat Sterne angefacht.

Wein, Franz, wein!
Die Krähe Weltvertreib
schlägt alle Häuser ein
der Erde – bet für die Herde.

Droh, Franz, droh!
Die Elster Wortzerschlag,
die aus der Güte floh
mit Schelten –
laß sie's vergelten.

Bleib, Franz, bleib!
Das Lamm Keineschuld
und auch der schwarze Leib
der Erde
sind deine Herde.

Peter Härtling

# Jesus, die Ketzer und das Rufen nach Gott. Über Religion, Liebe und die Erfahrung von Frauen heute

## Gespräch mit *Karin Struck*

*Frau Struck, Sie sind vor zehn Jahren 26jährig mit einem Schlag bekanntgeworden durch die Veröffentlichung Ihres ersten Romans »Klassenliebe«. Wenn ich richtig sehe, spielt hier die Auseinandersetzung mit dem Thema Religion so gut wie keine Rolle. Marx und Freud sind hier eher Bezugsfiguren Ihres Denkens. Ist das richtig?*

Ganz richtig ist es nicht. Es gibt in diesem Roman verschiedene Hinweise auf religiöse Erfahrungen. Ich erinnere mich an verschiedene Träume: Ich sitze in einer Kirche und werde deswegen von linken Studenten kritisch betrachtet. Es kommt beispielsweise das Hohelied aus dem Alten Testament vor. In der Liebesgeschichte zwischen dem Arbeitermädchen Karin und dem Intellektuellen Z., dem Literaten, findet sich so etwas wie ein religiöser Zug.

Ich verstehe Religion nicht so fixiert auf die Institution Kirche, aber auch nicht privatistisch. Ich verstehe unter Religion im weitesten Sinne religiöses Gefühl, eine religiöse Verbindung zur Natur, zu den Menschen, zu den Dingen. Für mich findet sich auch in der Liebe immer ein religiöses Moment, das Körperliche eingeschlossen. Und das alles taucht unterschwellig auch in meinem Roman »Klassenliebe« auf. Es kommt sogar auch negativ vor, weil der Mann, der Freund dieser Karin, irgendwo auch zum Gott gemacht wird. Das ist zwar ein sehr weitläufiger Zusammenhang, den ich aber mehr oder weniger bewußt gesehen habe. Es kommen Ernst Bloch und Thomas

Münzer vor, das Wort » predigen« taucht auf. Es kommt vor: »Ich möchte den Leuten sagen, was die Wahrheit ist.« Es kommen Haltungen vor, die wir aus der Bibel kennen.

Dabei war es nicht so, daß ich mir gesagt habe, ich will mich jetzt mit der Religion auseinandersetzen. Das Thema Religion ist vielmehr immer mal wieder sozusagen an einigen Punkten eingeflossen.

*In Ihrem zweiten Roman »Die Mutter« aus dem Jahre 1975 ist das Thema Religion dann noch einmal direkter angesprochen. In diesem Roman finden sich zum Beispiel zahlreiche Passagen, wo Sie sich von der Mutterproblematik her kritisch mit der erotik- und sexualfeindlichen Haltung des traditionellen Christentums auseinandersetzen. Was ist da passiert? Wie verlief überhaupt der Prozeß Ihres religiösen Bewußtseins?*

Da müßte ich einen ganzen Aufsatz schreiben. Ich möchte deshalb nur einige Punkte ansprechen. Die Mutterproblematik hat mich nicht aus jenen Gründen interessiert, die immer angeführt wurden: weil ich etwa gerade Kinder bekam. Das war nicht das Motiv, um dieses Buch zu schreiben. Ich kann mich erinnern, daß ich bereits sehr früh nach meiner Flucht aus der DDR ins katholische Westfalen auf die Muttergottes-Figur gestoßen bin. Ich bin ja protestantisch erzogen. Ich hatte mich bis dahin noch niemals mit dieser Figur auseinandergesetzt, ich kannte diese katholische Maria bislang nicht. Die Tatsache, daß ich plötzlich in diesem bodenständigen Katholizismus gelandet war – später dann auch in meiner Ehe, mein Mann war Katholik –, hat mich dann dazu gebracht, mich mit dieser Figur zu beschäftigen. Die Muttergottes-Figur hat mich irgendwie angezogen. Warum, kann ich Ihnen nicht erklären. Jedenfalls nicht aus irgendwelchen religiösen Motiven heraus, um sie etwa anzubeten. Das hat mich fasziniert.

Mich hat damals vieles am Katholizismus fasziniert: Der Geruch des Weihrauch, gewisse sinnliche Darstellungsformen, die es bei den Protestanten eben nicht gab. Da wurde nur gepredigt, da war das Wort die Hauptsache. Ich dachte damals, gewiß etwas unkritisch, ich könnte das Sinnliche im Katholizismus finden. Das hat sich dann aber geändert.

*Sie sind also keineswegs ohne Religion aufgewachsen?*

Nein, meine Eltern sind, glaube ich, sehr gläubig. Es sind keine fanatischen Kirchgänger, die uns Kinder ständig ermahnt hätten, in die Kirche zu gehen oder zu beten. Meine Eltern glaubten schon, daß der Glaube an Gott für mein Seelenheil wichtig sei. Als ich dann meine Zweifel äußerte, konnten sie dies nicht recht verstehen. Es war also keine direkte religiöse Erziehung. Spürbar wurde sie nur, als ich anfing zu zweifeln.

*Die Verarbeitung dieser Muttergottes-Figur findet dann ja auch literarisch statt in Ihrem Roman »Die Mutter«. Hat diese Marienfigur denn für Sie auch eine positive religiöse Bedeutung? Es kommt in diesem Roman ja auch das Symbol von der großen erotischen Mutter vor?*

Ich habe mich nicht nur mit der religiösen Marienfigur auseinandergesetzt, ich habe mich auch mit Gorkis »Die Mutter« und mit Brechts »Mutter« beschäftigt. Mir war damals klar, daß Brecht in seinem Stück »Mutter Courage« so etwas wie eine säkularisierte Marienfigur eingeführt hat. Bei Gorki ist dies ohnehin sehr deutlich und auch nicht verwunderlich angesichts der russischen Mentalität. Ich habe jedenfalls festgestellt, daß die kommunistische Mutter von Brecht Ähnlichkeiten mit der katholischen Muttergottes aufwies: Sie opfert sich auf, gibt sich selbst.

Sowohl auf der literarischen wie auf der religiös-institutionellen Ebene fehlte mir allerdings etwas an dieser Mutterfigur. Bestätigung fand ich beispielsweise bei Ernst Bloch. Er schreibt in einem Aufsatz über die Frau im Dritten Reich, daß das Revolutionäre an der Marienfigur in der Geschichte, ganz besonders natürlich im Dritten Reich, unterdrückt wurde. Auch mir war gefühlsmäßig klar, als ich das Buch schrieb, daß da etwas an der Marienfigur fehlte. Das Faszinierende für mich war nicht diese Selbstaufopferung, nicht jene Frau, die den Christus – ich sage das mal etwas salopp – betütelt. Daraus wird ja immer sehr schnell so eine Art Rollenprosa, ein Rollenleben: die Hausfrau beispielsweise, die ihren Sohn hochhalten muß.

*Was ist denn das Revolutionäre an der Maria, die andere Seite, die Ihrer Ansicht nach ausgeblendet wird?*

Das ist für mich allein die Tatsache, daß da eine Frau angebetet wird. Theologisch können Sie sicher mehr dazu sagen als ich.

Was ich damals am Katholizismus so verführerisch fand, war eben die Tatsache, daß dort auch noch eine Frau im Spiel war.
*Eine allgemeinere Frage: Braucht die Frauenbewegung, der Sie sich ja zugehörig fühlen, überhaupt religiöse Ausdrucksformen? Sind religiöse Symbole unverzichtbar im Prozeß der Selbstaufklärung von Frauen über ihre eigene Geschichte, über ihre eigene Aufgabe?*
Ob sie unverzichtbar sind, weiß ich nicht. Aber ich denke, daß sie dazugehören, genauso wie in der Friedensbewegung. Ich habe auf dem Nürnberger Tribunal gegen Massenvernichtungswaffen, das die »Grünen« im Februar veranstalteten, auch Priester gehört. Mich hat sehr tief berührt, daß diese Leute in der Friedensbewegung mitmachen. Die meisten Frauen in der Frauenbewegung sagen allerdings, Religion sei Opium fürs Volk. Und ich glaube, daß sehr viele radikale Feministinnen auch meinen, daß Religion Opium für den Feminismus sei. Dieser Meinung bin ich nicht unbedingt. Ich glaube schon, daß sich jeder, der in dieser Kultur lebt, ob er nun betet oder nicht, mit der christlichen Tradition auseinandersetzen muß. Auch die feministische Bewegung muß sich darüber klar sein, daß bestimmte Protest- und Darstellungsformen, deren wir uns heute noch bedienen, sehr oft säkularisierte religiöse Formen sind. In der Friedensbewegung ist mir das aufgefallen: Da finden zum Beispiel Schweigeminuten vor einer Kaserne statt, anschließend wird ein Kreuz gebildet. Oder: Die feministische Bewegung hat wieder damit begonnen, sich mit der Hexenproblematik auseinanderzusetzen: Frauen gehen auf die Straße, verkleiden sich teilweise als Hexen oder verstehen sich als Hexen. Auch dies hat ja einen religiösen Bezugspunkt, wenn auch eher im rebellischen Sinn. Aber man muß sich einfach darüber klar werden, daß dies alles etwas mit der Geschichte des Christentums zu tun hat.
Oder nehmen Sie die ganze Diskussion um die Abtreibung: auch hier geht es um religiöse Bezüge. Viele Frauen fixieren sich dabei auf die Institution Kirche und auf einige ihrer bischöflichen Vertreter: Der hat ja noch nie ein Kind bekommen, noch nie mit einer Frau geschlafen, was versteht der denn schon von der Not der Frauen und einer Abtreibung, sagen sie.

Sie können nicht sehen, daß es neben der Institution ja auch andere, fortschrittliche Tendenzen im Christentum gibt.

*Wie stehen Sie generell zu der von bestimmter feministischer Seite vertretenen Position, die Frauenbewegung könne das Christentum nicht mehr verändern, sondern nur noch bekämpfen, weil das Christentum durch und durch eine patriarchalische Religion sei?*

Mit dieser Position kann ich mich nicht anfreunden. Es gibt ja auch für Nichtgläubige sehr viele Deutungsmöglichkeiten der Person Jesu. Für mich hat diese Figur sehr viel Weibliches. Es gibt eine Deutung, die mich sehr fasziniert, auch wenn sie auf den ersten Blick etwas eigenartig anmutet: Nach ihr tragen die Leidensgeschichte und das Sterben Jesu einen Aspekt in sich, der mit dem unterdrückten Leben der Frauen in der Geschichte zusammenhängt, also mit der unterdrückten Weiblichkeit. Diese Deutung beruht darauf, daß man sagt, die ganze Symbolik und Mythologie des Blutes bei Christus habe sehr viel mit Weiblichkeit zu tun. Die Menstruation spielt ja auch in unserer Kultur, selbst wenn man das nicht zugeben will, eine große Rolle: beispielsweise unsere Einteilung in Monate. Die Menstruation ist ein einschneidendes Ereignis und so etwas wie die Potenz der Frau. Radikale Feministinnen, ich sage das einmal so scharf, sind allerdings noch nicht so weit, dies zu sehen. Für mich ist dieser Mann, dieser Jesus Christus, Mann *und* Frau. Den Feministinnen möchte ich sagen, sie sollten doch einmal versuchen, zu trennen zwischen der Person und dem, was aus ihr gemacht worden ist.

Beim Protest gegen die einseitige Patriarchalisierung als Mittel der Unterdrückung der Frau bin ich allerdings sofort dabei.

*Noch einmal zurück zu der Frage: Warum ist Religion für Sie wichtig, auch für Ihre Arbeiten wichtig geworden? Sie sprachen am Anfang vom Zusammenhang zwischen Religion und Liebe. Können Sie das noch etwas erläutern?*

Ich erkenne in allen menschlichen Beziehungen, nicht nur in der Liebe, religiöse Züge; Religion also immer im weitesten Sinne verstanden. Religion hat für mich sehr viel mit Kommunikation zu tun. Wenn ich mit Menschen kommuniziere, vom Säugling bis zum Liebhaber, und dies nicht an der Oberfläche steckenbleibt, erlebe ich sehr viel von dem, was angeblich nur in der institutionalisierten Religion zu erleben sei. Als Mädchen habe ich krampfhaft versucht, zu glauben und den vorgegebenen Normen gerecht zu werden. Ich versuchte mein religiöses Fühlen im Gottesdienst, in den Sakramenten, eben im Raum der Kirche zu leben. Das hat mich damals als 15–16jährige verzweifelt gemacht, weil ich es nicht konnte. Ich habe das dann als Versagen empfunden, vor allem auch, als mir ein Pfarrer sagte, ich müßte halt jeden Tag zur selben Stunde beten, dann würde das schon klappen. Das war für mich der Endpunkt. Da habe ich dann gesagt: Nein, da stimmt irgendetwas nicht. Ich bin nicht verpflichtet, in erstarrten Formen an irgendetwas zu glauben. Seitdem lasse ich mir nichts mehr von anderen vorgeben.

*Wenn für Sie Religion vor allem ein Kommunikationsgeschehen unter Menschen ist, blenden Sie dann nicht eine wichtige Dimension der Religion aus, eigentlich Ihr Spezifikum, nämlich den Bezug zu einem Absoluten, zu Gott traditionell gesprochen? In Ihrem Roman »Die Mutter« machen Sie ja durchaus auch den Versuch, die Gottesfrage vom Standpunkt der Frau anzusprechen: »Schon als Mädchen hatte sie sich gewehrt, daß Gott ein Mann ist, daß Gottes Sohn ein Mann ist.« Ist das Rollenprosa, oder steckt dahinter auch ein persönliches Anliegen von Ihnen, die Frage nach Gott?*

Es ist beides. Auf der einen Seite ist das natürlich Rollenprosa, auf der anderen Seite versteckt sich dahinter auch ein persönliches Anliegen und ein Konflikt. Ich bin auf der einen Seite aus der Kirche ausgetreten, damals zur Zeit der Studentenbewegung. Auf der anderen Seite hat danach in mir ein Prozeß stattgefunden. In ganz extremen Situationen habe ich gebetet, was mir innerhalb einer institutionalisierten Religion schwer fällt. In diesen extremen Situationen spüre ich den Wunsch, nach Gott zu rufen – wie man so sagt. Ich sehe darin aber jetzt nicht eine Art Kapitulation. Ich glaube vielmehr, daß in solchen extremen Situationen vernachlässigte Gebiete wieder auftauchen. In solchen Situationen merkt man vielleicht, daß diese vernachlässigten Gebiete auftauchen, gerade weil man sie vernachlässigt hat. Mit diesen vernachlässigten Gebieten meine ich zum Beispiel das Schweigen, das Meditieren. Es kann zum Beispiel sein, daß ich den Wunsch habe, in die Wüste zu gehen und zu meditieren, eine Leere zu spüren. Das bedeutet dann nicht gleich, daß ich an Gott glauben will. Aber in diesen extremen Situationen konzentriert sich das vielleicht auf jenen Punkt, den ich Gott nenne. Dieses Sich-Zurück-Ziehen, Zu-Sich-Selbst-Finden, das sind ja auch im Grunde säkularisierte religiöse Bedürfnisse.

*In Ihrem 1977 erschienenen dritten Roman taucht dann plötzlich ein religiöses Thema ganz zentral auf: Die Problematik von Tod und Auferweckung im Kapitel »Die Briefe des Pfarrers«. Auch hier scheint mir eine bemerkenswerte Wandlung in Ihrem literarischen Entwicklungsgang geschehen zu sein: Religiöse Themenstellungen rücken in den Vordergrund, die Figur eines Pfarrers wird plötzlich wieder literaturfähig, die Auseinandersetzung wird existentieller, man spürt die Autorin stärker hinter solchen Ausführungen. Wie ist es zu diesen »Briefen« gekommen?*

Der Pfarrer in diesen Briefen ist jener Pfarrer, der mich konfirmiert hat. In der Figur dieses Pfarrers, der auch in dem Dorf lebte, in dem ich meine Jugend verbrachte, haben sich für mich sehr früh schon die Konflikte, die ich mit der Religion hatte, symbolisiert. Die Figur dieses Pfarrers hing beispielsweise sehr mit meiner Rebellion gegen meinen Vater zusammen. Mein Vater mochte diesen Pfarrer nicht sehr, weil dieser sich für Martin Niemöller und ähnliche Leute einsetzte. Daß es da um politische Differenzen ging, die mein Vater in der Kirche nicht haben wollte, hatte ich damals noch gar nicht richtig verstanden. Mir hat der Pfarrer gefallen, weil er in seinen Predigten die Welt, das Alltägliche, zur Sprache brachte. Das geschah gar nicht so direkt, aber manche Leute störte es. Mein Vater hat sich immer furchtbar aufgeregt. Aber genau das interessierte mich an dem Mann. So war mein Intellekt angesprochen, ich konnte mich von meinen gefühlsmäßigen Glaubenszweifeln ablenken lassen und ich konnte dann auch sagen: Ja, dieser Pfarrer liefert mir Stoff zum Nachdenken. Ich kann aus der Kirche gehen und über meinen Zweifel nachdenken. Die »Briefe« sind dann entstanden aus sehr langen Diskussionen mit diesem Pfarrer über die Problematik der Abtreibung.

*Der Pfarrer ist ja auch deshalb interessant, weil er selbst ein Zweifler ist, der aber dennoch die Hoffnung durchträgt, die Hoffnung, daß Liebe stärker ist als der Tod. Vertritt er damit eine Position, mit der auch Sie sich persönlich inzwischen identifiziert haben? Wenn aber die Liebe stärker ist als der Tod, die Liebe also die letzte Wirklichkeit ist und nicht der Tod, ist dann ein solcher Satz nicht im Grunde nur theologisch denkbar?*

Nein, ich denke ihn auch noch anders. Ich erlebe dies auch, wenn ich einen Menschen liebe, natürlich im sexuellen Bereich, aber nicht nur da. Ich kann solche Momente auch erleben, wenn ich ein Kind in die Arme nehme, wenn ich meinen Liebhaber liebe, oder auch eine Frau, also Menschen des eigenen Geschlechts. Auch hier kann ich dieses Gefühl, daß Liebe stärker ist als der Tod, erleben. Es entsteht dann das Gefühl, daß die Zeit aufgehoben ist, daß der Tod außer Kraft gesetzt ist. Für mich kommt noch eine quasi-religiöse Erfahrung dazu. Aber diese Erfahrungen sind natürlich nicht alltäglich, man kann sie nicht abrufen.

*Schon im Roman »Lieben« spielen Sie auf die Figur des Pfarrers Oberlin an, der im Leben des Dichters Lenz eine wichtige Rolle spielte (auch Büchner beschreibt ihn in seiner »Lenz«-Novelle), und dem Sie 1982 einen eigenen längeren Essay widmeten. Was macht die Figur dieses Pfarrers für Sie so beispielhaft? Es ist ja eine zwiespältige Figur: Einerseits eine Figur aus der Welt des konventionellen Christentums, andererseits eine utopische Figur, die in einer Welt, wo Liebe »zur Leistung, zur Ware geworden ist, für die man bezahlt«, Liebe fraglos ganz umsonst geben kann. Ist in dieser Figur so etwas wie die Strucksche Utopie von einer christlichen Welt verborgen?*

Ich möchte scharf unterscheiden zwischen einer selbstlosen Liebe, verstanden als Sich-Aufopfern, und einer zweckfreien Liebe in dem Sinne, daß jemand einfach seine Liebe weggibt und sich nicht darum kümmert, was er nun dafür bekommt. Das ist nicht diese bösartige Selbst-Aufopferung. Denn bei ihr wird meistens, auch wenn es die Leute nicht zugeben, doch so etwas wie eine Gegenleistung erwartet. Denn wer sich selbst aufopfert, muß nach psychischen Gesetzen, über die wir uns einfach nicht hinwegsetzen können, das neurotische Bedürfnis bekommen, alles wieder zurückgezahlt zu erhalten. Es ist ja ein langer Prozeß bis zur Fähigkeit, seine Liebe voll verschenken zu können. Bin ich einmal an diesem Punkt, dann ist die Frage der Selbstaufopferung nicht mehr akut. Ja, und dieser Pfarrer Oberlin repräsentiert für mich ein Stück dieser Haltung. Denn er nimmt den Lenz auf, er fragt nicht viel, er gibt ihm ein Obdach. Allerdings findet sich am Schluß dann doch ein Bruch: Die Heilung durch Religion klappt nicht mehr, jedenfalls nicht zu Büchners Zeiten. Am Schluß bricht ja der Wahnsinn bei Lenz doch wieder durch, er will sich aus dem Fenster stürzen, will sich umbringen; er zweifelt auch und kann nicht glauben, weder an die Liebe noch an Gott, und er sagt zu Oberlin: »Ihr betet ja alle nur, weil ihr euch langweilt. Man betet aus Langeweile, man lebt aus Langeweile, man weint aus Langeweile«. Am Schluß wird er dann von Oberlin irgendwo hingebracht. Die Heilung gelingt nicht. Für mich ist damit die Frage verbunden: Wenn es mehr Leute gäbe wie diesen Oberlin würde es am Ende vielleicht anders ausgehen.

*Interessant ist ja, daß das Thema der Heilung auch in einer Ihrer letzten Arbeiten auftaucht, die noch unveröffentlicht ist: Eine Weihnachtsgeschichte mit dem Titel »Schnee«. In dieser Geschichte taucht Christus als der Heiler auf. Wie sehen Sie diesen Zusammenhang zwischen Religion und Heilung? Christus als Heiler – spricht sich in diesem Bild eine persönliche Erfahrung aus?*

Zunächst einmal ist Christus für mich nicht so sehr jemand, der heilt, sondern einer, der in der Linie von Menschen steht, die sich widersetzt haben. Christus steht für mich in der Linie der Rebellen, Ketzern, Außenseitern. Womit ich überhaupt nicht klarkomme, ist die Tatsache, daß der Außenseiter in unserer Kultur zum Insider gemacht wurde. Der Außenseiter wird sozusagen zur Pflichtperson. Und da stimmt irgendetwas nicht. Für mich kann Christus als Vorbild, als Gott, als Mensch, als beides, eigentlich nur heilen, wenn er bleibt, was er gewesen ist, nämlich Außenseiter. Ich kann mich ärgern, wenn ich bestimmte Parteien so reden höre, die sozusagen Christus auf ihre Fahnen schreiben, also den Außenseiter zur Pflichtfigur machen und für sich benutzen, während sie Außenseiter, die heute so leben, wie Christus gelebt hat, verdammen. Diese Parteien machen also genau das, was man damals mit Christus gemacht hat. Und gleichzeitig sagen sie, sie seien die Jünger Christi. Das stimmt für mich nicht.

*Welche Bedeutung hat denn für Sie Christus?*

Für mich gibt es viele Deutungen der Person Christi. Ich kann nicht in diesem Sinne an Christus glauben, wie es von mir, auch in meiner Erziehung, verlangt worden ist; möglicherweise, weil es von mir verlangt worden ist. Mich interessiert aber nach wie vor die Persönlichkeit dieses Mannes, nicht nur rein intellektuell, daß ich jetzt sage: Ach, war das ein interessanter Mensch. Nein, das wäre mir zu wenig. Da schwingt schon auch Emotionales mit. Ich gehe eher indirekt, eben auf der literarischen Ebene, an die Person Christi heran.

Ich schreibe derzeit an einem Roman, der Geschichte eines Mannes, der sich selbst verbrannt hat, um gegen den Krieg zu protestieren. Ursprünglich war mir gar nicht klar, warum mich dieser Mann interessiert. Andere Leute würden ja sagen, dieser Mann ist verrückt, wieso verbrennt er sich öffentlich? Im Laufe meiner Arbeit bin ich dann aber zwangsläufig auf Jan Hus gestoßen, bin gestoßen auf die Ketzer, auf die Scheiterhaufen – und dann kam Christus plötzlich, sozusagen durch die Hintertür, wieder herein. Ich habe kürzlich ein Drehbuch zu einer ähnlichen Geschichte abgeschlossen, und als ich die Szene von der Verbrennung schrieb, stieß ich plötzlich auf religiöse Inhalte, zum Beispiel auf das Leiden und Sterben Jesu. Auf die direkte Art und Weise, daß ich jetzt sage, Christus ist für mich gestorben und ich glaube an ihn, kann ich nicht mit ihm umgehen. Das liegt vielleicht auch daran, daß ich zuviele Menschen erlebt habe, die diesen Glauben *gegen* andere und auch gegen mich benutzt haben. Das hat mir sehr weh getan. Das hat mich verletzt. Und ich habe gesehen, wie dadurch auch andere Menschen nicht nur verletzt, sondern zerstört wurden. Das finde ich so schlimm, daß ich wahrscheinlich bis ans Ende meines Lebens nicht in der Lage sein werde, in diesem Sinne naiv-religiös zu sein und also an Christus oder an Gott zu glauben.

*Trotzdem hat aber diese Christusfigur, wenn ich Sie recht ver-*

*stehe, eine Bedeutung für Sie, die über das rein Historische hinausgeht?*

Ja.

*Christus war also nicht nur eine Figur, die nun zufällig für eine gute Sache hingerichtet wurde, wie viele Tausende andere auch für ihre gute Sache gestorben sind? Was ist denn nun das Besondere an diesem Christus?*

Darüber bin ich mir selbst noch nicht im klaren. Ich bin mir nicht sicher, ob meine gefühlsmäßige Vorliebe für die Christusfigur, auch für biblische Geschichten wie Hiob oder Abraham, im weitesten Sinne eine ästhetische Beziehung ist. Es könnte ja sein, daß sie mich auf einer ästhetischen Ebene sehr faszinieren, so wie mich auch die griechische Mythologie faszinieren kann. Vielleicht ist die Christusfigur für mich auf einer mehr negativen Ebene wichtig, daß ich mich mit ihr auseinandersetze. Aber das weiß ich nicht genau. Ich kann nur sagen, daß ich in bestimmten biblischen Gleichnissen, wie beispielsweise dem Gleichnis vom verlorenen Sohn oder in der Geschichte vom Hohenlied, oder in der gesamten Leidensgeschichte auf einer symbolischen Ebene sehr viel von dem wiedererkenne, was ich selbst sehe und erlebe, mit mir selbst und mit anderen, und was in meiner Biographie geschehen ist. Es ist für mich auch nicht zufällig, daß sich Menschen, die sich wirklich mit ihrer Umwelt auseinandersetzen, die zweifeln, die glauben, so mit dieser Person Jesu identifizieren können. Das wäre ja gar nicht möglich, wenn sich in diesem Leben Jesu nicht so vieles kristallisieren würde, was auch wir immer wieder erleben. Auch das Thema »Auferstehung« ist für mich eigentlich ständig aktuell.

*Was spricht sich für Sie im Symbol der Auferstehung aus? Die Hoffnung, unsterblich zu sein?*

Die Hoffnung, unsterblich zu sein, findet sich bei mir, glaube ich, durchaus auf säkularisierte Weise wieder. Sie können sich ja sicher vorstellen, daß jeder, der Bücher schreibt, die Hoffnung hat, daß nach seinem Tod diese Bücher auch noch gelesen werden, daß auch die Ideen quasi als Teil seiner selbst später noch Bedeutung haben. Insoweit können Sie dies sogar religiös ausdeuten. Ich glaube, daß die Hoffnung, unsterblich zu sein, tief in uns verankert ist und auch ein entscheidendes Motiv dafür ist, beispielsweise Kinder zu zeugen.

*Sie benutzen interessanterweise zur Beschreibung dieser religiösen Vorgänge Metaphern aus dem Geburtsvorgang: Der Todesschrei Jesu klingt wie der Schrei einer gebärenden Mutter; auferstehen ist das Geborenwerden, das Wiedergeborenwerden. Intendieren Sie hier bewußt eine Verbindung zwischen Körperlichkeit und Religiösität?*

Wenn ich die Bibel lese, auch wenn ich den ganzen Mythos um Christus betrachte, dann ist diese Verbindung zwischen Körperlichkeit und Religion so stark vorhanden, wie sie stärker eigentlich gar nicht sein kann. Jesus gibt sein Leben, sein Blut hin. Jemand, der überhaupt nicht an solches glaubt, wird ja sagen: Das ist obszön, das ist pervers. Ich kann das für mich nur so ausdeuten: Da ist einer, der nicht nur redet und dabei seinen Körper ausblendet, sondern sein Engagement für die anderen, für die Welt, wirklich ganz und gar verwirklicht, der eben Brot austeilt und die Leute speist. An irgendeiner Stelle sagt er ja selbst: »Wie eine Mutter speise ich euch, ich gebe euch zu trinken wie an der Mutterbrust.« Solche Bilder tauchen in der Bibel ständig auf. Auch wie der Mann beschrieben wird: Da ist von Handauflegen die Rede, etwas, daß man heute außerhalb religiöser Kreise vielfach für lächerlich hält. Wenn man heute hingeht und sagt, daß man ein Kind, das Fieber hat, auch dadurch ein Stück heilen kann, daß man sich neben es setzt, es streichelt, ihm die Hände auf die Stirn legt, dann lächeln viele darüber. Sie halten das für Spinnerei und Quacksalberei. Am liebsten möchte man das Körperliche völlig ausblenden.

In der Bibel findet man eine ganz andere Einstellung: Jesus legt den Menschen die Hände auf, sagt zu ihnen: Geh wieder. Er teilt Brot aus, verwandelt Wasser zu Wein, alles Dinge, die man essen kann, anfassen kann, sogar die Worte Jesu sind wie Wein, wenn Sie so wollen ...

*Wir haben jetzt über ganz verschiedene Themen gesprochen. Ist demnach meine Beobachtung richtig, daß sich religiöse Fragestellungen immer stärker in den Vordergrund Ihres Interesses geschoben haben?*

Nicht bewußt. Ich möchte es vielleicht anders formulieren: Ich werde mir bewußter über meine Vergangenheit, deren einer Teil ja eine religiöse, protestantische Erziehung ist und ich werde mir bewußter darüber, was ich eigentlich aus dieser Vergangenheit behalten und was ich nicht mehr behalten möchte.

*Frau Struck, in Ihrem neuesten Buch »Zwei Frauen« kann man die Stelle finden: »Wir aber marschieren nicht zufällig zu Ostern, denn dieses Fest ist in unserem Kulturkreis nicht nur für Christen ein Anlaß, über Leben und Tod nachzudenken. Die Mohammedaner sagen: Bete zu Gott und binde dein Kamel fest, das heißt: Tue selbst etwas, verlaß dich nicht auf Gott. Für die Christen müßten wir sagen: Es gibt keine Auferstehung nach einem Atombombenabwurf oder einem Einsatz chemischer Waffen. Ich kann mir nicht vorstellen, daß Gott Menschen eine Auferstehung schenkt, die jenen falschen Priestern nachfolgen, die Waffen segnen.« Ist Ihr Engagement in der Friedensbewegung auch religiös begründet?*

In dem Sinne, wie ich vorhin Religion definiert habe, kann ich sagen: Ja. Ich glaube auch, daß ein Engagement, beispielsweise in der Friedensbewegung, ohne ein quasi-religiöses Feuer überhaupt nicht möglich ist. Dieses Feuer entsteht gerade aus der Gemeinschaft, dem Miteinander zwischen Menschen, auch aus dem, was mit dem Wert des Menschen verbunden ist.

*Bei dem Wort »religiöses Feuer« kommen mir eine ganze Reihe von Assoziationen: Ein Feuer kann nicht nur erleuchten, es kann auch verzehren. Da findet sich dann wieder die Verbindung zwischen Religion und Tod.*

Sicher. Eine Frau wie Petra Kelly verzehrt sich auch, das hat schon fast märtyrerhafte Züge. Für mich rückt eine solche Haltung dann schon wieder in die Nähe des Sich-Aufopferns, auch wenn sie etwas Faszinierendes an sich hat.

Ich hörte auf dem Nürnberger Tribunal den amerikanischen Priester George Zabelka, der die Hiroshima-Piloten betreut hatte. Er hielt eine Predigt – es sollte eine Rede sein, es war aber eine Predigt – über den biblischen Satz »Liebe deinen Nächsten«. Da habe ich zum ersten Mal jemanden getroffen, der mir diesen Satz wirklich erklären konnte. Dieser Priester hat mit einem solchen religiösen Feuer gesprochen. Wenn es mehr solcher Menschen gäbe, also Prediger im positiven Sinne, Leute mit Ausstrahlung, dann wären wir dem Frieden ein Stück näher, dann könnten wir vielleicht die Waffen verschrotten.

# Weil wir uns auf dieser Erde nicht ganz zu Hause fühlen. Über Gott, Jesus und Christus

## Gespräch mit *Heinrich Böll*

*Herr Böll, in Ihrem Roman »Ansichten eines Clowns« findet sich ein Zwiegespräch zwischen dem Clown und einem katholischen Funktionär: »Katholiken machen mich nervös, weil sie unfair sind. Und Protestanten? Die machen mich krank mit ihrem Gewissensgefummel. Und Atheisten? Die langweilen mich, weil sie immer von Gott sprechen.« Ist dieser Satz bloße Rollenprosa, oder steckt dahinter eine Erfahrung des Menschen Heinrich Böll?*

Er ist zunächst Rollenprosa, wie alles im Roman, nicht nur in diesem. Ich bin natürlich auch in diesem Roman der Vater, bin die Mutter, bin die Schwester. Ich bin auch der Funktionär. In solchen Dialogen kommt geschluckte, gesehene, gehörte Realität zur Sprache. Es handelt sich um Vorgänge, die möglicherweise nicht bewußt sind und auch nicht bewußt gemacht werden können. Das sind so Körner oder Stückchen, die hängenbleiben, die sicherlich einen Erfahrungswert besitzen – und einen Übertreibungscharakter. Man muß ja Dinge übertreiben, um sie darzustellen. Was in den zitierten Sätzen ausgesagt ist, sind Karikaturen der Konfessionen, wobei ich den Atheismus auch als eine Konfession betrachte. Der Clown spielt also nicht nur eine *Rolle*, das ist wichtig.

*Sind diese Sätze des Clowns, gerade wenn sie auf Ihre eigenen Erfahrungen zurückgehen, auf Begegnungen mit gewissen Zeitgenossen zurückzuführen?*

Zum Teil auch, es sind Erfahrungen mit dem katholischen intellektuellen Milieu, teilweise recht bittere, verräterische. Aber es handelt sich hier auch um das übertriebene Weiterdenken von sehr kleinen Erfahrungen. Was Sie zitiert haben, ist ja eine satirische Passage. Und Satire ist Übertreibung, mehr nicht.

*Ihre literarischen Figuren scheinen entweder gottgläubig oder indifferent in bezug auf die Gottesfrage zu sein. Ich vermochte nirgends die Figur eines kämpferischen Atheisten zu entdecken, wie etwa in den Romanen Dostojewskis, den Sie ja sehr verehren. Es scheint so, als habe Sie die philosophisch-theologische Auseinandersetzung mit dem Atheismus nie sonderlich interessiert. Ist diese Beobachtung richtig?*

Ich glaube, ja. Meine Schwierigkeit ist, daß ich mir einen Atheisten nicht vorstellen, mich auch nicht in ihn hineinversetzen kann. Es gibt natürlich verschiedene Stufen des Atheismus, so auch eine hochintellektuelle und hochintelligente, wie sie etwa in Dostojewskis Romanen auftritt. Aber da ist dann die Intellektualität und auch die Sensibilität so groß, daß diese Art von Atheismus für mich fast schon wieder eine Art Gottesbeweis ist. Dann gibt es den platt-materialistischen Atheisten, für den der Menschen wirklich nur so viel wert ist, wie er an Chemikalien enthält, sagen wir: zwei Stück Seife. Das ist dann die krasseste Form des Atheismus, die ich überhaupt nicht nachvollziehen kann. Vielleicht ist es ein intellektueller Mangel, aber ich habe eigentlich noch nie einen sensiblen, hochintelligenten Atheisten getroffen – und ich kenne einige –, der für mich nicht eigentlich ein Beweis dafür war, daß wir Menschen – sagen wir – von außerirdischen Kräften herkommen. Der Mensch ist ja ein Gottesbeweis.

*Wie meinen Sie das?*

Die Tatsache, daß wir alle eigentlich wissen – auch wenn wir es nicht zugeben –, daß wir hier auf der Erde nicht zu Hause sind, nicht ganz zu Hause sind. Daß wir also noch woanders hingehören und von woanders herkommen. Ich kann mir keinen Menschen vorstellen, der sich nicht – jedenfalls zeitweise, stundenweise, tageweise oder auch nur augenblicksweise – klar darüber wird, daß er nicht ganz auf diese Erde gehört.

*Warum? Weil wir Widersprüche gesellschaftlicher Art, persönliche Konfliktsituationen, Brüche erfahren?*

Das hat nicht nur soziale oder gesellschaftliche Gründe. Es sind auch die Schwierigkeiten, sich mitzuteilen, sich auszudrücken, sich darzustellen. Viele Menschen haben ja nicht die Sprache und auch nicht die Möglichkeit, sich auszudrücken – und fühlen sich dann ganz sicher nicht zu Hause auf dieser Welt. Sie fühlen sich weder erkannt noch verstanden. Der Wunsch, die Sehnsucht, erkannt zu werden, führt in eine andere Welt.

*Es gibt das Wort von Friedrich Nietzsche: »Brüder, bleibt der Erde treu.« Steht dies nicht im Widerspruch zu Ihrer Auffassung?*

Ja, aber ich glaube, daß Nietzsche einer jener großen Geister war, die nicht auf dieser Erde zu Hause waren. Ich glaube, daß in dem, was er da gesagt und geschrieben hat, der Wunsch zum Ausdruck kam, zu dieser Erde zu gehören. Gerade diese Sehnsucht nach dem Irdischen und der Wunsch, ganz dazuzugehören, ist vielleicht der Ausdruck dieses Heimwehs nach etwas anderem.

*Kann aber die Aussage, daß wir hier auf der Erde nicht zu Hause sind, nicht allzu leicht denunziatorisch gegenüber der Erde benutzt werden? So hat kirchliche Verkündigung über Jahrhunderte gearbeitet: Man hat die Erde schlechtgemacht.*

Natürlich nicht, im Gegenteil. Man hat die Menschen ja auch auf ein anderes Leben vertröstet, auf geradezu kriminelle Weise, wie ich finde. Nein, das, was ich meine, ist am besten mit dem Wort »fremd« ausgedrückt, sich fremd fühlen. Ein besseres Wort gibt es dafür nicht.

*Es gibt viele Selbstzeugnisse von Ihnen zur Problematik der Kirche, des Katholizismus, des bürgerlichen Christentums. Die Gottesproblematik dagegen taucht in Ihrer geistigen Entwicklungsgeschichte fast nie auf. Es hat also, wenn ich Sie richtig verstehe, nie so etwas wie eine »atheistische Phase« in Ihrem Leben gegeben?*

Nein, nicht im Sinne einer intellektuellen atheistischen Phase. Ich habe mich schon häufig gottverlassen gefühlt. Ich weiß nicht, ob das ein entsprechendes Erlebnis ist. Kirchenfremd habe ich mich sehr oft schon gefühlt, auch als junger Mensch. Mit 14, 15 Jahren habe ich mich jahrelang von der Kirche fern-

gehalten. In der Gegnerschaft zum Nationalsozialismus entstand dann wieder eine Loyalität, die eigentlich verspätet war, vielleicht sogar falsch. Aber für einen jungen Menschen ist es natürlich sehr schwer, in einer solch terroristisch organisierten Diktatur, wie sie das Dritte Reich war, – das wird ja heute alles bagatellisiert – gegen *zwei* Mächte innerlich Widerstand zu leisten: Gegen den Staat in dieser Totalität und gegen die Kirche. Wahrscheinlich war und ist das für einen Menschen von 17, 18 Jahren intellektuell nicht durchzuhalten; obwohl ich annehme, daß einige dies durchgehalten haben. Ein Kollege hat mir mal erzählt: »Wissen Sie, wir sind liberales katholisches Bürgertum gewesen, wir sind aus der Kirche ausgetreten, 1932 oder so, aber 33 sind wir wieder in die Kirche eingetreten.«
Da war also ein innerlicher Prozeß vollzogen, der in diesem Gefühl des Widerstandes wieder korrigiert wurde. Es gab da eine große Spannung.
*Es gibt das Buch vom Tilman Moser mit dem Titel »Gottesvergiftung«. Kann man sagen, daß es in Ihrem Leben eine »Kirchenvergiftung« gegeben hat, aber nie eine »Gottesvergiftung«?*
Auch keine »Kirchenvergiftung«. Es klingt vielleicht sehr anmaßend, aber ich habe mich, glaube ich, sehr früh freigemacht von all diesem Druck, unter dem meine Eltern und Geschwister gelitten haben und der ja vielfältig beschrieben worden ist. Ich betrachte mich in diesem Sinne auch nicht als Renegat oder gar als Kirchenhasser, nicht andeutungsweise. Wenn andere eine solche Haltung einnehmen, kann ich das zwar verstehen, aber ich selbst sehe mich nicht in dieser Position. Das lag wohl an der damals sich abzeichnenden innerkirchlichen Reform, die dann in der Reaktion auf den Nationalsozialismus und auf andere Diktaturen wieder rückgängig gemacht worden ist. Ich finde ja die Entwicklung des deutschen Katholizismus nach dem Krieg schlimmer als je vorher, auch des politischen, etablierten, organisierten, korporierten Katholizismus.
*Nur eine Ihrer literarischen Arbeiten ist – wenn ich recht sehe – direkt der Gottesproblematik gewidmet. Die Satire »Dr. Murkes gesammeltes Schweigen«. Diese Satire auf den inflationären Gebrauch des Wortes »Gott« ist zugleich eine große Verteidi-*

*gung der Würde des Wortes »Gott« in unserer Gesellschaft. Gehört dieses Wort, dessen Mißbrauch Sie auch etwa in der Nobelpreis-Rede so bitter anklagen, zu dem, was Sie einmal eine »bewohnbare Sprache in einem bewohnbaren Land« genannt haben?*

Nein. Ich glaube eher, daß man das Wort »Gott« für eine Weile aus dem Verkehr ziehen sollte; nicht Gott selbst, nicht das, was mit diesem Wort gemeint ist. Ich denke, dieses Wort ist im Grunde nur – und das kommt in der Satire, die Sie ansprechen, zum Ausdruck – ein Füllwort. Wenn einem gar nichts anderes mehr einfällt, dann sagt man »Gott«. Gott ist dann oft ein Abladeplatz für viele Probleme, die wir Menschen lösen könnten. Wir sagen dann: Wende dich an Gott, bete zu Gott. Und wenn erst Politiker das Wort »Gott« aussprechen! Das ist für mich die einzige Form der Blasphemie, die ich noch kenne; während die wahre Blasphemie ja noch eine Anerkennung Gottes ist: Wenn ich Gott verfluche, dann nehme ich ihn immerhin noch wahr. Ich finde es jedenfalls unerträglich, wenn Politiker von Gott sprechen. Aber sie tun es ja kaum, und das ist das Interessante. Christliche Politiker sprechen ja nie von Jesus Christus oder von Jesus oder Christus. Sie sprechen immer vom Christentum oder von »christlich«. Das sind vollkommen leere Worte, die überhaupt nichts besagen. Ich möchte gerne mal einen christlichen Politiker öffentlich, im Bundestag oder sonstwo, von Jesus Christus sprechen hören. Wenn man nur die Worte »christlich« oder »Christentum« benutzt, dann sind das sozusagen Abschiedsbegriffe. Denn jetzt beginnt ja der Streit, was denn nun »christlich« überhaupt heißt? Darüber streiten wir uns ja seit 2000 Jahren. Hören Sie sich im übrigen diesen komischen Geißler einmal genau an, da wird einem richtig schlecht.

Also: Gott ja, aber das Wort möglichst nicht.

*Herr Böll, warum glauben Sie, daß Menschen in dieser Gesellschaft trotz aller negativen Erfahrungen an Gott glauben? Und: Warum glauben Sie persönlich an Gott?*

Ich denke, das habe ich eben schon angedeutet mit dem Empfinden – Sie können es Traum, Sehnsucht oder wie immer nennen –, daß die Menschen zeitweise, auch sekundenweise, und auch wenn sie glücklich verheiratet sind, Kinder haben und einen Beruf, der ihnen Spaß macht, – sich dennoch auf dieser Erde fremd fühlen. Dies ist der Grund, glaube ich. Es handelt sich hier keineswegs um ein bloßes Gefühl, sondern vielleicht um eine uralte Erinnerung an etwas, das außerhalb unser selbst existiert. Das ist einer der Gründe, und auch ein Grund für mich, an Gott zu glauben. Ein weiterer Grund ist für mich: Ich glaube an Gott, weil es den Menschen gibt. Und weil die Menschen Gott durch den Menschgewordenen auch in sich haben.

*Gerade die Murke-Geschichte gibt Zeugnis von dem großen Respekt vor dem Wort »Gott«. Murke schweigt ja nicht von Gott, weil er ein Atheist wäre. Sein Schweigen von Gott verweist vielmehr auf den Geheimnischarakter der Rede von Gott. Es scheinen mir hier beinahe mystische Elemente im Hintergrund mitzuspielen. Ich möchte Sie daher fragen: Stammt Ihr Versuch, vorsichtig mit dem Wort »Gott« umzugehen, dem Schweigen statt der Rede den Vorzug zu geben, nicht im Grunde aus mystischen Wurzeln?*

Wahrscheinlich, ich weiß es nicht. Das kann ich Ihnen nicht erklären. Es gibt für mich gar keinen anderen Einstieg als einen mystischen. Was mich im Religionsunterricht am meisten abgeschreckt hat, waren die aus dem 19. Jahrhundert stammenden mehr oder weniger rationalistischen Gottesbeweise. Diese Gottesbeweise haben mich niemals überzeugt. Ich weiß nicht, woher das kommt. Ich habe es immer für töricht bis lächerlich gefunden, wenn der arme Religionslehrer dasaß und uns Typen, die da mit gebeugtem Rücken vor ihm saßen, seine Gottesbeweise vortrug, nur weil sie wahrscheinlich im Lehrplan vorgesehen waren.

*Ist das mit mystischer Erfahrung, mit mystischer Sprache anders?*

Wahrscheinlich. Ich kenne natürlich die mystische Literatur, Theresa von Avila, Johannes vom Kreuz, ein im übrigen höchst gefährlicher Autor, weil ja die Mystiker alle eine merkwürdige Beziehung zum Nichts haben. Da spielt dann auch das Nirwana mit hinein. Und auch Katharina von Siena war ja politisch wie religiös keine ungefährliche Person.

*Sollte man also das Wort »Gott« zunächst einmal dadurch er-*

*setzen, daß man vom »Nichts«, von der »Leere« spricht, dabei aber durchaus an der Sache – also an dem, was das Wort »Gott« meint – festhält?*

Nein, das möchte ich nicht vorschlagen. Wir sollten gar nicht darüber reden und Gott auch nicht benennen. Wenn Sie eine Sache benennen, können Sie sie gleichzeitig auch töten. Sprache besitzt ja viel Magie. Wenn ich etwas pointiert benenne, spieße ich es auf, und es besteht dann die Gefahr, daß das Benannte zum aufgespießten Schmetterling wird. Man kann ja zunächst bei dem Menschgewordenen bleiben.

*Eine Stelle aus einem Ihrer letzten Romane, »Fürsorgliche Belagerung«, geht mir nicht aus dem Kopf. Sie lassen die Hauptfigur dieses Romans, den Senator Tolm, seinen Diener fragen: »Glauben Sie an Gott, an diesen – an Jesus Christus?« – »Ja, natürlich, Herr Doktor – und Sie?« ... »Ich auch ..., ich auch, wenn ich auch nicht genau weiß, wer er ist und wo – aber erlauben Sie mir noch eine Frage ... – Was an dieser merkwürdigen Welt erstaunt Sie am meisten?« – »... am meisten überrascht mich die Geduld der Armen«.*

*Herr Böll, ich sehe hier einige Charakteristika für unseren Gesprächszusammenhang. Da ist zum einen wieder einmal der scheinbar so unproblematisierte Gottesglaube. Ist dieser Glaube wirklich so »natürlich«?*

Was heißt »natürlich«? Über dieses Wort müßte man stundenlang reden. Nein, »natürlich« ist der Glaube nicht. Aber möglicherweise ist er uns doch mitgegeben. Dieser Dialog, den Sie zitieren, hat natürlich noch eine andere Funktion. Er soll auch die soziale Differenz der beiden Gesprächspartner ausdrükken. Es ist ganz klar, daß der Herr Tolm seinen Untergebenen fragt: Glauben Sie an Gott? Der würde aber nie riskieren, *ihn* zu fragen; das tut er aber hier. Und in dem Roman wird auch darauf hingewiesen, daß der Herr Senator, obwohl er ein humaner Zeitgenosse ist, dies als eine ziemliche Zumutung empfindet.

*Da ist zum zweiten die enge Verknüpfung der Gottes- und Christus-Thematik bei Ihnen. Christus und Gott werden in der zitierten Stelle im gleichen Atemzug genannt, durch den Gedankenstrich ein wenig abgesetzt: Christus kommt zögernd ins*

*Spiel. Ich habe den Eindruck: Gott hat Sie nie ohne Christus, Christus nie ohne Gott interessiert. Trifft das zu?*
Das trifft zu. Deshalb auch meine Schwierigkeit mit dem Wort »Gott«.
*Sie haben verschiedentlich von dem Menschgewordenen gesprochen. Vor zehn Jahren haben Sie einmal auf die Frage: ›Was bedeutet Jesus von Nazareth für mich?‹ geantwortet – und diese Antwort hat mich immer wieder erstaunt: »Mir scheint die Trennung des Jesus vom Christus wie ein unerlaubter Trick, mit dem man dem Menschgewordenen seine Göttlichkeit nimmt und damit allen Menschen, die noch auf ihre Menschwerdung warten.« Und im gleichen Zusammenhang schreiben Sie: »An der Gegenwart des Menschgewordenen werde ich nie zweifeln. Aber Jesus allein? Das ist mir zu vage, zu sentimental, zu storyhaft, zu sehr eine ›rührende Geschichte‹.«*
*Diese »Abwertung« der Geschichte des Jesus von Nazareth hat mich immer überrascht, da Sie andererseits sich immer wieder auf diese historische Figur konkret beziehen. Ist das ein Widerspruch?*
Ich glaube, der Widerspruch liegt in den Texten, die uns als Neues Testament überliefert worden sind, er liegt in den vier Evangelien selbst. Ich hatte immer den Eindruck, daß dieser Jesus mit dem Christus nie ganz übereingekommen ist. Die Texte der Evangelien widersprechen sich oft. Da spricht einerseits Jesus, etwa in der Bergpredigt, und auf der anderen Seite geht Christus fast bis zum Spott, ja zum Hohn – etwa mit dieser grausamen Äußerung: »Wer hat, dem wird gegeben.« Ich weiß nicht, inwiefern die beiden da noch zusammengehören. Wir täuschen uns, wenn wir nur Jesus allein nehmen. Und ich möchte mich nicht gerne täuschen.
Der klassische jesuanische Text ist ja die Bergpredigt. Dann gibt es aber auch sehr grausame Gleichnisse in den Evangelien, etwa das vom verlorenen Sohn. Dieses Gleichnis ist ja grausam. Da wird gesagt: Ihr, die ihr immer brav durch die Gegend lauft, macht euch nicht so viel Hoffnung – während uns gleichzeitig die Bravheit gepredigt wird.
Das, was man in einem solchen Wort wie »Wer hat, dem wird

gegeben« zu Ausdruck kommt, würde ich nicht christlich, sondern *christisch* nennen. Ich nehme diese Bezeichnung, damit wir nicht in die Gefahr kommen, uns diesem schrecklichen Wort christlich zu nähern. Das alleinige Berufen auf Jesus – es gab und gibt ja noch immer diese jesuanische Welle – scheint mir eine Täuschung, eine Selbsttäuschung. Das wollte ich mit diesen Zitaten ausdrücken.

Die christlichen Politiker zum Beispiel sind in diesem Sinne christisch. Sie können sich auf solche merkwürdigen biblischen Sätze berufen. Wer ist nun also der richtige Christ? Ich glaube, daß die Spannung zwischen diesen beiden, zwischen Jesus und Christus, auch die Ursache aller Konfessionsspaltungen seit Bestehen der christlichen Religion ist. Bisher hat immer das, was ich christisch nenne, gesiegt. Es könnte eine Zeit kommen, wo das andere, das Jesuanische überwiegt.

*Das ist genau mein Problem, deshalb frage ich noch einmal nach: Auf der einen Seite beziehen Sie sich immer wieder auf Jesus von Nazareth, Sie machen ihn zum Kriterium ihrer Kritik an Kirche und Gesellschaft, und auch an sich selbst. Andererseits arbeiten Sie mit der theologischen Kategorie des Menschgewordenen, die ja eine spätere ist und aus der sogenannten »Menschwerdungschristologie« stammt. Warum sagen Sie nicht: Ich beziehe mich auf den historischen Jesus als Maßstab? Warum sagen Sie: Ich beziehe mich auf den Menschgewordenen?*

Eben weil mir, salopp ausgedrückt, der Christus immer wieder in die Quere kommt. Ich halte es für intellektuell nicht sauber, sich nur auf Jesus zu beziehen. Ich sehe sie beide, Jesus und Christus, zusammen in der Passion. Da ist der Mensch gottverlassen und der Gott menschenverlassen. Nur im Leiden sind Jesus und Christus zusammen. Ich weiß nicht, ob das theologisch haltbar ist, aber das ist ja auch nicht so wichtig.

*Wenn Sie vom Menschgewordenen sprechen und damit das urchristliche Menschwerdungsmotiv aufgreifen, Gott also ganz von Christus her und Jesus von Nazareth ganz im Lichte des menschgewordenen Christus sehen, dann würde mich interessieren, ob Sie etwas mit dem Glauben an die Dreifaltigkeit anfangen können, mit dem die christliche Tradition ja immer schon das Verhältnis Christus-Gott unter Einschluß des Geistes zu denken versucht hat. Spielt die Trinität in Ihrem Denken irgendeine Rolle?*

Dazu habe ich noch keinen Zugang gefunden, das ist mir zu abstrakt. Ich kann mir vorstellen, was damit gemeint ist. – Aber ich will noch einmal zurückkommen auf die Unterscheidung jesuanisch und christisch. Ich habe den Eindruck, daß es immer drei Kirchen gegeben hat, die *jesuanische*, die *christische* und dann – nicht zu vergessen – die *Madonnenkirche*. Letztere wird ja von unserem gegenwärtigen Papst anscheinend für die wahre gehalten. Er geht ja überall zunächst zu den Madonnenheiligtümern. Ich will über die Marienheiligtümer nicht spotten, das kann ich nicht. Ich kann nicht die Menschen verspotten, die nach Lourdes pilgern, oder nach Tschenstochau oder nach Guadalupe. Ich kann es nicht, weil ich nicht durch Spott zerstören kann, was ich ihnen nicht ersetzen kann. Das wäre intellektuelle Arroganz schlimmster Art. Und doch erlaube ich mir eine gewisse Angst, wenn ich sehe, wie Millionen Menschen diese Pilgerfahrten unternehmen. Was steckt wirklich dahinter außer einer Inbrunst, die auch durch die Masse angeheizt wird? Man kennt es ja, wenn man in einer solchen Masse drin ist, da ist viel gefährliche Magie zu spüren.

Also: Jesus, Christus und die Madonna.

*Was unterscheidet diese drei Arten von Kirche?*

Das kann ich nicht erklären, das fiel mir nur eben so ein. Jedenfalls ist für mich die Madonna durchaus nicht unwichtig oder nebensächlich. Auch Frauen haben ja den Menschgewordenen in sich, den ich nicht für geschlechtlich festgelegt halte. Sie können Christus oder auch Jesus in sich haben.

*In Jesus ist ja nach Ihrem Verständnis – Stichwort: Theologie der Zärtlichkeit, Galanterie Christi – doch so etwas wie eine Synthese von Mann und Frau, von Animus und Anima, um mit C. G. Jung zu reden, gegeben?*

Ja, ich denke schon. Aber ich wollte die Madonnenkirche nur erwähnen, damit wir uns nicht darüber täuschen, wieviele Kirchen es im Grunde gibt. Die katholische Kirche war immer schon gespalten.

*Wir haben es heute mit einer neuen Art »feministischer Theolo-*

*gie« zu tun, die Sie selbst – scheint mir – ja schon sehr früh gesehen haben. Das beste Beispiel dafür ist eines Ihrer Gedichte, das »Köln-Gedicht«: Im Umfeld der Madonna spielt noch sehr vieles eine Rolle: Heidnisches, Mythisches. Gehört also diese Madonnenfigur auch in diesen ganzen Kosmos des Menschgewordenen?*

Natürlich. Vielleicht liegt hier auch der Ansatz für ein neues Verständnis der Dreifaltigkeit: Mann, Frau, beides. Ich meine jetzt nicht den Hermaphroditen. Aber die Geschlechtlichkeit des Menschen, auch die des Menschgewordenen, ist ja eigentlich nie deutlich geworden. Ich meine nicht eine Sexualität, sondern die geschlechtliche Zuordnung. Sie ist ja ganz unklar und durch den jansenistischen Puritanismus des 19. Jahrhunderts fast ganz verdrängt worden. Dieser Puritanismus hat mich geprägt, meine Eltern, meine Großeltern. Der ganze rheinische Katholizismus ist völlig infiltriert davon. Dieser Katholizismus hat mit dem fröhlichen rheinischen Katholizismus, mit diesem Prozessionsgetümmel, überhaupt nichts zu tun.

*Das ist zwar nicht das, was die christliche Tradition unter Trinität versteht. Aber für Sie wäre dies ein Ansatz, trinitarisch zu denken?*

Diese anthropologische Trinität könnte so etwas wie ein Spiegelbild der göttlichen sein und eigentlich müßte sie es sein. An diese Trinität des Menschen, an Geist, Seele, Leib zu glauben, fällt mir überhaupt nicht schwer. Interessant finde ich in diesem Zusammenhang, daß die Anthroposophen stets das Konzil von Konstantinopel aus dem Jahre 869 nennen und damit begründen, daß sich die Kirche vom Geist getrennt habe, also eigentlich Abschied von der Trinität genommen habe. Da müßte man eigentlich einmal näher nachforschen, ob da nicht auch der Geist verraten worden ist, die dritte Person, die nun nicht mehr vermittelt worden ist.

*Ein drittes Stichwort lautet: »Geduld der Armen.« Ihre Rede von Christus als dem Menschgewordenen hat immer auch eine gesellschaftskritische und kirchenkritische Seite. Welche Züge an der Gestalt Jesus sind es, die Sie am stärksten herausfordernd finden?*

In dem Wort »Geduld« steckt ja »dulden«. Dieses Zitat bezieht sich zunächst einmal darauf, was die Armen im Laufe der Menschheitsgeschichte alles erduldet haben, oder sagen wir: über sich haben ergehen lassen, was sie hingenommen haben. In dem Wort »Passivität« steckt ebenfalls »Passion«. Was die Armen im Laufe der Geschichte auf sich genommen haben und heute noch auf sich nehmen, das ist eine ungeheure, nicht beschreibbare Masse von Erduldetem. Insofern ist Jesus auch für mich der Duldende, übrigens auch der Geduldige. Christus ist ungeduldig, das zeigt die Auseinandersetzung mit den Wechslern im Tempel und so manche polemische Predigt. Jesus dagegen schreibt nur in den Sand und sagt kein Wort, als ihm die Ehebrecherin vorgeführt wird. Diese beiden Gestalten tragen wir ja auch in uns. Wir sind ja beides: geduldig und ungeduldig. Für mich ist Jesus eher der Leidende, nicht so sehr der Triumphierende.

*Dieser Zug taucht auch immer wieder in Ihren literarischen Figuren auf. »Und sagte kein einziges Wort« ist ja direkt ein Zitat aus der Passionsgeschichte Jesu. Also: Der Gekreuzigte, Leidende: ja; ist die Auferstehung ein Thema, das Sie beschäftigt, vielleicht beschäftigen könnte?*

Es beschäftigt mich. Aber ich habe es noch nicht literarisch aufgegriffen. Es gibt allerdings eine kleine Kurzgeschichte von mir, eine frühe, in der dieses Thema zu finden ist; ich hatte diese Geschichte sogar schon vergessen und wurde kürzlich durch einen Brief auf sie aufmerksam gemacht. Diese Geschichte heißt: »Steh auf, steh doch auf.« Es ist eine ganz kleine, kurze Geschichte, in der ich versucht habe, das Thema Auferstehung darzustellen. Ich habe eine gewisse Angst vor Siegern, vor militärischen Siegern sowieso, auch wenn es Alliierte sind.

*Es gibt viele literarische Figuren bei Ihnen, die etwas aufscheinen lassen von der Figur Jesu Christi: Käte Bogner, der Clown, Leni Pfeiffer, Katharina Blum. Die Reinheit und Unschuld des Menschen in einer Gesellschaft voll von Korruption und Schuld ist immer wieder Ihr Thema. Reizt es Sie nicht, literarisch einmal eine Synthese vorzulegen: den Christus-Roman der zweiten Hälfte des 20. Jahrhunderts auf der Höhe von Dostojewskis »Der Idiot«?*

Reizen würde mich das schon, nur bin ich kein Dostojewski, wirklich nicht. Versucht habe ich es immer wieder, wie Sie auch sagen, gelungen ist es nicht. Und natürlich ist »Der Idiot« ein ungeheurer Roman, der einzige Christus-Roman, den ich kenne. Es ist ein kühner, fast gelungener Versuch, Jesus literarisch einzufangen. Was ich vermeiden würde, wenn ich es riskierte – und ich riskiere es immer wieder –: daß Jesus ein Kranker ist. Der Idiot ist ja krank, er ist Epileptiker. Der volkstümlich mystisch-mythische Gedanke, daß Kranke, beispielsweise Epileptiker, unter der besonderen Gnade Gottes stehen, das wäre mir fremd. Einen gesunden Christus kann ich mir aber auch nicht vorstellen. Es ist natürlich sehr schwierig, Gesundheit und Krankheit zu definieren. Die Schwierigkeit besteht darin, daß wir »krank« und »leidend« für identisch halten, wo doch viele gesunde Menschen leiden – Menschen, die weder physisch noch psychisch krank sind. Könnte sich da die »Trinität« versteckt haben? Der leidende Geist? Und genau hier liegt die Schwierigkeit. Ich glaube also nicht, daß ich fähig bin, einen solchen Roman zu schreiben. Es gibt immer wieder Annäherungsversuche, aber mehr ist da nicht möglich.

# Prometheus, Jesus und der Mut zum Leben. Über Hoffnung, Zuversicht und Religion

## Gespräch mit *Ingeborg Drewitz*

*Frau Drewitz, dieses Gespräch soll um Fragen nach Hoffnung, Zukunft, Zuversicht in unserer Zeit kreisen und um die Rolle, die Religion für Sie persönlich sowie für Sie als Schriftstellerin spielt. Ist die Beobachtung richtig, daß Sie persönlich durchaus »ein Verhältnis zur Religion« haben, sich aber sehr zurückhalten, Religion auch literarisch zu gestalten?*
Zunächst: Die Wurzel meiner Hoffnung ist fast nicht auszumachen, sie ist ein dünnes, dünnes Fädchen, fast schon abgetrennt von einer kräftigen Wurzel. Aber vielleicht ist für mich das Entscheidende, daß ich nicht aufgebe, daß ich nicht aufzugeben bereit bin. Für mich ist es quasi eine moralische Selbstverpflichtung, dieses Leben, das zunächst einmal einfach gegeben ist, einzubringen, den Vernichtungsprozessen und Hoffnungslosigkeiten zu widerstehen, zu helfen, soweit die eigenen Kräfte reichen – und manchmal übersteigt es auch die eigenen Kräfte. Solange ich lebe, habe ich nicht einfach nur zu atmen, sondern diese Art Kraft, die ich durchs Atmen aufnehme, habe ich auch nach außen zu tragen. Aber ich weiß, daß auch dieser Begriff »atmen« heute schon brüchig geworden ist. Zum zweiten Teil der Frage: Ich bin als Kind fast ohne Religion erzogen worden. Ich wurde zwar getauft, aber mein Vater war nicht in der Kirche, mein Großvater auch nicht. Man hat mir auch in der frühen Kindheit niemals etwas von Jesus erzählt. Ich erinnere mich nur an dieses blöde Gedicht »Ich bin klein, mein Herz ist rein«, das damals wohl sehr viele vor sich hin geleiert

haben. Als ich in die Schule kam, konfrontierte mich ein Lehrer, der zugleich Organist war, mit den biblischen Geschichten. Schon im ersten Schuljahr haben mich diese Erzählungen sehr tief getroffen. Ich weiß es noch ganz genau: Dieses Am-Kreuz-Hängen, dieses Verzweifeltsein und die Frage stellen: Mein Gott, mein Gott, warum hast du mich verlassen? Ich saß da, ganz hinten zwischen den Bänken, und heulte. Mein Lehrer kam auf mich zu und sagte: »Was hast du denn bloß, warum weinst du denn?« – Ich: »Warum muß der denn sterben?« – Das war eigentlich meine erste wirkliche Erregung über dieses Leben, mit dem ich mich dann immer wieder beschäftigt habe. Das ging so weit, daß ich dann schon mit neun Jahren ein Gottesbüchlein, so nannte ich es, geschrieben habe. Ich fing schon früh an zu schreiben, weil ich eben Schriftstellerin werden wollte bzw. schreibend des Lebens gewahr wurde. In diesem Büchlein habe ich in Gedichten und unbeholfenen, kindlich gemalten Bildern, auch Liedern, die ganze Geschichte von der Geburt Jesu bis zum Osterereignis dargestellt.

Die Auseinandersetzung mit der Religion verschob sich danach natürlich. Zu Hause zeigte man für diese Fragen nicht viel Verständnis. Ich durfte zwar in den Kindergottesdienst gehen, aber sonst wurde da nicht viel unterstützt. In der Nazizeit wurde ich dann von irgendeinem Pfarrer konfirmiert, der natürlich zu den Deutschen Christen zählte. Der Unterricht war fürchterlich patriotisch. Ich bin erst später durch eine Lehrerin mit der »Bekennenden Kirche« in Verbindung gekommen. Sie lud damals einen ganz kleinen Kreis von Schülern zu sich nach Hause ein. In dem Roman »Gestern war heute« habe ich versucht, diese Lehrerin etwas zu porträtieren.

Die Kirche aber hat mir nie viel bedeutet. Ich habe immer versucht, mich mühselig von außen an die Inhalte der Religion heranzurobben.

*Moralische Selbstverpflichtung auf der einen Seite, sagen Sie, und ein Herantasten an die Inhalte der Religion auf der anderen Seite. Wie hat das dann literarisch seine Umsetzung gefunden?*

Vielleicht in dem Stück »Alle Tore waren bewacht«. Da führe ich, kurz bevor die Inhaftierten aus der Baracke ins Gas gehen müssen, Psalmen ein. Die Psalmen bleiben stehen, während die zum Tod verdammten jüdischen Frauen abgehen aus der Baracke. Das Stück habe ich 1951 geschrieben. Kurz danach, 1953, schrieb ich dann das Judas-Drama, veröffentlicht wurde es 1955. Das Moses-Drama, geschrieben 1953, wurde Januar 1954 als Lesedrama vorgestellt. An der Figur des Moses hat mich das fasziniert, was ich eigentlich auch suchte; es war die Frage: Wie wird ein Gott für die Menschen begreiflich? Kann er überhaupt begriffen werden? Ich bin dann am Inhalt des Alten Testamentes, an der Moses-Geschichte, entlanggegangen, an dem ganzen Prozeß seiner Gottsuche, und habe versucht, meine Auseinandersetzung mit der Philosophie des 19. Jahrhunderts mit zu verarbeiten. Ich entfaltete dann den Gedanken: Es muß ein Gott sein, sonst könnten wir nicht existieren. Diese Erkenntnis ist für mich der Höhepunkt dieses Stückes.

*Gilt diese Erkenntnis für Sie auch heute noch?*

Ja, und zwar immer in jener Wechselwirkung: Nur indem wir Gott denken, leben wir und ist Gott. Es geht also um die Wechselbeziehung zwischen dem entworfenen und dem existierenden Gott.

*Der Atheismus ist für Sie also keine überzeugende Position?*

Nein, weil ich erkannt habe, daß es für die Menschen wichtig ist, einen Angelpunkt, einen Bezugspunkt zu haben. Dieser Bezugspunkt bräuchte keinen Namen zu haben. Gott ist *ein* Name für dieses Zentrum, für diesen Halt.

*Es finden sich also bei Ihnen religiöse Themen schon sehr früh. Ist es aber dennoch richtig, wenn man sagt, daß Sie in Ihren großen Romanen – ich denke an »Oktoberlicht« oder »Eis auf der Elbe« – eher zurückhaltend sind, religiöse Themen direkt anzusprechen? Sie schildern zum Beispiel in dem Roman »Eis auf der Elbe« Ausschnitte aus dem Leben einer kämpferisch engagierten Frau und Mutter, die sich als Rechtsanwältin auch für die Benachteiligten und Randexistenzen unserer Gesellschaft einsetzt. Sie haben selber einmal gesagt, die Hauptspur dieses Buches sei die Auseinandersetzung mit dem Tod. Die Herausforderung Tod werde angenommen als das* Sich-selbst-dagegen-Anstemmen *und* Sich-selbst-dagegen-Entwerfen. *Hier benutzen Sie ja existentialistische Kategorien, keine religiösen. Geschieht das bewußt?*

Das geschieht bewußt. Ich habe in der Frage nach Gott durchaus eine existentialistische Position. Sie rührt her aus der Erfahrung meiner eigenen Verantwortung. Diese Verantwortung darf aber nicht isoliert verstanden werden, sie ist eng mit der Idee der Schöpfung verbunden. Das heißt: Auch die eigene Verantwortung ist eingebunden in einen Prozeß des Werdens, in einen Entstehungsprozeß. Ich habe mich zum Beispiel sehr viel mit der Astronomie beschäftigt, auch mit der Physik und den sich verändernden wissenschaftlichen Erkenntnissen. Sie weisen immer darauf hin, daß es in der Entwicklung der Welt verschiedene Urknalle gegeben hat. Urknall ist zwar nicht unbedingt das richtige Wort, aber wir sind jedenfalls als Menschen in diese Entstehungsprozesse eingebunden. Für mich haben auch die Mystiker stets eine große Bedeutung gehabt. Sie haben ja diese Wechselwirkung zwischen Schöpfung und Individuum in sich selbst ausgetragen. Aus dieser Position heraus ist dieses mein existentialistisches Bewußtsein entstanden, das mich aber nicht völlig frei macht, sondern mich im Grunde eingebunden sein läßt.

*Es geht hier also nicht um eine Alternative zur Religion? Sie halten die religiöse Frage vielmehr offen?*

Offenhalten ..., das ist nicht falsch gesagt. Auch diese Erde, dieses Stückchen Planet, das ein Teil der vielen Sonnensysteme ist, ist zugleich Teil eines unser Bewußtsein sprengenden Ganzen. Deshalb können wir eigentlich gar nicht gänzlich frei sein. Indem wir aber da sind, leben, sterben und handeln, arbeiten wir an der Verwirklichung dieser Schöpfung mit.

*Warum ist dies so literarisch nicht sagbar gewesen? Warum waren Sie zurückhaltend, auf diese Weise direkt religiös zu werden, zum Beispiel in »Eis auf der Elbe«?*

Weil mir daran liegt, zu zeigen, in welcher Dunkelheit, in welcher *Unschärfe* wir Menschen herumtasten. In der Mehrzahl haben wir dieses klare Bewußtsein, irgendwo hinzugehören, nicht. Wir sind im Grunde aus dieser *Heimat des kreativen Moments herausgestoßen.* Wir spüren im Grunde keine Richtschnur, an der entlang wir leben können. Aber diese Richtschnur ist vorhanden. Sie bestimmt unser Tun. Viele Menschen verhalten sich ja so, als sähe ihnen jemand zu; obwohl sie natürlich leugnen würden, *daß* ihnen jemand zusieht. Diese Zwiespältigkeit fasziniert mich.

*Kann man sagen, daß Sie persönlich für sich mehr aussagen, als Sie für Ihre literarischen Personen verantworten können?*

Das dürfte sein, ja.

*Sie sind also religiöser, als Sie Ihre literarischen Figuren sein lassen können?*

Wenn man den Begriff religiös dafür nehmen will, ja.

*Die Frauenfigur in »Eis auf der Elbe« provoziert ja die Frage: Woher hat diese Frau die Kraft, sich gegen den Tod zu stemmen, durchzuhalten? Diese Frage kann man auch an Sie selbst stellen. Denn Ihr politisches und soziales Engagement strahlt ja sehr viel Menschenvertrauen aus. Woher nehmen Sie dieses Vertrauen?*

Für mich ist das Erlebnis der Geburt, so wie man es in der Klinik erlebt, ganz wesentlich. Eine ganze Reihe von Frauen liegen da nebeneinander, sie alle bekommen Kinder, die in dem Moment, wo sie auf die Welt kommen, zwar schon vorgeprägt sind durch das, was sie auch von den Eltern mitbekommen haben an Begabung und Fähigkeiten, die dennoch aber auch eine ursprüngliche Kraft mitbringen, die erst in dem Moment zur Geltung kommt, in dem die Kinder auf die Welt kommen. An diese ursprüngliche Kraft, die mit jedem Leben neu da ist und die leider meistens verbogen, verformt, ausgepreßt und niedergehalten wird, glaube ich. Mein Vertrauen in die Menschen rührt also daher, daß ich an diese Kraft des Ursprünglichen, an die Chance eines jeden Neuanfangs glaube.

*Ist dieses Vertrauen auch religiös begründet? Sie sind ja jetzt sehr vorsichtig, religiöse Kategorien zu benutzen. Oder ist das Ihre Weise, Religiöses auszudrücken?*

Für mich ist das eigentlich die Weise, in der ich Religion immer wieder sehe. Ein sehr elementares Erlebnis war für mich zum Beispiel, die letzte »Pieta« von Michelangelo, die er vierzig Tage vor seinem Tod begonnen hatte, in Mailand zu sehen. Ich sah zum ersten Mal eine stehende Maria, die den vom Kreuz genommenen Jesus stützt. Hier ist Maria die Starke, die den toten Jesus so trägt, daß er eigentlich aufrecht bleibt. Das ist ein unheimlich schönes Bild, ein Ausdruck von überwältigender

Lebenskraft. Diese Pieta kann als Bild für meine Erfahrung stehen. Genauso empfinde ich.

*Ist auch Ihr literarisches Werk Ausdruck dieses Lebensvertrauens? Ist die Tatsache, daß Sie sich literarisch im Wort mitteilen, also noch auf die Mitteilbarkeit von Inhalten und die Aufklärbarkeit von Menschen vertrauen, Ausdruck eines Lebensvertrauens?*

Ja natürlich, gegen die Resignation, oft auch gegen das bessere Wissen. Aus dieser Kraft der Einsicht heraus, daß es lohnt, dieses Leben weiterzutragen, stammt gewiß meine Widerstandsfähigkeit, die ich oft aus tiefster Resignation heraus immer wieder zusammenkratze.

*Gab es jemals so etwas wie eine Sprachkrise bei Ihnen, eine Verzweiflung, daß alles doch eigentlich keinen Zweck habe? Oder gab es diese Erfahrung nicht für Sie?*

Doch, immer wieder. Fast nach jeder größeren Arbeit – wenn sozusagen alles weggeschrieben ist, was sich angesammelt hatte – kommt dieser Absturz, diese bedrängende Frage: Ach, warum hast du das getan? Warum veröffentlichst du das jetzt? Diese Krisen waren anfänglich für mich sehr viel schwerer zu durchleben. Ich habe im Laufe der Zeit einfach begriffen, daß das Krisen sind, die nach jeder Arbeit auftreten. Ich habe sehr langsam die Geduld gelernt, durch diese Krisen hindurch zu leben.

*Wann wird für Sie Lebensvertrauen zur Vertröstung? Wann zu einem noch möglichen Reservat des Überlebens?*

Wir finden uns heute oft in der Situation der Vertröstung. Bei den Friedensveranstaltungen ist es mir oft so ergangen, daß ich mir sagte: Ich versuche hier uns allen zu sagen: Macht weiter, haltet durch! Aber vertrösten wir uns nicht eigentlich nur? Ich habe dann immer versucht, durch die Vermittlung von Bildern, in denen Lebenskraft zum Ausdruck kommt, Mut zu machen. Ich habe von meinen Enkeln erzählt oder auch die Texte, die ich für diese Enkelkinder geschrieben habe, vorgelesen. Gerade aus der Resignation heraus kommt der Appell: Wir dürfen das nachkommende Leben nicht kaputt machen lassen! Tut alles nur Mögliche dagegen! Wehren wir uns alle! Vertröstung wird so eigentlich aufgehoben durch die Provokation, sich weiter im Widerstand zu üben.

Natürlich gibt es auch die rein privaten Vorgänge der Vertröstung, beispielsweise, wenn ein Mensch, der einem nahesteht, stirbt. Da einigt man sich dann oft in Formeln. In meiner Familie haben wir in diesem Punkt eher eine Zurückhaltung eingeübt, um dem Versuch zu entgehen, uns über diese Situation hinwegzumogeln.
Als Vertröster habe ich mich oft in Indien empfunden, wenn ich da umringt war von den bettelnden Kindern, die das, was ich ihnen gebe, ja wieder weitergeben müssen, also gar nichts davon haben. Deshalb habe ich am Ende des »Indischen Tagebuchs« geschrieben: »Ich kann da nicht mehr hinfahren, ich kann da nichts ausrichten.« Ein Satz, der mir jetzt immer wieder um die Ohren geschlagen wird. Aber ich weiß, daß ich hier, wenn ich darüber schreibe, vielleicht etwas mehr auslöse, als dort, wo die Verhältnisse so verkrustet sind.
*Ist das, was Sie Trost nennen – im Gegensatz zur Vertröstung – auf die Formel zu bringen: Glaubt an das Leben, an die Kraft des Lebens? Und konkret gefragt: Sind Sie, was die Friedensbewegung angeht, derzeit resigniert?*
Die Resignation schlägt noch durch. Auf der anderen Seite sehe ich aber auch, nicht nur in den vielen Initiativen, ein Tasten nach neuen Überlegungen, sehe, wie sich Ergebnisse der Friedensforschung immer mehr verbreiten, so daß ich beobachten kann, daß sich die Kräfte zum Widerstehen noch nicht aufgegeben haben. Daraus schöpfe ich ein bißchen Mut gegen die Resignation. Ich halte es für die entscheidende Aufgabe – über den Aktionismus hinaus –, dieses *Umdenken* in den verschiedensten Bereichen in ein *Umstrukturieren* zu transformieren. Ein Beispiel: Während einer Vortragsreise durch Indien kam ein Inder zu mir und sagte, daß die einzige und allerletzte Hoffnung doch wirklich die sei, daß sich die Menschen und Staaten zu einer großen Konföderation zusammenschließen müßten. Natürlich ist das ein Traum, der seit 1789 immer wieder geträumt wird, der aber viel machbare Realität enthält. Dieser Traum geht nur leider immer wieder am prometheischen Egoismus zugrunde.
*Warum sagen Sie »prometheischer Egoismus«? Was steckt für Sie hinter der Chiffre von Prometheus?*

Für mich ist Prometheus, der nach der griechischen Mythologie den Göttern das Feuer entriß und es den Menschen brachte, jener Mensch, der sich aus eigener Kraft und Intelligenz den Göttern widersetzt. Er ist im Grunde der Urschöpfer der Technologie – wenn wir jetzt mal einen großen Sprung über die Jahrhunderte machen.

*Prometheus wäre also für Sie das Sinnbild des »homo faber«, des modernen Menschen – negativ gesehen?*

Ja.

*Gibt es dazu ein positives Gegenbild?*

Das positive Gegenbild ist für mich der Mensch Jesus. Auch Jesus ist eingebunden in eine Tradition, in eine beinahe chauvinistisch gewordene Gesellschaft. Er hat sich in dieser Gesellschaft gegen alle Regeln gewehrt. Er hat die Lasten, die auf den Menschen ruhten, ganz gezielt gesprengt: Ob er nun die sozial Benachteiligten genauso angesprochen hat wie die Reichen, ja ihnen mit größerer Intensität und Zärtlichkeit begegnet ist als den Pharisäern; ob er Grenzen durchstoßen hat; ob er sich nun der Hauptmacht der römischen Besatzungsmacht genauso genähert hat wie dem Samariter, der ja auch ausgestoßen und ein Fremdling war: Jesus hat alles in Frage gestellt aus der Erkenntnis, daß *jeder* Mensch das *gleiche* Existenzrecht hat; auch daß der, der privilegierter lebt, eine größere Verpflichtung hat, nicht in sich selbst zu verharren.

*Wir müßten also heute das Prometheische in uns zurückdrängen zugunsten des Jesuanischen?*

Dies wäre ein schönes Programm, ja. Dies ist auch einer der zentralen Gedanken, die mich im Zusammenhang meines neuen Buches, an dem ich arbeite, beschäftigen.

*Können Sie diese beiden Haltungen, das Prometheische und das Jesuanische, noch etwas grundsätzlicher beschreiben?*

Beide Figuren, oder beide Bilder – es sind ja schon fast beides Symbole – haben einen Bezug zu einer metaphysischen Instanz. Bei Prometheus sind es die Götter, die immer wieder strafen, gegen die er sich aber immer wieder ganz selbstbewußt auflehnt. Prometheus steht also für das Freiwerden zur Neuschaffung, zur Gestaltung der Welt. Der Bruch setzt im frühen 19. Jahrhundert ein, als dieser Freiheitsrausch die Menschen packt und sich umsetzt in eine radikale Veränderung dieser Welt. Dieser Freiheitsrausch, dieser Gestaltungswille, endet im Grunde schon auf den Schlachtfeldern des Ersten Weltkrieges. Schon damals tauchen Gedanken auf, die nach einer Änderung unserer Einstellung verlangten. Aber der Selbstlauf dieser nun freigesetzten industriellen und menschlichen Energien – gesteuert, gepolt und immer mehr rationalisiert, heute bis an die Grenzen des Überflüssigwerdens gestoßen – drängte den Widerstand dagegen, der immer wieder gelebt wurde, zurück. Heute besteht die Gefahr, daß der Widerstand gegen dieses prometheische Denken, das zur Selbstzerstörung führen kann, nicht stark genug ist.

*Und das Jesuanische ist das Widerständige? Also die Kraft der Vereinigung gegenüber diesem Selbstlauf der Zerstörung?*

Ja.

*Dieses Widerständige äußert sich ja auch in Ohnmachtserfahrungen, in Kreuzeserfahrungen würde man von Jesus her sagen. Nun gehören Sie zu den wenigen zeitgenössischen Schriftstellerinnen, die es gewagt haben, ein Oster-Gedicht (siehe Seite 85) zu schreiben. Was hat Sie dazu herausgefordert?*

Es ist der Widerspruch zwischen dem, *wie* Ostern *gelebt* wird und *was* Ostern eigentlich *bedeutet*. Ostern wird ja heute in der breiten Öffentlichkeit nicht mehr gelebt. Keiner denkt an die Kraft des Neubeginns. Diese Kraft ist zwar in der Ostersymbolik ausgedrückt, es macht sich aber niemand mehr darüber Gedanken. Dieser Widerspruch hat mich zu diesem Oster-Gedicht gereizt. Ich gebe in diesem Gedicht keine Verheißung: Ich klage nur ein, was versäumt wurde; nicht in dem Sinne, daß ich sage: Ihr seid so, aber eigentlich müßt Ihr so sein; dieses »aber« spare ich aus.

*Kann man also sagen, daß die christliche Rede von der Auferweckung des Gekreuzigten – was ja meint: Der Tod hat seine Macht über uns verloren – für Sie persönlich wichtig, vielleicht unaufgehbar ist zur Begründung Ihrer Hoffnung?*

Ganz eindeutig ja.

*War das schon immer so?*

Natürlich nicht in dieser Klarheit, nein. Das liegt an der Generation, zu der ich gehöre. Diese frühe, ständige Begegnung mit dem Tod während des Krieges – jeder Abschied war ja fast ein Abschied für immer – hat bei mir zu einer frühen Auseinandersetzung mit dem Tod geführt. Und wenn ich so in meinen frühen Aufzeichnungen blättere, die ich in meinem Luftschutzgepäck mit mir herumgeschleppt habe, dann stoße ich immer wieder auf die Frage: Welchen Sinn hat dieses Leben, wo es uns doch gestohlen wird? Diese Sinnsuche ist eigentlich mein ganz frühes Motiv, bedingt natürlich durch die Zeit, in der ich aufgewachsen bin. Seitdem habe ich immer wieder neu versucht, diesen Sinn des Lebens zu finden.

*Ist also die christliche Weise, die Wirklichkeit zu deuten, zu verarbeiten und zu bewältigen, für Sie unersetzbar?*

Das könnte ich sagen. Ich weiß ganz einfach, daß ich eingebunden bin in diesen Kulturraum, der christlich geprägt ist, wenn er sich auch immer wieder dagegen auflehnt. Auch die späten Abtrennungen, Sozialismus und Demokratie, sind ja nur Spielarten dieses Denkens. Das sind junge Gedanken, die dieser kreativen Christlichkeit im Grunde gar nicht fremd sind.

*Sehen Sie das auch in anderen Religionen verwirklicht? Beispielsweise in der Gestalt Buddhas?*

In der Person Buddhas sind ganz gewiß starke Ansätze vorhanden. Spiegelungen sind dann auch in der Shiva-Religion gegeben, die in Indien an die Stelle der Buddhaverehrung gerückt ist. In dieser Religion finden sich fast ähnliche Erfahrungen wie im Christentum, wenn beispielsweise die Beziehung zwischen Mann und Frau in einem Dreieinigkeitsbild dargestellt wird: Mann und Frau und der neutrale Gott in *einer* Figur. Das ist aus einer anderen Bildlichkeit heraus entwickelt. Bei uns hat sich der Marienkult ja abgetrennt. Aber der Weg der Erfahrung ist ein ähnlicher.

Es gibt also in den Religionen viele Parallelen. Es handelt sich um menschliche Erfahrungen, die zwar unter ganz unterschiedlichen sozialen und kulturellen Lebensgegebenheiten entstanden sind, aber auf ähnliche tiefsitzende Erfahrungen im Bewußtsein der Menschen verweisen. Der Weg der religiösen Erfahrung geht von der Schöpfung bis zu einer Endsituation, die bei allen Religionen offengehalten wird, wenngleich das Bewußtsein von ihr vorhanden ist.

*Frau Drewitz, Sie sind heute 61 Jahre alt. Was gehört für Sie zum unverzichtbaren Grundbestand Ihres Glaubens im weitesten Sinn, der auch durch mögliche Krisen und Katastrophen nicht mehr erschüttert werden könnte?*
Als Mensch aufgefordert zu sein, dieses Leben denkbar unantastbar zu leben, also die Kräfte, die mir gegeben sind, einzubringen und wirksam zu machen. Also: Mit dem Moment, da ich lebe, in die Verantwortung gestellt zu sein. Und immer Freiheit und Verantwortung miteinander korrespondieren zu lassen.
*Verantwortung im Einsatz für andere Menschen?*
Ja.
*... die auch nicht enttäuschbar ist, oder zurücknehmbar?*
Enttäuschungen gibt es oft, aber die Verantwortung selbst ist nicht mehr enttäuschbar – trotz vieler Enttäuschungen.
*Mich hat ein Satz von Ihnen sehr betroffen gemacht, und ich möchte fragen, welche Erfahrungen hinter diesem Satz stehen. Sie schreiben einmal: »Die Jugend sympathisiert mit dem Tod, weil sie die Durchschnittlichkeit des Lebens nicht einsieht; das Alter sympathisiert mit dem Leben, weil die Blindheit des Todes nicht einzusehen ist.«*
Es sind ganz persönliche Erfahrungen, die zu diesem Satz geführt haben. Das Spiel mit dem Gedanken an Selbstmord ist mir in der Jugend viel geläufiger gewesen, als er mir jetzt ist. Heute sehe ich auch die Mittelmäßigkeit des Lebens als ein Stück Realität, die viel versuchtes Leben enthält. Als junger Mensch hat mir davor gegraut. Mir hat davor gegraut, in dieser Mittelmäßigkeit unterzugehen. Bei mir ist die Lust am Individuum sehr stark ausgeprägt, schon als Kind ausgeprägt gewesen. Selbstmord war für mich in den frühen Jahren, bis in meine 30er hinein, eine Möglichkeit des Aussteigens aus dem Sich-nicht-selber-schaffen-Können. Eine schwere Krankheit war dann – ich war 40 Jahre alt – wie ein neuer Anfang. Da wurde mir plötzlich bewußt: Du bist wieder da, du bist gesund geworden, das ist das Leben, auch wenn du in der Mittelmäßigkeit stecken bleibst. Ich habe dann auch gelernt, ja richtig gelernt, daß die Rundungen einer Vase, wenn ich sie abtaste, ein Zeugnis der Schöpferkraft sind – eine alte Töpfererfahrung.

Von da an habe ich den Gedanken an Selbstmord in mir verdrängen können und ihn auch gar nicht mehr reflektiert. Ich habe versucht, meine Erfahrungen mit den Erfahrungen anderer zu vergleichen. Ich sprach sehr viel mit jungen Leuten darüber – ich habe ja sehr viele Kontakte zu jungen Leuten –, mit meinen eigenen Kindern, und habe immer wieder gemerkt, wie groß die Angst vor diesem gleichförmigen, mittelmäßigen Leben ist, wie schnell man in der Jugend alles hinschmeißen möchte. Ich würde Selbstmord aber niemals als eine Schuld ansehen. Es gibt auch den erlittenen Selbstmord, wo die Kraft nicht ausreicht; Selbstmord aus Einsamkeit, gerade hier in Berlin.

*Frau Drewitz, viele Frauen beginnen sich heute als Subjekt ihrer religiösen Erfahrung zu begreifen. Meine Frage an Sie: Hat die Weise, wie Sie sich als Frau verstehen, je einen Einfluß gehabt auf Ihr religiöses Selbstverständnis?*

Nein. Meine Berührung mit der Religion war unabhängig von der Tatsache, daß ich ein Mädchen war, daß ich eine Frau bin. Im Kontakt mit Pfarrerinnen, die nach feministischen Inhalten der Bibel, nach Frauengestalten in der Bibel suchten, habe ich mich natürlich schon mit diesen Frauengestalten beschäftigt. Ich habe einmal über die alttestamentliche Ruth gepredigt, wir haben darüber auch immer wieder diskutiert, aber es ist nicht mein Thema. Für mich hat die Tatsache, daß ich eine Frau bin, keinerlei Annäherung oder Entfremdung zur Religion entstehen lassen.

*Aber können Sie sich vorstellen, daß Sie als Frau für viele junge Frauen, die mit einer etwas verqueren Lebensgeschichte belastet sind, eine Hoffnungsfigur sind? Oder ist Ihnen dieser Anspruch zu hoch?*

Der Anspruch ist zu groß. Aber ich weiß natürlich aus dem Echo auf meine Bücher und Lesungen, daß dieser Anspruch vorhanden ist. Viele kommen mit ihren Schwierigkeiten zu mir. Ich weiß nicht, ob das unmittelbar mit mir selbst zusammenhängt oder ob das nicht vielleicht ein Problem vieler Autoren heute ist. Daß sie nämlich zu Beichtvätern und -müttern werden, weil die Gesprächspartner in unserer Gesellschaft fehlen. Ich höre ähnliches nämlich auch von vielen meiner Kollegen. Das ist das Zeichen einer veränderten Situation, in der sich der Autor in unserer heutigen Gesellschaft befindet. Und wenn dann jemand zu einem kommt, ist man doch etwas ratlos und kann im Grunde nur von seiner eigenen Erfahrung weitergeben. Ich selbst bin da sehr vorsichtig, denn nichts liegt mir ferner als ein Guru zu werden. Ich will auch keine Lehre ausbreiten. Ich versuche eben nur, mein Leben so aufrecht wie möglich zu leben.

## Ostern

Vier freie Tage. Was reden sie
von Karfreitag und Kreuzigung
und daß einer auferstanden ist.
Auf den Autobahnen staut der Verkehr.
Übliche Unfälle, was reden sie
von Karfreitag und Kreuzigung?
Für die Ostertoten steht die Versicherung ein.
Was soll's, normale Opfer.
Und da sagt einer,
wir verstehen ihn nicht,
er ist für die Menschen gestorben,
wie ein Verbrecher ans Kreuz geschlagen.
Richtig, sagen alle,
wir verstehen das nicht.
Es geht uns nichts an, sagen sie, sagst du,
wahrscheinlich ein Spinner, aber wir
haben vier freie Tage vor uns.
Die Radio- und Fernsehprogramme
spielen noch Ostern.

Ingeborg Drewitz

# Gott im Termitengehirn? Fragen an einen Atheisten

## Gespräch mit *Wolfdietrich Schnurre*

*Herr Schnurre, Ihr Buch »Der Schattenfotograf« enthält eine Passage über eine Zulassungsarbeit zum Staatsexamen, die den Titel trägt: »Das Verhältnis Wolfdietrich Schnurres zu Religion und Kirche«. Sie sagen in dem Buch, die Autorin dieser Arbeit hinterlasse Sie heimatloser, als Ihnen zumute gewesen sei. »Schließlich dürfte die Schädelnaht des Alls heute winddurchlässiger sein, als es der Arbeitsraum eines angeblich atheistischen Schriftstellers ist.« Ich möchte Sie bitten, diesen Satz ein wenig zu interpretieren. Was heißt: Schädelnaht des Alls? Was heißt: angeblich atheistisch?*

Die Schädelnaht des Alls impliziert: Die Welt ist gedacht; die Erde ein materialisierter Gedanke Gottes. Glaubensrückstände aus Kindertagen. Metaphysisch bleibt da nun allerdings heute logischerweise etwas unausgefüllt. Ich möchte es »Das Höhere« nennen. Diese Leere »dort oben« macht mir zu schaffen. Obwohl ich das als Atheist eigentlich leugnen müßte. Aber ich kann nicht etwas leugnen, das mich bedrängt. Um dieser Bedrängnis gewachsen zu sein, richte ich mich hierorts nun halt ohne »das Höhere« ein. Das heißt, ich begnüge mich mit der Einmaligkeit meines Lebens. Da ich *gern* lebe, fühle ich mich in diesem Leben geborgen. Ich bin zu Hause in ihm; ich kann nur sterbend heimatlos werden.

Sie fragen, warum »*angeblich* atheistisch«. »Angeblich« deshalb, weil ich in mir ein gewisses Faible für Jüdisches entdeckt habe. Wobei ich unter Jüdischem vor allem theologische Problemstellungen verstehe. Auch würde ich es als unredlich empfinden, religionsfeindliche Scheuklappen zu tragen. Könnte ja sein, daß man mal »angeweht« wird. Dieser Möglichkeit möchte ich mich nicht verschließen.

*Kann man sagen, daß Sie* doch *auf eine gewisse Weise in Religion beheimatet sind? Daß Sie in einer bestimmten Form von Religion durchaus eine Heimat haben?*

Nein; das kann man auf keinen Fall. Mein Interesse an Theologischem ist deshalb so groß, weil es für den Gläubigen eine »Überwindung« der Vergänglichkeit gibt. Der Vergänglichkeit, die auch meine, des Schriftstellers Hauptfeindin ist. Ich schreibe mit jeder Zeile gegen sie an. Da interessieren einen verständlicherweise auch andere Wege. Warum also nicht auch Wege des Glaubens?

Meine Beschäftigung mit jüdischer Religion entspringt jedoch nicht dem Bedürfnis, noch eine *zweite* Heimat zu haben. Ich hatte jüdische Freunde; ich war in Israel und ich finde, daß man sich als deutscher Schriftsteller mit der nazistischen Judenverfolgung auseinanderzusetzen hat. Da genügt es nicht, nur die facts aufzuarbeiten, nur die Dokumente auf sich wirken zu lassen. Man muß sein Interesse tiefer ansetzen. Muß die jüdische Leidensfähigkeit zu begreifen versuchen. Was nur möglich ist, wenn ich mich mit jüdischem Glauben befasse.

Da haben orthodoxe Juden im Konzentrationslager ihren Glauben verloren. Das ist nachvollziehbar, das kann ich verstehen. Aber da haben ungläubige Juden im Konzentrationslager plötzlich zum Glauben ihrer Väter *gefunden*. Das ist für mich ein Phänomen; das übersteigt meine Vorstellungskraft, das muß ich zu ergründen versuchen.

Inzwischen glaube ich, zumindest im Kopf nachvollziehen zu können, wie es zu solch einer todüberschatteten Rückbesinnung kam. Die jüdische Theologie durchsäuert das Leben ihrer Gläubigen seit über dreitausend Jahren bereits. Und das trotz immerwährender Verfolgung, trotz gnadenlosen Holocausts. Da ist man als Jude offenbar auch *dann* aufgehoben im Glauben, wenn man meinte, ihn als Individuum nicht nötig zu haben. Er scheint sich nicht abschütteln zu lassen. Ja, er gehört, versucht man den Begriff »jüdisch« zu definieren, ganz einfach dazu. Wenn er nicht gar Hauptbestandteil dieser Definition ist. Ein Jude mag sich abwenden vom Glauben der Väter. Die Tradition läßt eine Neuorientierung im grundsätzlichen Sinne gar nicht erst zu. Man bleibt an diesen Glauben gebunden, was auch geschieht. Vielleicht sind sogar die, die glaubten, ihn ernstlich verloren zu haben, im Grunde noch an ihn gefesselt gewesen.

*Noch einmal nachgefragt: Bewältigung der Vergänglichkeit, der Endlichkeit auf der einen Seite; auf der anderen Seite sagen Sie, daß mit dem Tode gewissermaßen alles aus ist. Liegt hier nicht ein gewisser Widerspruch vor?*

Ich glaube nicht. Ich bin Schriftsteller, ich habe es verhältnismäßig leicht, meiner Erzfeindin, der Vergänglichkeit, ein Schnippchen zu schlagen. Ich schreibe einfach ein Buch. Ein Buch, das mich überlebt. Zugegeben, daß noch nicht einmal der Begriff »Schnippchen« ausreicht, die kärglichen zehn, zwanzig Jahre zu umreißen, die mich dieses Buch vielleicht überdauert. Nur: Wozu das Bewußtsein der Mitwelt *länger* beschweren? Nach dem Tode geistig noch ein wenig anwesend zu sein, genügt vollauf. Die Dauer ist unwichtig.

Selbstverständlich schließt das meine Neugier auf Religionen, die den Tod, die die Endlichkeit »überwinden«, nicht aus. Nur mit Goethes »Stirb und werde« habe ich es schwer. Dieser apodiktische Imperativ ist mir zu unphilosophisch. Er stimmt nicht, was mich selber angeht. Denn mein Ich ist bitter erworben. Ich habe nicht vor, es freiwillig fahrenzulassen. Also, was soll diese absurde Ermunterung, mich selbst aufzugeben? Das regelt sich leider auch ohne mein Einverständnis, wenn' s so weit ist. Und das Problem ist ja auch nicht der eigene Tod. Mit dem hoffe ich doch zu Rande zu kommen. Das Problem ist der Tod meiner Nächsten. *Da* brauchte man Trost.

*Was ist dann Religion für Sie?*

Religion ist Ethik für mich.

*Lebensbewältigung?*

In erster Linie. Daher wohl auch mein Hang zum Jüdischen. Die jüdische Theologie ist diesseitsbetont. Sie bietet dem Gläubigen eine enorme Daseinskräftigung an. Nicht zufällig ist das Weiterleben nach dem Tode aus jüdischer Sicht nur sehr vage umrissen: Kann sein, kann auch *nicht* sein. Die Thora gibt Direktiven für's Heute, für's Jetzt. Noch immer hält ein orthodoxer Jude gut sechzig Gebote für einhaltenswert. Früher sind es weit über dreihundert gewesen. Für mich ein Beweis (wenn denn überhaupt noch einer erbracht werden muß) für den Wert dieses Lebens. Ich, der Nichtjude, stufe es jedenfalls genauso hoch ein.

*Ist das eine Religion ohne Gott?*

Ich vollziehe all das nur nach mit dem Kopf. Allein mit Hilfe des Kopfs aber kann man nicht glauben. Es wird also wohl eher eine Art disziplinierter Respekt ohne Autoritätsobjekt sein.

*Immer wieder ist dann aber doch die Gottesproblematik Thema Ihrer literarischen Auseinandersetzung. Ist die Beobachtung richtig, daß im Vergleich zu Ihren Arbeiten nach 1945 – ich denke an die Erzählung »Das Begräbnis« oder an das Gedicht »Tröstung« – mit Ihrem Buch »Der Schattenfotograf« eine andere Weise der Auseinandersetzung mit der Gottesfrage sichtbar wird: Nach 1945 sind es mehr die Themen Gleichgültigkeit und Funktionslosigkeit Gottes oder die Grauenhaftigkeit Gottes; Ende der siebziger Jahre dann mehr philosophisch-theologische Fragen?*

Sie werden zugeben, daß das, was Sie selbst »die Gottesproblematik« nennen, auch einen Ungläubigen beschäftigen kann. »Gott« wurde, meiner Auffassung nach, vom Menschen ersonnen. Wenn ich Gottes Spuren verfolge, gelange ich zu den Sorgen und Ängsten des Menschen. Nichts interessiert mich als Schriftsteller *mehr*. Zumal: Worin münden jene Ängste denn? Sie münden ein in den Tod. Der Tod, das ist mein Thema eins. Es schließt die »Gottesproblematik« mit ein.

Zugegeben, so ist es nicht immer gewesen. Ich habe mir in den sechseinhalb Jahren Krieg noch manchen christlichen Splitter aus dem Fleisch manipuliert. Das »Gott mit uns« auf meinem Soldatenkoppelschloß allerdings ist erst meiner Desertion zum Opfer gefallen. Vielleicht interessiert Sie auch die Beobachtung, daß über jedem sommerlichen Schlachtfeld in Rußland jubilierend die Lerchen aufstiegen. Ein Gottesbeweis? Wohl das Gegenteil eher.

Daß da meine ersten Nachkriegstexte nicht gerade Lobpreisungen jenes angeblich Allmächtigen waren, liegt auf der Hand. Ich wollte mich erst einmal rächen an ihm. Rächen für sein Desinteressement. Folgerichtig habe ich auch gleich in einer meiner ersten Geschichten nach dem Krieg tabula rasa gemacht und »Gott« kurzentschlossen zu Grabe getragen. Doch das ist 1945 gewesen. Inzwischen hat es in meinen Denkprozessen eine Art Auferstehung gegeben. Gott lebt. Er lebt in der erinnerungslosen Hoffnung der Menschen.

*Sie sprechen in Ihren früheren Texten nicht nur von der Funktionslosigkeit Gottes, sondern auch von der Grauenhaftigkeit Gottes. »Dieses Leben wurde geträumt von einem verdorrten Termitengehirn.« Oder: »Gott hat die Harpyie zum Freund, die schärft sich die Krallen«, heißt es in dem Gedicht »Tröstung« – ein sarkastischer Titel (siehe Seite 101). Das sind große Worte. Wie kann man mit ihnen leben, wenn man sie einmal geschrieben hat?*

Wenn ich mit der Erinnerung an tausende Getöteter leben muß, kann ich auch mit stenografierten Angstträumen leben. Wo da die »großen Worte« sein sollen, verstehe ich nicht. Mit den Gasöfen in den Konzentrationslagern ist für mich die Machtlosigkeit Gottes bewiesen. Dafür ist das verdorrte Termitengehirn ein angemessenes Bild. Ein anderes Bild: Gott auf der Flucht vor sich selbst. Da ist es gut für ihn, wenigstens noch im kunstvoll gebauten Nest des Webervogels Zuflucht zu finden. Für den Juden hat Gott ein Volk, für den Christen eine Weltgemeinde zum Freund. Für mich ist ihm nur die (durch Gen-Manipulationen entstandene) Harpyie geblieben: halb Vogel, halb Frau, ein Zerrbild des neutestamentarischen Engels.

Dennoch glaube ich nicht, daß der Titel jenes Gedichtes sarkastisch gemeint ist. Denn »Tröstung« drückt hier ja Trostlosigkeit aus, und die zu konstatieren, dürfte beherrschte Verzweiflung sich weit wirksamer eignen. In diesem Gedicht ist jemand eine Vision abhanden gekommen. Hier scheint jemand, der Großes erwartete, einem Schemen aufgesessen zu sein. Hier wird, mit Lupe und Feldstecher, eine Ortsbestimmung versucht: Termitengehirn, Webervogelnest, Harpyienauge; irgendwo muß Gott doch geblieben sein; oder –?

*»Joyce lehrte mich, was Vergänglichkeit ist. Döblin hat mich das Grauen gelehrt. Von Djuna Barnes lernte ich, was Verlorenheit sein kann. Faulkner hat mir eine Vorstellung von Gnade vermittelt. Seit Hemingway weiß ich, der Tod hat (auch) ein Hyänengesicht. Camus verdanke ich den Hinweis, an etwas glauben zu müssen.« Das ist ein sehr kompakter Satz mit großen Programmworten, Herr Schnurre. Lassen Sie mich einige herausgreifen. Was heißt für Sie »Gnade« und: an was »müssen« Sie glauben?*

Ich darf vielleicht erst noch auf die »großen Programmworte« kommen. Als Literat lerne ich aus Büchern mehr als von Menschen. Bücher vermitteln Erfahrungen. Es sind also hier beträchtliche Aneignungsprozesse vorausgegangen. Warum aus denen nun nicht ein Fazit ableiten? Es handelt sich hier nicht um ein Programm; hier ist ein Fundus zusammengekommen, der mir hilft, mich in dieser Welt zu behaupten.

Sie fragen, was für mich »Gnade« bedeute. Gnade ist ein christlicher Begriff. Ich glaube nicht, ihn atheistisch deuten zu können. Gnade bedeutet für mich, wenn sich eine schwere Krankheit wieder aus mir zurückzieht. Eine Gnade ist jeder Tag, den mein anfälliger Körper mir noch zu leben gestattet. Gnade bedeutet, daß die Raketen nicht losgehen. Gnade würde ich es nennen, wenn es meinem Jungen, der jetzt elf ist, gelänge, womöglich länger am Leben zu bleiben als mir das gelingt.

Daran *muß* ich glauben. An den Wert dieses Lebens also, genauer. Der erhalten, wenn nicht gesteigert wird durch eine Ethik, die ich mir selbst auferlege. Auferlege, wenn man so will, aus rein egozentrischem Grund: Wenn *ich* friedfertig bin, darf ich annehmen, daß auch der andre es bleibt.

*Ein Satz aus dem »Schattenfotograf« hat mich stutzig gemacht: »Merke«, heißt es dort: »an Gott muß nicht nur geglaubt, es muß auch an ihm gearbeitet werden.« Arbeiten Sie an Gott?*

Nein. Ich sehe zu, wie die anderen das machen. Ich habe diesen Satz historisch gemeint. Gott hat Moses einmal umbringen wollen. »Nur« weil er vergessen hatte, seinen Sohn zu beschneiden. Ein anderer Vater hat sogar selbst Hand anlegen sollen an seinen Sohn. Angeblich wollte Gott des Vaters Glaubensfestigkeit testen. An diesem Gott ist, bis er sich nur noch im Wort offenbarte, ungeheuer *gearbeitet* worden. Unter Mitwirkung eines Heidenkönigs sogar. Denn hätte Nebukadnezar nach der Einnahme Jerusalems die jüdische Oberschicht nicht in die babylonische Gefangenschaft geführt, wäre dort nie der Talmud entstanden, der die bisherige mündliche Überlieferung, um sie nicht untergehen zu lassen, jetzt erstmalig schriftlich fixierte.

*Altes Testament, Talmud, jüdisches Denken – das sind immer wieder Quellen, die Sie zum Nachdenken herausfordern. Das Neue Testament auffälligerweise weniger. Warum?*

Ich habe Mühe mit Christus. Nicht mit dem historischen, der ein Terrorist, ein Umstürzler und Neuerer war. Nein, Mühe macht mir die Christus-*Figur*. Und zwar jene, die das Neue Testament uns schildert. Diesen aufdringlichen, ständig auf seine Vorzüge pochenden Vereinfacher und Schismatiker, der aus dem kunstvollen jüdischen Glaubensgebäude einen Sozialwohnblock für geistlich Minderbemittelte machte; die nun also auch ohne Thora-Kenntnis, ohne Talmudstudium in den Genuß von Gottes Güte gelangen sollten. Eine Proletarier- und Analphabetenreligion, die in blumigen Gleichnissen spricht, denn geschriebenes Wort und präzisierter Gedanke sind den von Christus Umworbenen fremd. Dafür kann er ihnen das wohlfeile Märchen von seiner Gottessohnschaft erzählen. Sterbliches Fleisch aus unsterblichem Geist: Selten ist ein Glaubensgleichnis schiefer angesetzt worden. Das haben auch die Strenggläubigen und Religionsbewahrer, die Rabbinen und Pharisäer empfunden. Daher die Kreuzigung. Denn Christi Behauptung ist für den jüdischen Monotheismus eine Gotteslästerung ersten Ranges gewesen. Um so anmaßender, um so unlogischer aber nun auch die Verheißung, durch diesen juristisch selber verschuldeten Tod, den jener Vater ungerührt zuließ, werde jeder Christ jetzt erlöst.

*Das scheint mir aber doch nur die eine Seite Ihrer Kritik am Christentum zu sein. Sie haben dann im »Schattenfotograf« ein Christus-Gedicht geschrieben. In ihm heißt es sinngemäß: »Der die Milde brachte, wer hat ihn an die Netze verraten?« Ist das nicht ein Wert, für den dieser Jesus von Nazareth steht?*

Ich gebe Ihnen recht. Es ist mein Kindheits-Christus, den ich hier meine. Der mit dem Hemd und den wallenden Haaren. Warum einem Freund aus Jugendtagen nicht ein bescheidenes Denkmal errichten? Schließlich, einige seiner Ideen waren ja auch gar nicht so schlecht. Nur muß man sie eben aus dem historischen Zusammenhang lösen. Bleiben sie dagegen mit diesem verhaftet, wirken sie eben doch reichlich realitätsfern und betrüblich abstrakt.

*Was waren denn das für Ideen?*

Wehrlosigkeit zu propagieren. Für eine neue Art der Liebe zu werben. Den Intellekt durch Emotion zu ersetzen. Die Unzumutbarkeit historischer facts, politischer Extreme, sozialer Ungerechtigkeit per Jenseitsanspruch auf sich beruhen zu lassen. Einfalt zu fördern. Thoratreue zu diffamieren.

Vielleicht in diesem Zusammenhang noch ein Wort zu jenem Christus-Gedicht. Es hat den Titel *Ichthys*. Das heißt, Christus wird in ihm dem Fisch gleichgesetzt. Der Fisch ist, biblisch gesprochen, das reinste Geschöpf, das es gibt. Nicht zufällig hat Noah kein einziges Paar Fische an Bord. Man kann allerdings auch übertreiben. Mein Kindheits-Christus in diesem Gedicht ist so blaß, so gereinigt, daß ihm selbst Argwohn noch abgeht. Folgerichtig geht er »den Fischern« ins Netz. Das ist tragisch und logisch zugleich. Dennoch bedaure ich es. Gerade in diesem Gedicht.

*»Jeder kann Wunder tun, wenn er liebt«, heißt es etwa im gleichen Zusammenhang. Ist das etwas Spezifisches, das mit diesem Jesus von Nazareth verbunden ist? Also Milde, Liebe?*

Ich würde es Nachsicht nennen. Nachsicht, die Christus nicht kennt. Denn Nachsicht setzt Toleranz voraus. Und die Erfahrung, der Mensch wird *nie* zum Guten tendieren. Dennoch verdient er es, daß man ihn auf das Bessere aufmerksam macht. Nicht missionarisch jedoch, sondern gefällig. *Natürlich* hat das mit Liebe zu tun. Allerdings mit *Menschenliebe*; mit diesseitiger, wohlbemerkt, und mit keiner weltabgewandten. Nein, Milde ist da nicht mit im Spiel. Eher Resignation und ein leichtes Bedauern. Denn ein »Wunder« wird's ja nur dann, wenn diese Liebe Gegenliebe hervorruft, und sei's die geringste.

*Ihr letzter Roman »Ein Unglücksfall« steht ganz im Zeichen der Auseinandersetzung zwischen Juden und Nichtjuden. Hauptfiguren sind ein Rabbiner und ein nichtjüdischer Glasermeister namens Karl Goschnik. Im Zentrum steht die Schuldproblematik. Was können solche, dem religiösen Bereich entstammende Begriffe in unserer, wie man sagt, nachreligiösen Zeit bedeuten?*

Schuld ist Versäumnis. Goschnik hat in meinem Roman versäumt, für den Fall, daß ihm etwas zustoßen könnte, andere zu bitten, für seine beiden jüdischen Schutzbefohlenen zu sorgen; seine Frau zum Beispiel, den Jungen. Er wollte seine Liebe zu den beiden alten Leuten für sich behalten, sie auf keinen Fall teilen. Doch als er eingezogen wurde, haben die zwei, alleingelassen, Selbstmord begangen. Goschnik ist schuldig geworden, schuldig am Tode der beiden.

Doch es muß nicht immer die große Schuld sein, die einen peinigt. Es gibt auch die alltägliche, mit der man leben, mit der man sich abfinden muß. Ja, ich gehe so weit zu sagen: Ich *muß* schuldig werden, um leben zu können. Ein schuldloses Leben gibt es nicht. Es wäre ein Leben, in chemisch gereinigter Watte verpackt. Als Schriftsteller weiß ich, daß mein Schuldbewußtsein meine eigentliche schöpferische Triebfeder ist. Ich werde ja schon schuldig, indem ich zu schreiben beginne. Ich vergesse dabei, ich schreibe auf Kosten derer, die um mich sind. Das gilt es sich klar zu machen. Schuld wiegt nur dann schwer, wenn ich sie leugne. Tilgen allerdings kann ich sie nicht. Ich darf mich jedoch auch nicht an mein Schuldbewußtsein gewöhnen. Ich muß ihm an die Wurzeln zu kommen versuchen. Herausfinden zum Beispiel, es hat auch damit zu tun, daß an jedem Tag, den ich an meinem Buch schreibe, in der Dritten Welt an die dreißigtausend Kinder verhungern. Sollte man das nicht lieber verdrängen? Nein; bewußt muß ich es mir machen – wieder und wieder. Nur so, aus meinem Ungenügen heraus – denn ich schreibe ja weiter – wird es gelingen, anders zu leben: gezielter, intensiver, bewußter. Es ist eine Art Ersatz-Ethik, zugegeben. Denn an sich müßte ich hinfahren und mindestens eins der Kinder erretten. Ich begnüge mich jedoch mit irgendeiner Spende stattdessen: Ich kaufe mich frei. Auch das gilt es, sich ins Gewissen zu fräsen.

Was Sühne sei, wollen Sie noch von mir wissen. Ich glaube nicht an diesen Begriff. Er ist durch seinen christlichen Beigeschmack zu einer Art seelischer Strafexpedition verkommen, die das Ziel hat, *mich* wichtiger als mein Opfer zu nehmen. Nämlich, was soll denn gesühnt werden? Der Schlag, den ich ausgeteilt habe oder die Wirkung des Schlages? Ich kann bereuen. Aber kann ich auch sühnen? Fünfzig Kniebeugen für einen Faustschlag. Und dann? Ist das Unrecht damit ungeschehen gemacht? *Hat* mein Opfer etwas davon, wenn ich das Loch in seinem Schädel bedaure? Schließt es sich jetzt?

*Wir haben in diesem Gespräch oft das Wort Gott benutzt. Ich möchte hier noch einmal nachfragen: Ist das Wort Gott für Sie ein sinnloses Wort?*

Es ist das mit Sinn befrachtetste, das ich kenne.

*Was bedeutet es dann?*

Sinn. Dieses Lebens. Des Todes. Der gesamten menschlichen Existenz. Gott ist ein Synonym für seelische Geborgenheit, für inneren Halt. Allerdings, wenn ich »Gott« sage, »sehe« ich ihn mit den Augen derer, die an ihn glauben. Aber da ich Schriftsteller bin, fällt dieser Perspektivwechsel mir nicht sonderlich schwer. Ich muß mich ja ohnehin in jede meiner Figuren hineinversetzen. Warum also nicht auch in die eines Gläubigen?

*Eins ist mir noch nicht klar. Wie ist in Ihrer Weltanschauung Ethik begründbar? Vor allem in dieser Rigorosität, die Sie sich selbst abverlangen? Wie ist diese Ethik ohne die Voraussetzung eines Unbedingten überhaupt zu begründen?*

Ich leite die ethischen Forderungen, die ich mir abverlange, aus der frei gewählten Einsamkeit ab, die für's Bücherschreiben Voraussetzung ist. Diese ständige Abkapselung braucht eine Rechtfertigung, ein Regulativ. Sie muß, im Umgang mit Menschen, wieder ausbalanciert werden; als soziales Einhorn kann man nicht leben. Das ist jedoch nur mit mir selbst auferlegten Verhaltensweisen zu schaffen. Denn die Entfremdung zwischen Literatur und Leben ist groß. Das Unbedingte, nach dem Sie als Triebkraft des Ethischen fragen, steckte dann also etwa zwischen Realität und Papier. Und was die Rigorosität mir selbst gegenüber betrifft: Ich wäre gern menschlicher, als ich es bin.

*Eine letzte Frage: Sind Ihnen die Christen gleichgültig? Oder haben Sie vielleicht bestimmte Erwartungen, sogar Wünsche an sie?*

Wie dürften mir die Vertreter einer Weltreligion gleichgültig sein? Ich sehe in einem angewandten Christentum einen Teil jener Kraft, die fähig wäre, diesen elenden Rüstungswettlauf zu stoppen. Die Kirchen sollten aufhören, politisch Abstinenz zu üben. Die christlichen Parteien sollten wahrhaft christlich, nämlich kämpferisch-friedfertig sein oder das hohe »C« in ihrer Abkürzung tilgen.

*Und Sie glauben nicht, daß sich das Christentum irgendwann einmal überlebt?*

Die Vermenschlichung der Welt bleibt eine Aufgabe vieler Generationen. Kein Christ wird arbeitslos, wenn er christlich zu handeln beginnt.

## Tröstung

Erschrick nicht,
wenn ein gelber
Schirokko die Kunde
dir bringt, dieses Leben
wurde geträumt
in einem verdorrten
Termitengehirn:

Gott ist ins Nest
des Webervogels
gefahren;
der hilft ihm
zu spinnen.

Erschrick nicht,
wenn die Ebene
der gefiederten Schlangen
dich ruft und am Himmel
der Widerrist einer
noch wenig bekannten
Echsenart aufglänzt:

Gott hat
die Harpyie
zum Freund;
die schärft sich
die Krallen.

Wolfdietrich Schnurre

# Die Bibel als Stoff für Schriftsteller. Über Marxismus und Judentum

## Gespräch mit *Stefan Heym*

*Herr Heym, 1981 erschien Ihr Roman »Ahasver«, in dem Sie sich – überraschend für viele, die Sie auf das Bild eines sozialkritischen Erzählers festgelegt hatten – mit religiösen Traditionen auseinandergesetzt haben: Judentum, Christentum. Nun bleibt weiterhin der Marxismus Bezugsgröße Ihres Denkens, und ich möchte in diesem Gespräch thematisieren, wie das alles zusammengeht, welche Synthese Sie für sich zwischen Judentum, Christentum und Marxismus gefunden haben und wie es zu dieser Synthese gekommen ist. In welcher Art von Judentum sind Sie aufgewachsen?*
Meine Eltern waren liberale Juden, also nicht orthodox. Als kleiner Junge wurde ich selbstverständlich in die Synagoge mitgenommen. Später habe ich meine religiösen Bindungen als sehr unwesentlich betrachtet, obwohl natürlich die Eindrücke, die das Kind empfangen hat, tiefer eingesunken sind, als man sich dies allgemein vorstellt.
*Sie haben also eine bestimmte Art jüdischen Religionsunterrichtes genossen?*
Ich habe auch jüdischen Religionsunterricht gehabt, aber der Unterricht war nicht sehr tiefgehend. Es war das Übliche, was man damals zu hören bekam.
*Man kann also nicht sagen, daß bei Ihnen bleibende Eindrücke von dieser religiösen Erziehung zurückblieben?*
Nein, aber es gab andere Eindrücke, später, als ich in Prag war, zum Beispiel. Die jüdische Tradition kam bei mir viel mehr

über die Literatur zur Geltung. Zum Beispiel hat Heine einen sehr großen Eindruck auf mich gemacht, oder auch Lessing, Mendelssohn. Diese Art Literatur hat mich schon als junger Mensch sehr interessiert.

*Also die Tradition des assimilierten Judentums?*

Das sind Slogans. Mit ihnen kann man mich nicht eingruppieren. Hinzu kam dann natürlich der äußerst starke Antisemitismus, der mich zwang, mir bewußt zu werden, daß ich ein Jude bin. Ich war eine zeitlang in einer jüdischen Pfadfindergruppe – wenn Sie sich das vorstellen können. Aber dies kam eben daher, daß es nichts anderes gab. Das war damals in den Jahren vor 1933. Damals war der Antisemitismus in Deutschland ja schon sehr stark, und die Nazi-Periode bahnte sich an.

*Hatte die Vision von einer Rückkehr nach Palästina für Sie damals eine Bedeutung?*

Nein, ich hielt den Zionismus nicht für eine Möglichkeit, die jüdische Frage zu lösen.

*Die Auswanderung nach Palästina war für Sie also nie eine Versuchung?*

Nein, sie war nie eine Versuchung, auch nie eine Frage. Für mich waren der Antisemitismus und die Judenfrage eine soziale Angelegenheit und nicht so sehr eine nationale.

*Ihre jüdische Identität lief also nicht über den Zionismus, sondern über jüdische Kultur? Kann man das so sagen?*

Ja, das kann man so sagen. Und natürlich über jüdische Tradition.

*Wann begann der Marxismus eine entscheidende Rolle in Ihrer geistigen Entwicklung zu spielen? War auch für Sie – wie für Karl Marx – »die Kritik der Religion die Voraussetzung aller Kritik«? War also die Entdeckung des Marxismus für Sie mit »Atheismus« verbunden?*

Ich habe eigentlich in jenen Jahren nie an den lieben Gott geglaubt. Ich hielt diesen Gott für eine Erfindung, die benutzt wurde: dieses Eiapopeia vom Himmel, wie es Heine nannte. Insofern war ich also mit Marx einig, ohne mir sehr viel Gedanken über seine Schriften gemacht zu haben. Der liebe Gott hatte sich damals liiert mit doch sehr reaktionären Kreisen und reaktionärem Gedankengut; bei den Juden noch nicht einmal so sehr wie bei den Christen. Wenn Sie sich die politischen Ansichten und Tätigkeiten der damaligen evangelischen und katholischen Kirche betrachten, dann werden Sie verstehen, was ich meine. Nicht umsonst entstand erst während der Nazizeit eine Bekennende Kirche und wurde eine Rückbesinnung auf das, was die Religion wirklich war, möglich. In Wirklichkeit war die evangelische Kirche damals, und die katholische auch, der ideologische Arm der Bourgeoisie, um das mal ganz marxistisch zu formulieren, was ich sonst nie tue, weil das viel zu sehr vereinfacht. Aber so war es ja damals, nicht wahr? Und so habe ich auch das Christentum erlebt als einen reaktionären Teil des Establishments, das auf den Nazismus zuging mit Einverständnis der Pfarrer und der Kirche. Wenn Sie sich die Pfarrer von damals ansehen, ihre Anschauungen, ihre Haltung zum Militär und zur nationalen Frage, mit diesem lutherischen Obrigkeitsdenken, dann wissen Sie, was ich meine. Die Kirche stand ganz einfach in einer anderen Front. Die jüdische Synagoge nicht so sehr, weil die ja auch zu den Unterdrückten gehörte. Aber wenn es darauf ankam, waren die bürgerlichen jüdischen Kreise ebenfalls auf der Seite der Reaktion.

*Darf ich noch einmal nachfragen? Aufgewachsen sind Sie als Jude. Diese Phase löste sich dann ab durch religionskritische Gedanken, auf die Sie aber unabhängig vom Marxismus stießen, so daß Sie zum Marxismus also nicht über die Religionskritik fanden, sondern über die soziale Frage? Ist das richtig?*

Ja, das war damals die Zeit der Arbeitslosigkeit, der Krise. Man machte sich Gedanken: Woher kommt diese Krise? Und da waren die Religionen eben durchaus keine Lösung. Man mußte vielmehr nach den sozialen Ursachen fragen. Da aber diese Arbeitslosigkeit samt Krise zum Nationalsozialismus führte, also zu einer verkorksten und ganz schlimmen Lösung, so mußte man dagegen opponieren. Wenigstens dachte ich als junger Mann so.

*Kann man also sagen, daß Sie Atheist waren, bevor Sie Marxist wurden?*

Da sind wir wieder bei diesen Klassifizierungen, die in meinem Falle nicht anwendbar sind. Ich war ein junger Mensch, ich hatte Gefühle. Wenn Sie damals zu mir gesagt hätten: »Du bist ein Atheist!«, dann hätte ich gesagt: »So, wirklich?«. Und wenn man zu mir gesagt hätte: »Du bist ein Marxist?«, dann hätte ich eben geantwortet: »Wissen Sie, ich habe sehr wenig von Marx gelesen, wieso soll ich Marxist sein?«. Aber ich habe die Welt damals beobachtet und meine Schlüsse aus diesen Beobachtungen gezogen, immer wieder mit jenen Eindrücken, die man als junger Mensch damals hatte.

*In Ihrem Sammelband »Wege und Umwege« kann man nachlesen, daß Sie in der DDR vielfach nur in Kirchen auftreten konnten, nachdem Ihnen das System seine Unterstützung entzogen hatte. Hat das Ihre Einstellung zur Kirche verändert?*

Natürlich hat das meine Einstellung zur Kirche verändert. Aber das kommt daher, daß die Kirche sich verändert hat. Wie Sie ja wissen, wurde 1945 auf dem Gebiet, wo später die DDR entstand, die Trennung von Kirche und Staat durchgeführt. Und damit ergab sich eine vollkommen neue Situation. In der Tschechoslowakei sind heute zum Beispiel die Pfarrer immer noch bezahlte Regierungsbeamte. Sie haben dort eine Kirche, die strammsteht. Bei uns in der DDR ist die Kirche gezwungen, sich selber zu ernähren, ein eigenes Leben zu führen, sich auf sich selbst zu besinnen. In der protestantischen Kirche der DDR sind es vielfach heute die jüngeren Leute, die zum Teil bessere Marxisten sind als die Bürokraten und Funktionäre in der Partei. Die haben viel mehr von Marx gelernt und wenden ihn viel lebendiger an als die Offiziellen. Und daraus ergibt sich eine ganz merkwürdige Situation: Die Kirche ist heute – zum Teil wenigstens, in einigen ihrer Gemeinden, in einigen ihrer Bistümer – das, was ich als eine fortschrittliche Organisation bezeichnen möchte. Ich würde sie also noch links von der Partei eingruppieren. Wobei ich links immer als revolutionär ansehe, rechts als konservativ. Die Offiziellen sind die Konservativen, die Rechten. Die Kirche steht eigentlich ganz hübsch links. Und da ich mein ganzes Leben über immer links gestanden habe, so habe ich natürlich mit großem Vergnügen die Gelegenheit benutzt, im Rahmen der Kirche meine Bücher vortragen zu können, die ich woanders nicht vortragen darf. Das ist doch völlig klar. Und wenn Sie einmal wie ich vor tausend Leuten in Chemnitz in einer Kirche gelesen haben – ich habe aus dem »Ahasver« gelesen, ein sehr kompliziertes Buch –, und Sie hören dieses absolut faszinierte Schweigen, dann wissen Sie: Das sind nicht alles religiös gebundene Menschen. Das sind unsere jungen Leute, die in dieser Republik aufgewachsen sind, die nun also von dem Heym etwas hören möchten – und das ist eine sehr gute Sache. Wenn mir die Kirche diesen Boden gibt, more power for the church ...

*Es ist ja in der Tat ein faszinierendes Bild: Ein Jude marxistischer Provenienz, der in der Kirche ein Stück Heimat gefunden hat ...*

... geistige Heimat nicht, aber Verbündete ...

*Sie lassen in dem Roman »Ahasver« Jesus von Nazareth direkt neben der Figur des Ahasver auftreten. Mich interessiert, wie Ihre Haltung zum Nazarener im Laufe der Zeit gewachsen ist? Was geht all dem voraus, bis man so über Jesus von Nazareth schreiben kann? Wovon ist Ihre Deutung abhängig?*

Dem geht voraus die Lektüre des Neuen Testamentes. Und die Überlegung, wie man sich diese Figur, die im Neuen Testament ja sehr widersprüchlich geschildert wird, zu erklären hat? Was steckt hinter dieser Figur? Welche Gedankenwelt, welche Gefühle? Das also habe ich mir überlegt und dann einfach angefangen zu schreiben. Alles ist beim Schreiben geworden. Ich kann Ihnen das nicht so genau erklären, wie Sie das wissen möchten. Ihre Fragen sind manchmal klüger, als ich bin.

*Nun, ich will ja etwas aus Ihnen herauslocken. Wann hat denn die Lektüre des Neuen Testamentes bei Ihnen begonnen?*

Eigentlich, nachdem ich den »David-Bericht« geschrieben habe. Auch dort spielt Gott eine große Rolle. Die Beschäftigung mit Gott hat damals schon sehr intensiv begonnen.

*Gab es gewissermaßen einen äußerlichen Anstoß, warum plötzlich die Bibellektüre für Sie eine neue Faszination gewonnen hat?*

Die Bibel enthält einen ungeheuren Stoff für einen Schriftsteller. Und ich war auf der Stoffsuche. Deshalb interessierte mich die Bibel. Als ich zum ersten Mal in der Bibel den Bericht über David las, da dachte ich mir: Das ist ein Roman. Sie wissen ja, wie viele Schriftsteller über Ahasver gearbeitet haben. Das war eine Figur, die bereits in meiner Jugend auftauchte. Die Frage war bei Ahasver immer: Wieso weist er den Jesus von der Tür? Eine Frage, die Goethe zum Beispiel nicht gelöst hat. Von der Beantwortung dieser Frage her entsteht die Beziehung zwischen Ahasver und Jesus, die ich in meinem Roman dann entwickelt habe.

*Jesus ist bei Ihnen ganz der Dulder, der Schmerzensmann, der erst von Ahasver zur Rebellion gegen die Ordnung Gottes getrieben wird. Ist dies nicht ein wenig zu einseitig gesehen? War nicht in der Predigt Jesu selber auch schon viel rebellisches Potential, das etwa ein Mann wie Ernst Bloch ins Zentrum seiner Jesus-Deutung stellt?*

Ich glaube nicht, daß ich Jesus einseitig gesehen habe. Jesus ist gerade in meinem Buch »Ahasver« eine sehr vieldeutige und vielseitige Person, die einmal so und einmal so handelt. Ich glaube also nicht, daß Ihre Frage so ganz das erfaßt, was in meinem Buch steht. Das Zentralthema sind ja die Konflikte, die Ahasver mit Gott hat. Ich beziehe mich dabei auch auf die Qumran-Funde, die ja von einem doppelten Messias handeln. Damals wurde der Messias zwiegestaltig gesehen. Und so finden Sie diese Zwieschichtigkeit natürlich auch in Jesus. Das habe ich dargestellt. Zum Teil verwende ich wörtliche Übersetzungen der Qumran-Texte, dann fange ich an weiterzudichten. Haben Sie einmal nachgeprüft, was da echt ist und was von Heym stammt?

*Nein.*

Das müssen Sie einmal tun. Da werden Sie feststellen, was es mit diesem Jesus auf sich hat.

*Würden Sie sagen, daß Jesus ein Prinzip verkörpert? Und was wäre das für ein Prinzip?*

So würde ich die Frage nicht formulieren. Jesus ist für mich eine Romanfigur. Er ist ein Mensch, der mit seinen Widersprüchen lebt. Zugleich ist er auch ein Gott. Aber Götter haben ja auch Widersprüche. Da alle Götter sowieso von uns erfunden sind, sind sie sehr menschlich. So ist dies auch dieser Jesus. Das ist ein armer Hund. Jesus ist einer, mit dem man sehr viel Mitleid haben muß.

*Hat die christliche Rede von der »Auferstehung« Jesu irgendeine Bedeutung für Sie?*

Ich habe ein ganzes Kapitel im »Ahasver« darüber geschrieben, also hat sie eine Bedeutung für mich. Die Auferstehung bedeutet auf der einen Seite natürlich das Ende der Welt und das große Gericht. Auf der einen Seite schreibe ich davon, daß die Zeit für dieses letzte Gericht sehr nahe gekommen ist. Jesus kehrt zurück. Er taucht auf in Jerusalem. Und Ahasver begegnet ihm. Die Auferstehung hat also für mich als Schriftsteller schon eine Bedeutung. Aber nur in diesem Roman. Ob ich persönlich an die Auferstehung Jesu glaube, das ist eine ganz andere Frage.

*Tun Sie es?*

Na hören Sie!

*Überraschend für viele, die Sie lediglich als einen »marxistischen Autor« kennen und die automatisch Marxismus mit Atheismus identifizieren, klammern Sie die Gottesfrage nicht aus. Sie selber haben einmal gesagt, in diesem Roman ginge es auch um »die Frage nach unserer unsterblichen Seele«, ginge es darum: »Was wird denn nun nach dem Tode mit mir?« Was bedeutet die Rede von »Gott« für Sie?*

Also erstens, was heißt hier überraschend? Wenn es Leute gibt, die mich in Schubfächer eingruppiert haben, dann sind diese Leute schön blöd. Ich bin ein Schriftsteller, der sich für sehr viele Dinge interessiert, der sich mit vielen Gedanken beschäftigt und der sich nicht als »marxistischer Autor« oder so etwas einordnen läßt. Natürlich habe ich marxistische Gedanken. Ich finde, daß Karl Marx eine Menge gesagt hat, was richtig ist und was uns als Anleitung zum Denken dienen kann. Aber natürlich stehen auch in der Bibel einige Dinge, die uns zum Nachdenken anregen können. Und diese Gedanken gehen bei mir zusammen. Wenn Sie den »Ahasver« lesen, den »König David«, dann werden Sie feststellen, daß da eine ganze Menge marxistischer Bibellektüre enthalten ist.

Was die unsterbliche Seele angeht, na ja; der Mensch fragt sich natürlich, wenn er in die Jahre kommt – und ich bin in die Jahre gekommen: Ja, was wird denn nun? Ist das alles gewesen? Oder bleibt doch irgend etwas übrig, nachdem alles andere zu Staub geworden ist? Auf der anderen Seite ist es natürlich sehr schwer, sich vorzustellen, daß man da oben auf den Wolken herumsitzt, eine kleine Harfe im Arm hat und immer wieder dieselben Choräle singt. Also, ich weiß es nicht. Ich kann keine Garantie übernehmen, weder für das eine oder für das andere.

*Was ich nicht ganz verstehe, ist, warum Sie die Rede von Gott mit dem Wort von der Erfindung der Götter verbinden. Ich sehe in Ihrer Rede von Gott doch eine größere Ernsthaftigkeit, als mit dem Wort von der »Erfindung der Götter« abgedeckt ist.*

Was wir erfinden, ist doch etwas Ernsthaftes, oder? Was die Menschen in ihrer Not, in ihrer großen Seelenangst, sich aufgebaut haben, ist doch höchst ernsthaft! Das ist doch ernstzunehmen! Wenn wir uns heute mit all unseren Kenntnissen von der Physik und den anderen Naturwissenschaften fragen: Wo ist denn nun der Ursprung und woher kommt denn alles, gibt es in dem Ganzen ein Gesetz der Vernunft oder ist das alles nur Zufall, so ist damit doch die Frage nach Gott gestellt. Und da wir keine Antwort wissen, ist immer die Versuchung sehr groß, zu sagen: Ja, am Ende steht irgendein Gott. Ich glaube also nicht, daß Sie mir vorwerfen können, daß ich diese Frage unernst behandle.

*Kann man die Frage nach einer letzten Hoffnung, nach einem letzten Sinn stellen und vielleicht auch bejahen, wenn man alles für eine Erfindung erklärt?*

Darauf kann ich Ihnen nicht antworten, wenn Sie nicht ernstnehmen, was ich mit »Erfindung« meine. Ursprünglich waren die Menschen ja wie Tiere. Sie haben nicht darüber nachgedacht, woher sie sind. In dem Moment, wo sie anfingen, über sich selbst nachzudenken, fingen sie auch an, über Gott nachzudenken. Das ist durchaus ernsthaft. Daß sie dabei den lieben Gott erfinden, das ist doch wohl klar. Sonst gäbe es ja nicht so viele Götter.

*Mir ist ein gewisser Widerspruch aufgefallen bei Ihrer Darstellung Gottes in »Ahasver«. Einerseits verkörpert »Gott, der Vater« die alte Ordnung, die abgeschafft werden muß und gegen die Jesus im Verbund mit Ahasver rebelliert, andererseits endet das Buch mit dem großen Satz: »Und da er (Jesus) und Gott eines waren, ward auch ich (Ahasver) eines mit Gott, ein Wesen, ein großer Gedanke, ein Traum«. Ist dies ein Widerspruch, oder was verbindet diese beiden Gedankenreihen?*

Gott ist eine sehr vielfältige Person, so wie Jesus in meinen Romanen. Ich lasse mich da nicht festlegen auf *einen* Gott. Dieser Schlußsatz, der natürlich auf die Dreieinigkeit Bezug nimmt, nimmt aber auch auf etwas anderes Bezug, nämlich: daß wir selbst vielleicht auch Gott sind. Außerdem kommt noch hinzu, daß in der Beziehung zwischen Ahasver und Jesus ja auch homosexuelle Gefühle auftauchen. Ahasver liebt den Jesus. Er ist der Jünger, der seinen Kopf auf die Brust des Meisters legt. Es sind also sehr komplexe und komplizierte Fragestellungen, über die ich natürlich nicht so direkt geschrieben habe, über die man auch nicht spricht. Aber sie klingen an. Das sind eben Romanfiguren. Die sind erdichtet. Aber Sie wissen ja, daß auch in den Religionen, in den Beziehungen zu Maria oder Jesus sehr viele Gefühle mitschwingen, die eigentlich nur sehr wenige Leute analysiert haben.

*Jüdisches Erbe ist bei Ihnen in der Vorstellung vom »Messias« lebendig. Was könnte die Figur des »Messias« heutigen Menschen bedeuten?*

Das kann ich Ihnen nicht erklären. Der Messias in diesem Buch ist ja nicht eine besondere Person. Die Frage ist vielmehr: Ist Jesus der Messias? Und wenn er es ist, welch ein Messias? Und was für einen Messias haben die Juden damals erwartet? Warum haben sie die ganze Zeit hindurch immer wieder Jesus als Messias abgelehnt? Und wenn Jesus der Messias war, welche Welt hat er uns hinterlassen? Diese Fragen müssen gestellt werden. Mit diesen Fragen kann man sich als Christ beschäftigen oder auch als Nichtchrist. Das sind philosophische Fragen höchster Art.

*Ist es denkbar, daß der Messias, den wir noch erwarten, die Synthese sein wird zwischen Jesus und Ahasver?*

Jetzt fangen Sie an zu dichten. Jetzt schreiben Sie einen neuen Ahasver-Roman. Ich gebe Ihnen die Rechte dazu.

*Luzifer ist eine andere Figur dieses Romans, ebenfalls überraschend eingeführt. Daß man nach Thomas Manns »Doktor Faustus« und Alfred Döblins »November 1918« noch vom Teufel in der deutschen Literatur reden könne, schien vielen unmöglich. Was verbirgt sich hinter dieser Figur? Ist es das, was Ernst Bloch das Prinzip des Widersacherischen genannt hat?*

*Wie geht dies zusammen mit einem religionskritischen Marxismus?*
Jetzt lassen Sie mich doch endlich mal mit diesem Ernst Bloch zufrieden. – Also erstens erlaube ich mir, den Luzifer genauso behandeln zu dürfen wie andere Autoren. Er ist eine Eingebung. Ich bin eben ein Dichter. Und ich habe diesen Luzifer eben so gesehen, wie ich ihn dargestellt habe. Er ist von der Struktur her der gefallene Engel Nummer eins. Der gefallene Engel Nummer zwei ist Ahasver. Das ist meine Rangordnung. Das finden Sie natürlich nicht in den Apokryphen [nicht in die Bibel aufgenommene Texte der frühen Kirche]. Hier habe ich eine Apokryphe geschrieben, die man vielleicht eines Tages in die Bibel aufnehmen wird, ich weiß es nicht. Luzifer ist der, der sagt: »Die Welt ist so beschissen, daß man sie nur weitermachen lassen muß. Der liebe Gott und all die anderen werden die Welt schon völlig vernichten. Dann stehe ich erhobenen Armes da, denn ich habe es immer schon gesagt«. Aber der Ahasver glaubt ja, daß die Welt dennoch etwas Gutes sei und der Mensch auch, daß beides nur vermanscht worden ist. Und daß man dieses noch ändern kann. Ahasver ist eine andere Art von Revolutionär. Luzifer ist dagegen eher ein Zyniker, der das Ganze betrachtet und sagt, es wird schon schiefgehen.
*Eine letzte, vielleicht zusammenfassende Frage: Ich sehe in dem Roman »Ahasver« einen großen Versuch, »postmarxistisch« kritisch von Religon zu reden. Religion scheint mir hier bejaht, und zwar in ihrer Funktion als Erinnerung an geschichtlich nicht Eingelöstes und in ihrer Vorgriffs-Struktur, das heißt der Utopie dessen, was uns erwartet. Sehen Sie dies auch so?*
Der »Ahasver« ist eine Dichtung. Ich habe mich nicht hingesetzt mit der Absicht, »postmarxistisch kritisch von Religion zu reden« oder etwas in der Art. Das ist geworden, wie es geworden ist. Und natürlich habe ich mich sehr viel mit Fragen der Religion und des Determinismus beschäftigt. Beispielsweise mit der Frage: Sind wir von vornherein verdammt, böse zu sein? Oder: Haben wir selber die Entscheidungsmöglichkeit oder nicht? Fragen, die die Kirche niemals richtig beantwortet hat. Diese Fragen bilden ja einen Grundkonflikt des Romans.

Insofern gibt der Roman sicher auch den Pfarrern und den Kirchen zu denken. Das soll ja auch so sein. Ich habe von vielen Geistlichen mit vergnügtem Schmunzeln gehört, wie sie das Buch gelesen und daraus ihre Lehren gezogen haben – und daß das seit langer Zeit das erste Mal wieder ein Dichtwerk sei, das religiöse Fragen in den Mittelpunkt gestellt und daraus etwas gemacht hat, was die Menschen auch amüsiert und ihnen zu denken gibt. Ich nehme an, daß dies nicht nur jene empfunden haben, die mit mir gesprochen haben. Ich hoffe das wenigstens.

# Vom Vergnügen, seine eigene Religion zu haben. Über Mystik, Märchen und Gnosis

## Gespräch mit *Barbara Frischmuth*

*Frau Frischmuth, geht man aus von Ihrer ersten und Ihrer letzten literarischen Arbeit, so lassen sich erstaunliche Wandlungen in Ihrer Auseinandersetzung mit dem Thema Christentum, bzw. Religion feststellen. Ihr erster Roman »Klosterschule« (1968) ist eine kritische »Abrechnung« mit Ihrer eigenen katholischen Internatserziehung. Ihr letzter Roman enthält in verschiedenen Berechnungen, Perspektiven und Varianten eine breite Auseinandersetzung mit dem Thema Gott, Religion, Sinnfindung. Ihre Kritik an Ihrer katholischen Vergangenheit war also nicht gleichzeitig das Ende Ihrer Auseinandersetzung mit der Religion?*

Es war auch nicht der Anfang, weil ich das Buch »Klosterschule« nie als ein Buch angesehen habe, das sich mit der Religion auseinandersetzt. Für mich war es ein Buch, in dem ich ein geschlossenes System anhand seiner Sprache entlarven wollte. Weil ich das katholische am besten kannte, habe ich dieses genommen. Aber ich habe mich zu dieser Zeit mit religiösen Fragen kaum auseinandergesetzt. Die katholische Kirche war für mich ein Sozialsystem, ein sehr geschlossenes, an dem ich genau das demonstrieren konnte, was ich an solchen Systemen demonstrieren wollte.

*Wann begannen Sie denn damit, sich mit religiösen Themen auseinanderzusetzen?*

Das begann schon früh, nur in einem ganz anderen Sinn. Nachdem ich meinen Kinderglauben, wenn man das einmal ganz einfach so nennen kann, verloren hatte, bin ich zunächst einmal ausgewichen auf andere Religionen. Mich interessierten vor allem die religiösen Spekulationen. Intensiv beschäftigt habe ich mich zum Beispiel mit der islamischen Mystik. Schon damals hatte ich aber den Verdacht, daß mich jenseits eines persönlichen religiösen Gefühls – von dem ich heute immer mehr glaube, daß ich es wirklich habe – die religiöse Poesie bzw. die Kraft der Bilder in den Religionen faszinierten.

*Wie würden Sie denn heute Ihr Verhältnis zum Katholizismus generell beschreiben?*

Ich bin milder geworden insofern, als ich Katholiken nicht von vornherein als ebensolche abstemple. Aber eine wirkliche Beziehung zum heute existierenden Katholizismus habe ich nicht, – auch wenn ich aus diesem Milieu komme; daß es da natürlich kein wirkliches Entrinnen gibt, habe ich mit der Zeit einsehen gelernt.

*In Ihrem letzten Roman «Kopftänzer« heißt es von der Hauptfigur: »Sie fühlte sich schon längst keiner Glaubensgemeinschaft mehr zugehörig, hatte keinerlei Sympathie für Klerikales und sah die Kirchen als Vertreter von Macht, die sie sich im Laufe der Geschichte erkämpft, ermissioniert oder erschlichen hatten«. Beschreibt sich in solchen Sätzen auch Barbara Frischmuth selber?*

Jein. Ich glaube schon, daß ich diese Sätze unterschreiben könnte, aber sie sagen nicht alles. Für mich ist der Katholizismus heute ein autobiographisches Detail, mit dem ich leben muß. Aber ich hatte zum Beispiel nie den Wunsch, mich dem Katholizismus in irgendeiner Form wieder zu nähern. Im Gegenteil: Durch die Veränderung des liturgischen Ritus im Gottesdienst ist er mir noch unsympathischer geworden, das muß ich ehrlich sagen.

*Sie sagten einmal, der Katholizismus stecke in der Haut ...*

Das habe nicht ich gesagt, diese Formulierung ist die Erfindung eines Journalisten. Was er gemeint hat, behaupten auch Freunde manchmal von mir: daß ich es nicht verleugnen könne, katholisch erzogen und aufgewachsen zu sein. Das stelle auch ich immer wieder an mir fest. Eine gewisse Art zu leben, ist in dieser Hinsicht kaum mehr veränderbar. Man wehrt sich auf der einen Seite ungeheuer gegen bestimmte übernommene Dinge und auf der anderen Seite kultiviert man sie fast.

*Was meinen Sie damit?*

Da gibt es beispielsweise eine große Affinität zur Ritualisierung, gegen die ich mich zwar wehre, auf die ich aber immer wieder in irgendeiner Form stoße. Die Art, wie ich mein Leben gestalte, hat durchaus etwas mit dieser Gesetzmäßigkeit der frühen Kindheit zu tun.

*Bedeutet »Katholizismus« so etwas wie Sinnlichkeit oder Sakramentalität für Sie?*

Das wäre ein bißchen zu banal. Das ist ein Klischee, das Nicht-Katholiken immer wieder vorbringen. Für mich verkörpert der Katholizismus eher eine Haltung, die zwischen Askese und Orgie hin- und hertaumelt. Und davon habe ich noch sehr viel in mir.

*Man kann also sagen, daß es so etwas wie ein katholisches Erbe im geistig-spirituellen Sinn bei Ihnen gibt?*

Das glaube ich schon. Dafür hat mich das Katholische in meiner Kindheit einfach zu sehr beeindruckt. Meine ganze Polemik gegen die Klosterschule bezieht sich ja immer nur auf eine Seite. Von bestimmten anderen Eindrücken konnte ich mich dagegen nie befreien: Beispielsweise das Herbergssuchen um sechs Uhr früh, wenn wir in der Adventszeit als Zehnjährige aus den Betten gescheucht wurden und bei Finsternis und beginnendem Schneetreiben, mit gefrorenen Fäustlingen, unser Kerzerl in der Hand hielten und über die Wege im Park gestolpert sind ... Das war schon ungeheuer beeindruckend. Man war ja auch unausgeschlafen und eher bereit, etwas Unirdisches zu empfinden.

*Was erwarten Sie denn heute von der katholischen Kirche?*

Nichts. Mein Engagement geht einfach nicht so weit, daß ich sagen könnte, ich erwartete irgendetwas von der katholischen Kirche.

*Verbergen sich nicht doch Erwartungen an die katholische Kirche, wenn der allzu angepaßte Jesuit in dem Roman »Kopftänzer« kritisch beschrieben wird (»sie gestand sich ein, daß sie nicht so viel Profanisierung erwartet hatte«), während Sie einen alten Mönch, der auch als solcher zu erkennen ist, liebevoll schildern. Von Klosterfrauen heißt es im gleichen Zusammenhang: »Die jetzige Tracht mochte praktischer und hygienischer sein, sie war aber auch um vieles häßlicher, hatte ihren Symbolcharakter so gut wie verloren«. Stichwort also: Zu viel Profanisierung und Verlust des Symbolcharakters in der katholischen Kirche?*

Das hat wohl doch in erster Linie mit meiner Person zu tun, mit dieser kindlichen Erwartungshaltung, daß eben ein Mönch oder eine Nonne schon vom Äußeren her einem bestimmten Bild entsprechen sollten. Es ist, glaube ich, auch dieser Verlust an Strenge im Katholizismus, den ich beklage; zwar hat man sich ja immer gegen diese Strenge gewehrt, sie hinterläßt aber eine Leerstelle, wenn sie plötzlich nicht mehr da ist. Ich war damals ungeheuer schockiert, als ich die Klosterschwestern zum ersten Mal in einem neuen Gewand gesehen habe. Das alte kam mir zwar immer wie ein Folterinstrument vor, ich habe aber viel mit ihm verbunden, nämlich einen Teil meiner Kindheit. Deshalb kam mir das neue Gewand so als Anbiederung vor. Aber ich muß noch einmal sagen: Ich leite daraus keine Forderungen an die katholische Kirche ab. Da ist einfach ein bißchen Trauer in mir und das Gefühl, daß es sich überhaupt nicht mehr lohne, dagegen aufzustehen.

*Es gibt also gewissermaßen biographisch für Sie noch ein beinahe unausgeschöpftes Reservoir von Bildern, von Geschichten, von Szenen ...*

... Die Dramaturgie meiner Kindheit sozusagen ...

*Sie beziehen sich auch immer wieder auf zwei große Frauen christlicher Tradition in Ihrem Werk: Hildegard von Bingen, Teresa von Avila. Was fasziniert Sie besonders an diesen Frauen?*

Einerseits diese ungeheure Sprachgewalt, beispielsweise bei Hildegard von Bingen, in der ich in erster Linie die Schriftstellerin sehe. Da ist sie mir nahe, da habe ich das Gefühl, daß ich sie verstehen kann. Das ist eine Art von Sprache, von der ich das Gefühl habe, daß wir heute auch nicht mehr annähernd an sie herankommen. Dafür fehlt uns einfach der Hintergrund oder auch der archimedische Punkt. Bei Teresa von Avila ist es, einmal abgesehen von ihrer ganzen Mystik, ihr unkonventionelles Verhalten, was das Thema Liebe angeht, und ihre Hartnäckigkeit im Durchsetzen bestimmter Ziele, die sie sich vorgenommen hat. Bei ihr habe ich im Grunde immer das Gefühl, daß sie vor nichts zurückgeschreckt ist, vor gar nichts. Sie war wahrscheinlich eine sehr charmante, aber überaus willensstarke Person, die – sollte es so etwas geben – das Geheimnis der Liebe erkannt hat.

*Haben Sie persönlich ein Verhältnis zur Mystik? Sind Sie ein mystischer Mensch?*

Das ist eine Frage, die ich wohl jeden Tag anders beantworten würde. Ich glaube schon, daß ich einen gewissen Zugang zur Mystik habe und daß ich Empfindungen, bzw. Situationen erlebe, die man – interpretiert man sie auf einer höheren Ebene – vielleicht mystisch nennen könnte. Dagegen pflege ich keinerlei religiöse Übungen. Für einen echten Mystiker aber ist genau das sehr wichtig. Letztlich geht es bei der Mystik um eine ähnliche Erfahrung wie beim Schreiben. Man fragt sich: Woher kommt das, was mich jetzt anspringt, was mich jetzt angeht? Warum sehe ich manche Dinge plötzlich ganz anders? Sicher, es gibt viele Erklärungen und Interpretationen für diese Erfahrung, aber letztlich befriedigt keine. Man kann sich ihr nur hingeben und ausliefern. Ich glaube also schon, daß das, was einem als Schriftsteller in jener Phase, die dem Schreiben vorausgeht, widerfährt, eine gewisse Ähnlichkeit haben kann mit der mystischen Inspiration.

*Ist Mystik für Sie religiös?*

Ich kann mit dem Begriff Religion im Grunde wenig anfangen. Das ist ein für mich zu umfangreicher und im Grunde zu wenig streng gefaßter Begriff. Ich wüßte auch keine für mich gültige Definition anzugeben, außer der, daß es halt immer wieder um die alten Fragen geht: Woher kommen wir? Wer sind wir? Wohin gehen wir? Ich glaube, daß dies Fragen sind, um die man sich nicht herumschwindeln kann, daß sie aber im Grunde unlösbar sind. Man tastet sich ein ganzes Leben hindurch immer wieder an diese Fragen heran und stellt sich selber dabei ununterbrochen Fallen ...

Was mich zur Mystik hinzieht, hängt u. a. damit zusammen, daß es hier immer auch um Sprache geht. Denn jeder Mystiker, wenn er wirklich eine Persönlichkeit war, versuchte ja, seine Erkenntnisse neu zu formulieren. Dieser ungeheure Zwang zur Sprache ist es, der mich so fasziniert.

*Die Beschäftigung mit zwei großen christlichen Frauen legt ja nun die Frage nahe, die ja einmal in einem anderen Zusammenhang gestellt wurde: Glauben Frauen anders? Gibt es also für Sie so etwas wie ein spezifisch weibliches religiöses Bewußtsein?*

Das kann ich einfach nicht sagen. Das könnte ich nur religionsgeschichtlich, also historisch zu erfassen suchen.

*Ist Ihnen beispielsweise die Kritik an einer vermännlichten Kirche, wie sie die feministische Theologie formuliert, nahe?*

Sie ist mir deswegen nicht nahe, weil für mich das Christentum als solches nicht mehr so interessant ist. Ich habe mich längst zurückgezogen auf mein eigenes Abenteuer; nämlich: Den Weg durch die Religionsgeschichte und durch mögliche religiöse Erfahrungen anzutreten. Persönlich habe ich mich durchaus mit dem christlichen Gottesbild auseinandergesetzt, das ich eigentlich instinktiv als androgyn, also männlich-weiblich, empfunden habe. Bei den Gnostikern [Versuch, die Glaubensgeheimnisse durch philosophische Spekulationen zu erkennen] habe ich dafür auch viele Bestätigungen gefunden, beispielweise, wenn der Heilige Geist als weiblich empfunden wird. Vor allem auch in der nichtchristlichen Gnosis gibt es dahingehend viele Spekulationen, daß mir das, was augenblicklich im Christentum so gedacht wird, ziemlich gleichgültig ist.

*Sie sind von Hause aus Orientalistin, haben in der Türkei gelebt, haben also das Christentum auch aus der Perspektive des Orients kritisch spiegeln gelernt. Was hat Ihrer Meinung nach der Islam dem Christentum voraus?*

Ich würde nicht den Islam als solchen nehmen, sondern einen ganz bestimmten Zweig der islamischen Mystik: Die Derwisch-Orden. Und innerhalb der Derwisch-Orden gibt es wieder ganz bestimmte Gruppen. Ich habe mich vor allem mit den Bektaschis befaßt, die mir schon deswegen so interessant erschienen, weil sie innerhalb des Islam ein völlig revolutionäres gesellschaftliches Engagement pflegten. Die Stellung der Frau war eine völlig andere als im übrigen Islam, auch die Einstellung gegenüber den Dogmen war eine völlig andere. Auch sie schwankten immer wieder zwischen Askese und Orgiastik, zeigten aber andererseits ein vehement politisches Engagement. Bei ihnen findet sich eine wunderschöne Lyrik.

*Haben diese Derwisch-Orden auch für Ihr persönliches religiöses Bewußtsein eine Rolle gespielt?*

Natürlich. Diese völlig unkonventionelle Art der Annäherung an Gott, an Göttliches, das fasziniert mich. Aber ich bin mir noch immer nicht darüber im klaren, was ich eigentlich glaube. Das ändert sich bei mir von Phase zu Phase. Es gibt Zeiten, wo für mich der Tod ein rein biologisches Faktum ist und ich das Gefühl habe, alles andere ist einfach nur mystische Spekulation und geht mich eigentlich nichts an. Und dann habe ich wieder Zeiten, wo es für mich fast selbstverständlich ist, daß das Leben mit dem Tod nicht ausgehen kann. Nur: Selbst wenn mir plötzlich das Fallbeil drohte, ich könnte mich nicht mit vollem Enthusiasmus zu der einen oder zu der anderen Möglichkeit bekennen. Ich weiß es schlicht und einfach nicht.

*Das gehört mit zum Abenteuer des Lebens?*

Ja, zu *meinem* Abenteuer. Das einzige, wozu ich mich bekenne, ist, daß ich die Antwort offenlasse. Ich muß das eine und das andere denken dürfen.

*Glauben Sie, daß Sie diese zeitweisen Identifikationen mit vielen Zeitgenossen teilen, aber auch diese zeitweisen Distanzen zu religiösen Fragen?*

Das kann schon sein. Komischerweise ist man ja bei diesem Abenteuer sehr ich-bezogen. Das ist wie eine Spielwiese, wo man wirklich nur mit sich allein umgeht. Genau diesen Vorwurf erhebe ich dann ja auch in bestimmten Phasen gegen die Mystiker. Mein Gott, diese Großkotze, was glauben die eigentlich? Wer bin ich denn schon, daß ich so tun könnte, als würde die ganze Welt von mir abhängen? Das ist ja doch ein Schmarrn, sage ich mir. Dieses Übergewicht der eigenen Seele ist ungeheuer gefährlich; das spüre ich immer wieder. Darum kann ich das nur phasenweise ertragen.

*Was bedeuten Ihnen Märchen?*

Ich habe Märchen von Anfang an gemocht und ich glaube, daß die Menschen immer schon sehr viel gewußt haben von sich und der Welt und daß sie es nur immer wieder in anderen Bildern ausgedrückt haben. Deshalb ist der Mythos auch so wichtig für mich. Ich habe das Gefühl, daß der Mythos etwas ist, was immer neu interpretiert werden kann. Er ist so etwas wie eine Matrix, die jeweils von neuem Gestalt annehmen kann. Im Augenblick beschäftigt mich der Demeter-Mythos. Ich nehme an, daß meine nächste literarische Arbeit sich in diese Richtung bewegen wird. Plötzlich hat mich die Frage beschäftigt: Warum will Demeter ihre Tochter zurückhaben, die hat doch eine gute Partie gemacht, die ist doch mit einem der obersten Götter zusammen? Die Beschäftigung mit einem solchen Mythos fängt also mit einer ganz naiven Frage an.

*Können Sie ein Märchen nennen, das Ihnen besonders wichtig ist?*

Mein Lieblingsmärchen war immer »Schneeweißchen und Rosenrot«. Aber ich weiß bis heute nicht, warum; vielleicht wegen des Bären.

*Wie ist das mit Ihren literarischen Arbeiten? Erzählen Sie nicht selbst auch moderne Märchen? Zum Beispiel in »Kopftänzer«: Jemand zieht aus festen Gewohnheiten aus und geht hinaus in die Welt?*

Dagegen würde ich mich nicht wehren. Da geht es einfach um die Reise, die uns allen auferlegt ist. Es geht um das Abenteuer, zu dem man aufbrechen muß und das sich immer wieder anders fassen läßt. Das ist ja auch das Faszinierende daran. Wenn man dieses Abenteuer nicht riskiert, lebt man nicht, glaube ich. Auf der anderen Seite: Es gibt nicht die geringste Garantie dafür, daß man, wenn man dieses Abenteuer riskiert, deswegen mehr Erfahrungen macht. Man kann vielleicht mehr erleben, aber was im Endeffekt dabei herauskommen soll, das kann man nicht im vorhinein festlegen.

*Als Motto von »Kopftänzer« haben Sie ein Zitat aus den Johannesakten gewählt: »Dem All zu gehört der Tanzende« – »Amen« – »Wer nicht tanzt, begreift nicht, was geschieht«. An einer Schlüsselstelle heißt es: »Sie und andere Figuren bewegten sich rhythmisch, eine jede bemüht, die eigenen Schritte zu erlernen, ohne das vorgezeichnete Muster auf der Erde zu erkennen, tief in sich hineinspürend und doch auch die anderen wahrnehmend, wissend, daß jeder ein Geheimnis herauszufinden ver-*

*suchte, das des eigenen Tanzes«. Was verbirgt sich für Sie hinter dem Symbol des Tanzes?*

Das sind ganz verschiedene Aspekte. Der eine ist, daß der Tanz für mich eine lebendige Bewegungsform darstellt, die mir liegt. Spiel und Tanz sind für mich Formeln der Welt, auf die ich mich mit mir selbst am ehesten einigen kann. Der Tanz ist etwas Kreatives. Dennoch gehorcht er gewissen Regeln. Man tanzt, wenn man diese Regeln zusammen mit einem anderen durchbricht, indem man zwei »Regeln« koordiniert. Dieses ständige Variieren von Vorgegebenem kann für mich am ehesten zum Symbol des Ganzen werden. Man weiß vielleicht, wie ein gewisser Tanz getanzt werden soll, und trotzdem muß man seine eigenen Schritte erst entdecken. Und damit sind wir wieder bei der alten Frage: Wer sind wir? Wie können wir unser Bild in dieser Welt entdecken? Das mag vielleicht eine Frage sein, die viele schon für erledigt halten. Ich komme um sie nicht herum. Mich interessiert sie nach wie vor brennend. Auch meine Beschäftigung mit der Naturwissenschaft ist motiviert von der Suche nach einer Perspektive, nach einem Maßstab in diesem Ganzen der Welt. Die Antworten, die ich kenne, haben mich alle nicht wirklich befriedigt. Also bin ich zur Kreativität gezwungen, meine eigenen Tanzschritte zu finden, um existieren zu können. Aber darüber kann man im Grunde gar nicht reden, das kann man nur darstellen. Deshalb ist das, was ich jetzt gesagt habe, wieder nur Vermutung, die, wenn sie mich morgen fragten, vielleicht ganz anders klingen würde.

*Haben deshalb vielleicht Theologie und Literatur etwas gemeinsames: nämlich das Entwerfen großer Bilder?*

Ja, das ist es vielleicht auch, was mich am meisten an der Theologie fasziniert. Da finden sich die wildesten Spekulationen, die ich andererseits für den Gipfel des Ausdenkbaren halte. Solche Spekulationen müssen einem erst einmal einfallen, sage ich mir dann immer wieder. Die theologische Sprache verstehe ich auch eher als die Sprache der Philosophie oder der Naturwissenschaft; obwohl ich manchmal glaube, daß die Naturwissenschaft langsam in Bereiche vorstößt, wo sie ohne Mythos, ohne Theologie nicht mehr auskommt.

*Es gibt ja die These, daß gerade die theologische Spekulation*

*das naturwissenschaftliche Denken vorantreibt und nicht behindert...*
Das leuchtet mir ein.
*... also Theologie als der Versuch, das Unanschauliche anschaulich zu machen, und zwar in Bildern. Da würden Sie sich auch als Literatin verstanden wissen?*
Ja, das wäre mein Zugang zur Theologie.
*Es gibt ja das Bild von Gott als dem Tanzenden, als dem Spieler mit der Welt ...*
Für mich sind Tanz und Rhythmus von zentraler Bedeutung. Ich selbst mag Musik sehr, vor allem die neue Musik, die ja auch ein Abenteuer gewagt hat. Und wenn ich zum Beispiel die drei oder vier Bände des Religionsphilosophen Mircea Eliade lese, dann habe ich einfach beglückende Gefühle. Allein die Tatsache, daß und wie sich Menschen auf das Unfaßbare eingelassen haben, das vielleicht existieren könnte, und mit welcher Inbrunst und Kreativität sie es durch die Jahrtausende hindurch getan haben, ist für mich eine so grundlegende Leistung, daß ich ihr rettungslos verfallen bin. Ob das jetzt chassidische, schamanistische oder andere Konzepte sind, oder ob es das Christentum ist – mit dem ich mich natürlich am schwersten tue –, sie alle faszinieren mich, und ich lasse mich gern von ihnen faszinieren.
*Wo ist denn Ihrer Meinung nach die Grenze des Mythos in einem Zeitalter der Entmythologisierung, der zunehmenden Verwissenschaftlichung?*
Ich glaube gar nicht, daß wir in einem Zeitalter der Entmythologisierung leben. Im Gegenteil. Nie sind so viele neue Mythen entstanden wie heute. Nie war diese Sehnsucht, bzw. Suche nach tragfähigen Mythen so groß wie heute.
*Was sind tragfähige Mythen Ihrer Meinung nach?*
Das sind jene, die eine Verbindlichkeit für die Menschen haben. Mich fasziniert immer wieder die Paradieserzählung mit der Rippe Adams, aus der Eva gemacht wurde. Wie lautet eine der vielen möglichen Interpretationen? Adam war androgyn, er hat die Rippe in sich gehabt und somit auch das Weibliche.
*Frau Frischmuth, was mußten Sie lernen und verlernen, bis Sie bereit waren, in Bezug auf Gott solche Sätze zu schreiben: »Wie*

*das Göttliche nur in Begriffen einer harmonisch-dynamischen mann-weiblichen Beziehung von Gegensätzen verstanden werden kann, wird auch der erste Mensch, nämlich Adam, als androgyn beschrieben, der das Weibliche, die Rippe, in sich trägt«?*

Da muß ich Sie wahrscheinlich sehr enttäuschen. Das waren lediglich Sätze, die mich fasziniert haben. Ich bin immer schon ein Anwalt des Androgynen gewesen, weil ich mich selber bis zu einem gewissen Punkt als androgyn erlebe. Auf so manche Einsichten kommt man selbst nicht in dieser Deutlichkeit, man übernimmt sie von anderen. Was haben sich die Leute über die Rippe, aus der Eva geschaffen wurde, aufgeregt. Recht besehen ist die Geschichte von der Rippe Adams wunderbar.

*Seit wann beschäftigt Sie eigentlich das gnostische Denken?*

Seit den letzten drei, vier Jahren. Ich bin immer wieder auf die Gnosis verwiesen worden. Ich habe zunächst hier und da nachgelesen, was Gnosis bedeutet, bis ich dann zu der Einsicht kam, die Schriften selbst lesen zu müssen. Und da bin ich plötzlich auf ungeheure Sachen gestoßen. Die Gnostiker haben als Organisation zwar nicht überleben können, weil sie eben nicht organisiert waren, weil sie keine Hierarchie besaßen. Sie haben daher nie länger als maximal zwei Generationen standhalten können. Die Kirche, die sich auf eine Hierarchie stützt, hat überlebt. Doch die Gedanken der Gnostiker sind immer wieder aufgetaucht, die der Kirche sind in meinen Augen immer steriler geworden.

*Was fasziniert Sie neben der hierarchie-kritischen Komponente noch an der Gnosis?*

Die Erkenntnis, daß jeder Mensch Gott neu erfinden muß. Oder auch die ganze Kosmologie; ich kann nicht genug davon bekommen. Die Gnostiker haben ja die wildesten Dinge entworfen, und zwar immer im Hinblick auf diesen Zwang zur Kreativität: »Wenn du nicht hervorbringst, was in dir ist, wird das, was du nicht hervorbringst, dich töten«. Das ist für mich *die* zentrale Einsicht.

*Kann man Ihre Position zusammenfassend vielleicht so beschreiben: daß es zum Abenteuer des Lebens gehört, auch Gott immer wieder neu zu erfinden?*

Ja, das ist zwar ein hartes Wort ...
*... sicher, es ist sehr gefährlich, so etwas zu sagen ...*
Ich kann im Grunde mit dem Begriff »Gott« wenig anfangen; mit dem »Göttlichen« vielleicht schon eher; bei dem Begriff »Gott« spüre ich immer eine innerliche Gänsehaut.
*Meldet sich da die Klosterschule wieder?*
Nicht nur die Klosterschule, auch die Sprachfiguren sind es, die mich abstoßen. Gott, wie er sich in unserer Sprache aufdrängt, mit all den Inhalten, die dieses Wort sich hat anhängen lassen müssen, ist für mich eine Sprachfigur, mit der ich schlecht umgehen kann.
*Was bedeutet denn für Sie »das Göttliche«?*
Ein Zustand und wahrscheinlich der einzige Begriff, auf den ich mich mit anderen einigen kann, für ein Gefühl des Einsseins, das ich tatsächlich als Gefühl kenne.
*Einssein mit der Schöpfung, der Natur?*
... mit allem. Es ist ein fast pantheistisches Erlebnis, das Gefühl, daß alles in der Welt zusammenhängt und man ein Teil davon ist, verbunden mit Glücksgefühlen, daß man fast schon meint, über dem Wasser zu wandeln. Und es meint auch das Gefühl, eine Adresse für so etwas wie Dankbarkeit zu haben.
*Wie steht es denn dann um das Verhältnis zwischen der Erfahrung des Einsseins und dieser kreativen Entwurfsdynamik, die dazu drängt, das eigene Weltbild gewissermaßen selbst zu entwerfen?*
Hier geht es um zwei völlig verschiedene Stadien, um Zustände, die leider immer nur ganz kurz dauern. Es sind nur Momente, aus denen man schnell wieder entlassen wird. Dann beginnt man wieder zu fragen und muß sich erneut auf dieses Abenteuer einlassen.
*Gehört zu diesem Abenteuer für Sie auch das Politische, Gesellschaftliche?*
In Maßen. Ich sehe mich auf keinen Fall in der Rolle des Gewissens der Nation, der moralischen Avantgarde oder was auch immer. Ich glaube nicht, daß das die Aufgabe der Literatur ist. Das, was die Literatur kann, ist, ein Thema zu entfalten und ihm in die Winkel hinein nachzugehen. Alles, was in der Literatur zu konkret auf die politische Situation hinzielt, hat

das Medium verfehlt. Wenn ich ein ganz konkretes politisches Anliegen habe, dann rufe ich eine Zeitung an und sage: Bitte, ich habe jetzt ganz geschwind dies und das zu sagen, vielleicht seid ihr so freundlich und bringt das. Wogegen ich mich wehre, ist, daß oft die Person des Autors zur Leitfigur stilisiert wird. Es gibt ja immer wieder die Debatte über die Frage, was Literatur vermag. Ich habe als Leser durch meine Lektüre wirklich viel gelernt, mein Bewußtsein geschärft, bzw. verfeinern können. Das ist es auch, was Literatur kann, nicht mehr und nicht weniger. Ich glaube, daß es der Literatur nicht gut tut, wenn man versucht, ihr Aktionismus aufzubürden. Literatur kann sicherlich im Bewußtsein des Einzelnen und in seiner ganz konkreten Situation Veränderungen bewirken. Aber ihr mehr abzufordern, bekommt ihr nicht.

Literatur entwirft sich selbst. Sie ist entweder gut oder schlecht. Sie hat ihr Ziel in sich erreicht oder es ist keine Literatur.

*Frau Frischmuth: Sie hatten, als ich Sie um dieses Gespräch bat, zunächst gezögert. Warum?*

Weil ich mich schwertue, zu sagen, ob ich religiös bin oder nicht. Das ist eine Frage, die ich mir selbst nie stelle. Für mich gehört dieses geistige Abenteuer so sehr zu mir, daß es mir egal ist, ob man das jetzt als religiös bezeichnet oder nicht. Religion ist genau jenes Gebiet, wo es für mich keinen festen Tritt gibt, wo ich wirklich nicht sagen kann: Ich bin das oder ich bin jenes. Ich weiß, daß mich religiöse Fragen brennend interessieren, daß ich aber oft als Person fast unbeteiligt danebenstehe, mich manchmal aber dann bis zu Visionen steigern kann. Aber ich kann dazu kein Statement abgeben, alles was ich behauptete, wäre gelogen.

*Haben Sie auch Angst, daß dies in einer gewissen literarischen Öffentlichkeit mißverstanden werden könnte?*

Die ist mir egal. Solche Ängste gewöhnt man sich irgendwann einmal ab. Wenn man als Autor viele Jahre lang versucht, *seinen* Weg zu gehen, dann kann man sich um diese Besorgnis nicht mehr viel kümmern.

*Ist es nicht gerade eine Stärke der Literatur, zur eigenen Subjektivität zu ermutigen?*

Ja, das meine ich auch. Es geht darum, einfach einmal etwas als Vision stehen zu lassen, und das muß man auch dürfen. Wenn ich es jedem recht machen will, ist das ganze Unternehmen zum Scheitern verurteilt. Wenn die Menschen einmal mündig sind, dann wird es jedem Menschen ein Vergnügen sein, seine eigenen Vorstellungen zu haben. Und seine eigene Religion!

# Des Lebens und Todes froh werden. Über Christentum, Buddhismus und die Funktion der Literatur

## Gespräch mit *Adolf Muschg*

*Herr Muschg, ich möchte mit einem autobiographischen Zitat von Ihnen einsteigen. In Ihrem Buch »Literatur als Therapie?« steht der Satz, bezogen auf Ihre Mutter: »Sie gab sich Mühe, ein Gotteskind aus mir zu machen, hatte mich zu Ihrem Erlöser bestimmt, eine Art Jesus im Tempel, dessen Gelehrigkeit man schon anmerken durfte, daß er ein wenig Gottes Sohn war. Daß zu dieser Karriere auch die Passion gehört verschwieg mir meine Mutter in ihrer demütigen Eitelkeit. Oder nahm sie es still in Kauf?« Darf ich Sie bitten, diesen Satz ein wenig zu erläutern? Man könnte daraus schließen, daß Sie eine traumatische Kindheit gehabt haben.*

Das Trauma bestand zunächst einfach in der Erfahrung, daß meine Mutter im Grunde nicht gerne lebte und mit den Konflikten, die ihr dieses Leben stellte, nicht fertig wurde, ohne eine Generalversicherungsagentur zu bemühen.

»Religion«, »Gott« waren Decknamen für das, was ihr fehlte. Bevor so etwas wie eine religiöse Erziehung oder auch nur die Bekanntschaft mit religiösen Symbolen stattfinden konnte, habe ich wohl die Erfahrung gemacht, daß meine Mutter mir sehr wenig (Selbst-) Vertrauen mitgeben konnte. Entsprechend groß war der Stellenwert von »Leistung« in meinem Leben: ich hatte als ihr »Geschöpf« einzustehen für das, was uns beiden fehlte, ja, hatte es gutzumachen. Sie bediente sich der religiösen Sprache, meinte aber etwas sehr viel einfacheres: »Sorge dafür, daß ich gelebt haben darf, sei der lebendige Beweis dafür, daß ich alles recht gemacht habe.«

*Was heißt »Passion«?*

Ich möchte das Wort Passion nicht im christlichen Sinn bemühen. Meine Mutter hat sich wohl dunkel vorgestellt, eine Nachfolge Jesu, wie ich sie antreten sollte, könnte nur ein Weg des Leidens an sich und anderen sein.

*Religion war also für Ihre Mutter die Wattierung vor ihren realen Leidensproblemen?*

Ja, und dazu gehört die ganz entscheidende Erfahrung, daß sich dieses Leiden nicht wattieren ließ, wenn nämlich ihr Gott durchaus nicht half und sie an ihm irre wurde. Kurz vor ihrem Tod im letzten Jahr hat sie auch kaum mehr von Gott gesprochen.

*Vom Gottesbild Ihres Vaters heißt es an einer anderen Stelle dieses Buches: »Das war ein richterlicher Gott, der sich den klaren Augen des Lehrers zur Unterscheidung von Schwarz und Weiß, Tugend und Sünde bediente«. Haben Sie selbst mit diesem Gottesbild als Kind leben müssen?*

Nicht mehr in der Schärfe wie meine älteren Geschwister; ich entstamme der zweiten Ehe meines Vaters, da hatte er die Kanten seines Temperaments – auch seines religiösen Machtanspruchs – abgeschliffen. Ich habe ihn als distanziert und abwesend erlebt. Alles, was ich von ihm lese – er schrieb in seiner Freizeit Bauerngeschichten –, ist mit einer mich heute erschreckenden Selbstgerechtigkeit nach einem Schwarz-Weiß-Muster gestrickt: das Gute triumphiert mit Gottes Hilfe über das Böse. Und ich muß Geschichten glauben, die davon erzählen, daß mein Vater in seiner ersten Ehe jeden Samstagabend Gericht gehalten hat – auch über seine Frau. Man hat gemeinsam gestanden, wo man gefehlt hat. Ich weiß nicht, ob er der Mann war, seine Familie freizusprechen …

*Seit wann war Ihnen klar, daß Sie mit dieser Art von Religiosität nicht leben konnten?*

Dieser Durchbruch wurde lange durch die Tatsache verhindert, daß ich als einziges Kind meiner Mutter immerfort zu ihrer Schonung, zum Mitspielen bei ihren religiösen Fiktionen angehalten war. Meine Entwicklung stand im Zeichen der Fortsetzung dieser »religiösen« Kinderpflicht. Ich habe immer gespürt, daß mir etwas Entscheidendes zum Leben fehlte, aber ich habe meinen Weg darin gesehen, den strafenden und täuschenden Gott meiner Eltern als gnädigen Gott kennenzulernen. Ich wünschte mir einen Gott, der auch für meine Geborgenheit, meine Abenteuer, kurz für eine halbwegs intakte Biographie aufkam.

*Die Abwendung von der Religiosität Ihrer Eltern war also nicht etwa mit Atheismus verbunden?*

Leider nicht, es wäre mir wohler, wenn ich eine schroffe Ablehnungsphase nicht nur der Eltern, sondern auch der elterlichen Gottesvorstellungen erlebt hätte. Ich habe mir eine solche Phase nicht gestattet. Ich hätte das Gefühl gehabt, ich bringe meine Mutter damit um. Es war eine erpresserische Lebenssituation, die ich selber weiter gepflegt habe. Wir waren beide sehr geschickt darin, unsere infantilen Verhältnisse weiterzupflegen. Die größte Enttäuschung war für mich, daß sie eigentlich von meiner Entwicklung keine Kenntnis genommen hat, es sei denn, sie hätte in meinen Büchern etwas Anstößiges gefunden, womit ich ihren Erziehungserfolg – also ihre Lebensleistung – in Frage stellte.

*Von wem war dieses Gegenbild vom gnädigen Gott beeinflußt?*

Es war wohl nur die veredelte Fassung meiner elterlichen Gottesvorstellung. Ich konnte diesem Gott mehr anvertrauen als meinen Eltern; aber er war immer noch ein Lückenbüßer für etwas, was ich mir an mir selbst nicht zu leben zutraute. In diesem Sinne sehe ich mit großem Unbehagen auf meine »religiöse« Phase zurück.

*Würden Sie Ihre religiöse Lebenszeit jetzt als beendet ansehen? Treten Sie ein in eine neue Phase?*

Das kann ich ohne Selbstüberschätzung nicht bejahen. Ich mache nur die Beobachtung, daß ich manchmal in die Muster meiner Kindheit zurückfalle, Gott um etwas bitte, was meine Sache wäre und nicht von außen kommen kann. Ich muß dann immer ein bißchen grinsen: Wenn Gott nicht in mir ist, kann ich ihn auch nicht durch einen Zauber zitieren – und wärs das Vaterunser.

*Im Zusammenhang mit dem Tod Ihres Vaters schreiben Sie: »Für mich, der ich das geliebte Zürcher Gymnasium verlassen mußte, wurden es zwei Jahre der Gottverlassenheit, die ich auf Kosten meiner Gemeinde in einem ebenfalls frommen alpinen Internat zubrachte.« Was heißt »zwei Jahre der Gottverlassenheit«?*

Das hört sich paradox an, es war ja ein religiöses Internat. Es ist heute nahezu exotisch, von den Erfahrungen dort zu erzählen. Nach allen Regeln der »Erziehung« wurde uns Kindern die Sündigkeit ins Gewissen geredet. Das war ein gottverlassener Zustand, denn dieser Gott war unbrauchbar, weil im tiefsten lebensunfreundlich.

Dazu kam, daß ich viel lieber in Zürich geblieben wäre und mir nicht einmal eingestehen durfte, daß ich der Mutter mein Exil übelnahm. Sie war krank geworden, konnte mich nicht behalten, und ich las darin den Dispens meiner Mutter von mir. Ich war ihr zuviel und hatte dafür auch noch abzubitten.

*Mir fiel auf, daß im weiteren Verlauf Ihrer Selbstbeschreibung in »Literatur als Therapie?« die religiöse Frage fast ganz in den Hintergrund tritt. Fragen der Therapie durch Psychoanalyse und Medizin treten in den Vordergrund. Ist diese Beobachtung richtig? Hat Religion später in der Aufarbeitung psychischer Beschädigungen keine Rolle mehr gespielt oder war das so nicht beschreibbar?*

Es war schon wichtig für mich, daß ich für Sachverhalte, die vorher unter ein religiöses Verdikt fielen, eine sehr viel solidere Erklärung erhielt. Auch eine Erklärung, mit der man leben konnte, in der man Entdeckungen machen konnte wie in der Psychoanalyse, wo die Vorschrift, gut und böse zu unterscheiden, erst einmal schweigen durfte. Das war eine Befreiung. Das Färben meiner schwarz-weißen Welt war eine Lebensnotwendigkeit und ist es geblieben. Daß die Religion dadurch ersetzt oder überflüssig wird, glaube ich nicht – aber ich bin recht überzeugt, daß eine Religion nicht tragfähig ist, in der die Erkenntnisse der modernen Sozialwissenschaften, der Psychoanalyse, des Strukturalismus etc. ausgegrenzt, ignoriert werden.

*Was hat Religion für ein Spezifikum gegenüber den genannten Wissenschaften? Auffallend häufig benutzen Sie Begriffe wie »Leben«, »Freiheit« ... Was ist Religion für Sie?*

Religion ist nichts, was von anderen Fächern des Wißbaren getrennt ist.

»Wer Wissenschaft und Kunst hat, der hat schon Religion«, sagt der alte Goethe, »wer keine Wissenschaft und Kunst hat, der habe Religion«. Das heißt ja, alle, die keine Chance haben, das Ereignis der Schöpfung am Werk zu sehen, selbst ins Werk zu setzen, die muß Religion für dieses Manko entschädigen – »the second best bed«, wie es in Shakespeares Testament heißt.

*Religion und Schöpfung – können Sie ihr Verhältnis zueinander noch genauer bestimmen? Was leistet Religion in der Wahrnehmung von Schöpfung?*

Ich möchte von dem Wort Religion wegkommen und es ersetzen durch das, was es bedeutet: Bindung, oder auch: Erfahrung des Eingebundenseins.

Diese möchte ich niemals einer spezialisierten Weisheit verdanken; auch nicht einer spezialisierten theologischen Weisheit. Wenn ich Gott nicht beim Teetrinken, beim Autofahren, beim Arbeiten erfahre, und wenn ich ihn nicht dergestalt erfahre, daß die anderen meine Gebundenheit spüren, spüren, daß ich durch mein tätiges Staunen lebendiger, offener, heiterer geworden bin, dann nützt mir alles Reden von Religion nichts. Zu den Früchten, an denen man Christen erkennen sollte, gehört für mich nicht das mühsame Reden über Gott als eine hinterweltliche Größe, die unsere Existenz zu seiner Allegorie entwürdigt.

*Ist das Wort »Gott« ein sinnvolles Wort?*

Es ist ein Notbehelf und mir gerade für diese Funktion zu schade. Es ist ja kein Zufall, daß Menschen, deren religiöse Erfahrung ich glauben kann, in Bezug auf die Verwendung des Wortes »Gott« ganz entschieden gewesen sind: »Ich muß noch über Gott in eine Wüsten ziehn«, sagt Angelus Silesius. So deutet es auch der Zen-Buddhismus an: »Wenn Du den Buddha triffst, töte den Buddha«. Reden von Gott scheint mir ein so widersprüchliches Geschäft zu sein, daß mich auch die intelligenteste Theologie nicht für das Qualvolle dieses Widerspruchs entschädigt. Dieses Mißtrauen gegenüber dem Wort »Gott« hat natürlich auch mit geschichtlichen Erfahrungen zu tun. Den grausamen Wegen, die im Namen des christlichen Gottes gegangen worden sind ...

*Hat es für Sie – bei allem Vorbehalt gegenüber dem Wort »Gott« – dennoch so etwas wie Gotteserfahrungen gegeben?*
Diese Frage muß ich mir so übersetzen: Haben Sie eine Erleuchtung erlebt? Nein. Ich habe in meiner literarischen Arbeit – aber auch im Leben – Augenblicke gekannt, wo mir zwar nicht die Sprache verging, aber die Sprache sich füllte mit Schweigen und von ihm nicht zu trennen war: die Unterscheidung fiel dahin. Aber gerade dann durfte die Sprache am wenigsten beliebig, mußte genau sein.
*Bei einer Podiumsdiskussion letzten Mai in Tübingen über die literarische Auseinandersetzung mit der Gottesfrage haben Sie sich öfter auf den Zen-Buddhismus bezogen. Sie haben in Tokio gelebt. Was hat Ihnen die Begegnung mit dem Zen-Buddhismus bedeutet? Was sind die bleibenden Veränderungen seitdem?*
Das war der Anfang eines Weges ins Offene, den ich ein paar Schritte gegangen bin. Diese Erinnerung ist stark geblieben, sie hat nichts Exotisches mehr. Sie hat meine Lektüre, mein Leben, meine Reisepläne, meine Beziehungen stärker bestimmt, als ich mir selber eingestand. Vielleicht hat es etwas damit zu tun, daß keine (nennen wir es einmal so) »Religiosität« so klar wie der Buddhismus hinausweist über untaugliche Alternativen wie Körper-Geist, Körper-Seele, Gut und Böse, Schwarz und Weiß. Keine so sehr die Chance des Durchbruchs dieser Raster eröffnet. Keine weniger das Bedürfnis hat zu missionieren und auszugrenzen. Keine selbstverständlicher Lebenskunst, Lebensweisheit, Liebe zum Alltag, Liebe zur Kleinigkeit und Einzelheit ist.
Nachzulesen bei Jan Willem van de Wetering in seinem amüsanten, respektlosen und sehr ehrlichen Buch »Der leere Spiegel«. Er lebte als junger Mensch ein paar Monate in einem Zen-Kloster in Japan. Nach harter körperlicher und geistiger Übung bekundete er den Wunsch, selbst Buddhist zu werden. »Warum nicht«, meinte der Meister mit heiterer Miene. Man einigte sich auf ein Datum. Sehr stolz erzählte van de Wetering einem Mitmönch von seinem Vorhaben: »Ich möchte hier Mitglied werden!« Und der fragte ihn: »Ist eine Wolke ein Mitglied des Himmels?«

*Nun ist der Zen-Buddhismus ja mit einer harten Praxis verbunden. Haben Sie sich dieser Praxis unterzogen?*
Ich habs mir vorgenommen, um meine Grenze kennenzulernen – oder zu erweitern – oder gar zu vergessen. Natürlich: Sitzen, Meditation, die Arbeit an einer Kōan sind vollkommen überflüssig. Aber das kann nur einer sagen, der all dies erlebt hat – und dann wird auch diese Feststellung überflüssig sein. Wer weiß, wovon er spricht – zum Beispiel als Religionswissenschaftler vom Buddhismus –, weiß noch nicht, wovon er spricht.
*Kann man also sagen, Religion verpflichtet zu etwas?*
Sagen wir: zu Lebenskunst. Sie ist eine Arbeit, die so hart ist, weil man sie nur spielend lernt: und spielen will ein Leben lang gelernt sein. Wir haben ja den Glücksfall Goethe. Bei ihm finden wir das Muster morphologischer Moral – in Wissenschaft, Kunst und Biographie –, getragen von Spielwitz und Ironie. Der eher ernste Schiller sagt es auch: »Der Mensch ist nur da ganz Mensch, wo er spielt«. Für mich ist Literatur der Weg, auf dem mir am meisten Spielfreude begegnet ... für mich, und vielleicht ein paar andere.
*Was Sie im Buddhismus angeboten finden, können Sie nicht in gleicher Weise im Christentum erhalten?*
Ich habe einmal in einer schrecklichen Krise romantischerweise ein Kapuzinerkloster aufgesucht und dort die erheiternde Erfahrung gemacht, daß ich in kurzer Zeit zu einer Art Beichtvater dieser Mönche wurde. Mir schien, daß dieses monastische Leben in einem solchen Grad defizitär war, nämlich lieb- und im tiefen Sinne witzlos, daß ich dem Christentum die vor allem nötige Lebenskunst nicht mehr zutraue. Die Volkspädagogen und Ernstnehmer in der Kirche scheinen sehr wenig Spielverständnis für die Bedürfnisse anderer zu haben, wahrscheinlich müßten sie mit ihren eigenen Bedürfnissen ehrlicher umgehen. Wo ist das Feuer, die Kraft der Narren Gottes, wie Franz von Assisi einer war, hingekommen?
*Verstehe ich Sie richtig, daß dem verbürgerlichten Christentum die spirituelle Kraft verlorengegangen ist?*
Wenn Sie »spirituell« nicht mit »körperarm« gleichsetzen.
Ich glaube, diese Kraft war immer gebunden an die Narretei,

an die Abweichung, an den Eklat. Kirche muß ihre Lebendigkeit daran messen lassen, ob sie diesen Eklat trägt. Unser Christentum krankt an sozialer Anbiederung, seelsorgerischer Betriebsamkeit, an Mangel an Neugier und Wagnis – wobei die Kritik sich durchaus auch auf das »linke« Wohlverhalten bezieht. Dabei ist mir das Engagement der Kirche sympathisch. Vielfach bietet sie ja das einzige Dach, unter dem sich gesellschaftlich verfeindete Gruppen treffen können. Trotzdem ist mir der Dienstleistungscharakter der Kirche zu wenig. Ich wünsche mir etwas mehr als eine Agentur, die im Namen Gottes Gutes tut. Ich wünsche mir mehr Leibhaftigkeit – die ja so lange dem Teufel vorbehalten war. Sie sehen, ich habe Mühe, meine Wünsche christlich auszudrücken. In Japan wäre das Spirituelle konkreter, strahlender. Man erkennt einen Zen-Meister sofort an seinem Lachen. Es ist eine Bewegung des ganzen Körpers.

*Hätte das Christentum vom Stifter Jesus von Nazareth her die Möglichkeit, das zu verwirklichen, was Sie als Wunsch jetzt zum Ausdruck bringen?*

Ich mißtraue der Versuchung, Jesus von Nazareth zum östlichen Guru zurechtzubiegen. Natürlich ist die Kirche und ihre Geschichte Teil des Christentums: von dem ich als Reformierter so wenig absehen kann wie Sie als Katholik. Die Institutionalisierung des Christentums bleibt ein permanenter Widerspruch – bis zum offenen Verrat – zur Herausforderung der Bergpredigt. Daß die Kirche nicht alle religiösen Genies verfolgt, sondern einige heiliggesprochen hat, rettet ihre Seele nicht. Sehen Sie den heutigen Hauptdarsteller dieser Kirche an! Eine wichtige Figur – für Polen. Für die »Kirche der Armen« ein Ärgernis, eine Entmutigung. Ich sehe nur noch Scheinwerferlicht – wo ist das Feuer?

*Wenn Sie die beiden großen Figuren Buddha und Christus nebeneinanderstellen: Was haben sie gemeinsam, was unterscheidet sie?*

Im Buddhismus gibt es keine Berufung auf den Einzigen ... alle sind »Gottes Söhne« – oder keiner. Es heißt dort eben: Töte den Buddha! Bei Jesus heißt es: Folge Ihm nach ... Die Verpflichtung einer ganzen Zivilisation auf Christus, der ihre Defizite decken und als Alibi für das Unerschütterliche sündhafter Zustände herhalten muß – eine solche Haltung läßt der Buddhismus nicht zu. Der Christ kann gegen seinen Herrn sündigen – der Anhänger Buddhas nur gegen sich selbst. Das scheint mir eine reifere, weniger kindliche Form von »Glauben«.

Wir erkennen die Religionsstifter nur noch in der Glaubwürdigkeit ihrer Nachfolger. Wenn Lessing recht hat mit seinem Satz, daß man die Religionen an ihren Früchten erkennen soll, dann schmecken die des Christentums bitter – auch für die Christen selbst. »Erlöster müßten sie aussehen, damit ich an ihren Erlöser glauben könnte« (Nietzsche). Dabei hat er ihnen erlaubt, sich selbst zu lieben – wie ihren Nächsten. Aber das scheint noch schwerer, als seine Feinde zu lieben.

*Sie haben bei der genannten Podiumsdiskussion geäußert: »Für mich ist Christus als die antikirchliche, antiinstitutionelle menschliche Existenz schlechthin auch für die künstlerische Arbeit und für die sozialen Kontakte unentbehrlich.« Überraschend ist hier Ihr Akzent auf der künstlerischen Arbeit. Können Sie dies bitte ein wenig erläutern?*

Das war ziemlich vorlaut. Ich denke – oder wünsche mir: aus dem Zentrum, dem Schwerpunkt des Da-Seins zu leben *und* zu arbeiten. Die Selbstverständlichkeit der künstlerischen Arbeit müßte Ausdruck eines Grundvertrauens sein, meinetwegen: eines religiösen. Ein Zen-Meister, der sein Gleichgewicht gefunden hat, schöpft aus dem Ganzen, wenn er schreibt oder malt. Sein Handgelenk ist frei, der Arm schwingt mit, der Körper ist beteiligt. Das können Sie bei der Kalligraphie sehr gut sehen. Dagegen ist unsere Art zu schreiben vergleichsweise ein Schreibkrampf. Da vibrieren nur die Finger. Ich wünsche mir auch künstlerisch eine größere Gelassenheit. Ich möchte auch meine angelernten Erfolgszwänge außer Kraft setzen. Das Bedürfnis, »es zu schaffen«, verbirgt eigentlich ein Sicherheitsbedürfnis. Ich möchte meines Lebens und meines Todes froh werden lernen. Wenn wir das buddhistisch nennen wollen – warum nicht, aber wozu?

*Wie wirken sich religiöse, gar christliche Motive in Ihren literarischen Arbeiten aus? Mir scheinen Motive religiöser Tradition sehr bewußt verarbeitet zu sein in unaufdringlicher, unplakativer Weise. Sind Sie sich der religiösen Tradition vieler Ihrer Motive bewußt? Geht es Ihnen bewußt um einen Beerbungsvorgang?*

Es kommt mir so vor, als hätte ich beim Schreiben eine halbschlächtige Emanzipation von meiner Kindheit versucht. Sie hat mir meinen Stoff geliefert, und ich hänge natürlich daran. Die christliche Prägung unserer Zivilisation hat für plastisches Elend gesorgt.

Die vielen unfreien Seelen, die Beziehungsdefekte, die in meinen Geschichten vorkommen, brauchen gar nicht von Gott und der Welt zu reden, um zu verraten, daß sie aus christlichen Familien kommen. Ich möchte eine Prosa schreiben, deren Form man anmerkt, daß die Probleme, die für mich bisher Themen und Motive waren, zwar nicht gelöst sind – alle Hauptsachen des Lebens sind nicht »lösbar« –, aber ruhig angeschaut werden. Ich verspreche mir viel von der Fähigkeit, die Dinge gelassen zu nehmen. Versöhnlich? Nein. Aber je größer die Widersprüche, desto mehr Ruhe haben sie nötig.

Die Unruhe meiner bisherigen Arbeit hat etwas zu tun mit der Projektion meiner Konflikte auf meine Figuren.

*Ich will Ihren letzten Roman »Licht und Schlüssel« als Beispiel nehmen. Ein Motiv scheint mir zu sein, wozu ja auch Ihr »Therapie«-Buch reichhaltiges Material liefert, daß Leben bei Ihnen immer unter der Notwendigkeit der Rechtfertigung steht. »Daß Leben eine Sünde war« heißt es im Roman, »verstand sich von selbst, denn es war eine unaufhörliche Prüfung, die man aus eigener Kraft nicht bestehen konnte.« Rechtfertigung im Vertrauen auf die »andere Kraft«, wie es im Buddhismus heißt, oder aus »Gnade«, wie es christlich genannt wird?*

Ich kann mit dem Wort Gnade etwas anfangen. Aber nicht mit der Erwartung, daß diese Gnade von außen kommt. Ich *bin* begnadet, oder werde es nie. Die meisten Menschen kommen ein Leben lang nicht dazu, wahrzunehmen, wieviel Gnade ihnen gegeben ist. Darum kann ich mit dem Ausdruck »andere Kraft« nicht viel anfangen. Wenn es Gott gibt, hat er uns alle Mittel, ihn wahrzunehmen, mitgegeben. Wir müssen sie nur gebrauchen. Die Wahrheit, die uns zusteht, ist zuerst die der

Sinne. Wenn die Wissenschaft oder die Moral von dieser Sinnenwahrheit absehen und eine andere Instanz anrufen, so tun sie einen Schritt zu viel, ins Unmenschliche. Entweder zeugen wir von Gott, wo wir sind – oder wir mißtrauen seiner Schöpfung und machen uns ärmer, als er uns wollte.

*Was ist mit dem Motiv der Rechtfertigung? Ist das etwas, was einen Schriftsteller heute in seiner bürgerlich – widersprüchlichen Existenz angeht? Sich rechtfertigen zu müssen wo man lebt, wie man lebt, was man lebt?*

Meine Figuren meinen sich rechtfertigen zu müssen – sie kommen damit an kein Ende. Und nicht einmal in die Nähe des Anfangs von Weisheit. Ich möchte ihnen den Unglauben an sich selbst abgewöhnen. Für mich ist Rechtfertigung ein Wort des Teufels! Denn: In allen wirklich menschlichen Kontakten können sie sich nicht rechtfertigen und erwarten auch keine Rechtfertigung vom anderen. Sie würden jemandem ins Gesicht lachen, der von ihnen erwartete, ihre Liebe zu rechtfertigen. Die Liebe ist ihr eigener Grund. Wenn die Religion nicht ihr eigener Grund ist, dann kann ich mir keine Gründe verschaffen. Das ist protestantischer Aberglaube – hoffentlich macht es Gott keinen Eindruck.

Warum muß ich etwas leisten, um geliebt zu sein? Ich möchte einmal nicht gut sein – sondern gut genug.

*Ein weiteres Motiv ist das Verhältnis von Leben und Tod, Tod und Leben. Die Hauptfigur des Romans, ein Vampir, ist ja selber ein Untoter, eine Grenzfigur also, der eine Frau ins Leben zurückerzählt und selber ins Leben kommt. Beinahe so etwas wie eine Christusfigur, die aus dem Tod ins Leben erweckt ist und Menschen aus dem Tod ins Leben zurückholt. Oder ist diese Assoziation ganz unerlaubt?*

Jedenfalls ist sie ergänzungsbedürftig.

Es ging mir in diesem Buch darum, Kunst als Geschichte zu erzählen, und nicht darum, eine Geschichte kunstvoll zu erzählen. Der Vampir ist eine Kunstfigur und zugleich eine Testfigur für die Tragweite und die Heilkraft von Kunst. Er ist ein Untoter, das hat mich angezogen: weder tot noch lebendig. Das hat er mit der Kunst gemeinsam. Aber dies bedeutet nicht, daß Kunst nichts bewirkt. Ich habe versucht, meine Kunstfigur sowohl zu testen, als auch sie in Versuchung zu führen, indem ich sie dem bedrohten Leben – einer Kranken – ausgesetzt habe. Ich kann Ihre Ansicht nicht teilen, daß er sie ins Leben zurückholt, das tut sie selbst. Umgekehrt wird er nicht gerettet oder »erlöst«. Die Geschichte geht ja ohne ihn weiter. Und was von ihm übrig ist, das ist keine Position, sondern allenfalls eine negierte Negation. Kurz: Das Buch zeigt auf, daß seine Probleme für mich nicht gelöst sind. Wären sie es, hätte ich kein Interesse gehabt, dieses Buch zu schreiben. Das ganze ist für mich eine Fortsetzung der Diskussion aus »Literatur als Therapie« mit anderen Mitteln. Ein Kunstwerk braucht zum Glück kein Resultat.

*Wo ist die Grenze dessen erreicht, was Literatur an Religiösem nicht mehr darstellen kann, nicht mehr darstellen sollte? Wo geht Literatur in Religion über? Wo muß sie sich möglicherweise im Sinne Kierkegaards selbst relativieren zugunsten des religiösen Glaubens?*

Ich sehe diese Grenze nicht. Ist nicht schon Ihre Annahme eine Art Blasphemie? Entweder tue ich mein Handwerk in Gott und durch Gott, dann braucht es nicht religiös etikettiert zu werden. Oder ich tue es heillos, mache mich und andere unglücklich damit, dann hilft das religiöse Etikett auch nichts.

*Wo treffen sich Religion und Literatur? In der Beschreibung des »strukturellen Menschen«, wie sie schreiben, in der Hoffnung auf das Paradies? Was heißt »struktureller Mensch«?*

Der Mensch als sich und die anderen nicht befragender Teil eines gesellschaftlichen Systems, auch eines »religiösen« Systems. Wenn die Ordnung gestört ist, miteinander und in uns selbst, uns aber zugleich Ordnung verschrieben wird, kann das, was ich Paradies nenne, nur in Gestalt eines Schocks, Eklats, einer Überraschung auftreten. Paradies (sehr wohl von dieser Welt!) ist nur im Widerspruch zur »Welt« deutlich zu machen. Natürlich gibt es auch einen Konformismus des Aufbegehrens. Ich glaube, das Schöpferische erkennt man an seinem Gleichgewichtssinn: es sucht die »andere Seite«, um die Welt in der Schwebe zu halten.

*Eine letzte Frage: Auf der einen Seite beschreibt Literatur beschädigte Existenzen und kann das Paradies nur punktuell, im*

*Widerstand, wie Sie sagen, benennen. Andererseits hat Literatur auch heilende Funktion, wenn man bedenkt, daß sie aus dem Zauberspruch, aus der Magie, aus dem Ritus kommt. Ist aber nicht nur in Religion das verbürgt, was Literatur nur suchen kann: Heil?*

Cioran sagt irgendwo sinngemäß: es lohne sich nur über das zu schreiben, was man sich keinem Menschen zu sagen traue, nicht mal sich selbst. In diesem Sinne kann Literatur gar nicht »negativ« genug sein. Wir alle wissen, daß in Partnerschaften die tiefen Wahrheiten, das Vermeiden der Lügen zwar Konflikte schaffen, aber befreien. Für die Literatur spielt möglicherweise auch die Beschwörung der Dämonen immer noch eine Rolle: das Zitieren der Dämonen vermenschlicht sie, bringt sie nahe und zum Sprechen, sie erzählen ihre, unsere Geschichte ... Ich glaube, es ist einfach so: Die Literatur ist das Medium, in dem die Zivilisation und der Autor am ehesten ihre eigene Unsicherheit erfahren. Die Literatur sucht die kräftigsten Wörter, um anzudeuten, daß sie nicht das Letzte hat. Ja, sie könnte Ausdruck der Hoffnung sein, daß das letzte Wort über uns nie gesprochen wird.

# Das wäre meine Religion: Nicht allein zu sein. Über den Katholizismus, ein Gottesprojekt und das Nationale in der Religion

Gespräch mit *Martin Walser*

---

*Herr Walser, Ihre Büchner-Preisrede von 1981 enthält wichtige Reflexionen über die Gottesfrage, überraschend eigentlich nur für den, der übersehen hat, wie oft Sie sich in ihren literarischen Arbeiten zu Fragen der Religion geäußert haben. Mir ist aufgefallen, daß diese Ihre Äußerungen einmal mehr erfahrungsmäßiger Natur, ein anderes Mal mehr theoretisch-philosophischer Natur sind. In Ihrem Roman »Halbzeit« (1960) findet sich die Passage: »Mit Lissa in der Kirche. Konnte nicht beten ... Die feierliche Amtssprache in der Kirche klang fremd. Kunstgewerbe-Vokabular. Luft aus einem Föhn ... Mein Leben ist in der Gebetssprache nicht mehr unterzubringen. Ich kann mich nicht mehr so verrenken. Ich habe Gott mit diesen Formeln geerbt, aber jetzt verliere ich ihn durch diese Formeln. Man macht einen magischen Geheimrat aus ihm, dessen verschrobenen Sprachgebrauch man annimmt, weil Gott ja von gestern ist«. Wird in solchen Äußerungen auch die Geschichte der Ablösung des Autors Martin Walser von Kirche und Religion sichtbar?*

Zumindest wird die Rolle der Kindheitskirche hier bezeichnet. Das ist ziemlich konkret die Dorfkirche in Wasserburg mit allen Kaplänen und Pfarrern, die je dort gepredigt haben. Typisch für meine Situation dürfte sein, daß ich meine religiösen Erfahrungen im Tagebuch einer Frau untergebracht habe, weil dies zu meinen Prägungen gehört. In den Jahren 1959/60 wäre ich, glaube ich, gar nicht imstande gewesen, eine religiöse Erfahrung als *meine* Erfahrung niederzuschreiben. Das paßt eher für eine Frau. Es ist mir erst viele Jahre später gekommen, daß in diesem Dorf Wasserburg – auch wenn die Männer in die Kirche gingen – die Religion im Grunde eine Sache der Frauen war. Fromme oder betende Männer sind mir immer vorgekommen wie weinende Männer. Die Männer damals, die ich natürlich persönlich kannte, waren dadurch, daß sie so fromm waren, in einen Hauch von Zwielicht getaucht. Auf der Seite, die in der Kirche den Frauen vorbehalten war, konnte man eine intensiv strahlende Frömmigkeit spüren. Wir Männer knieten mehr oder weniger verbogen in den harten Bänken und haben, weiß der Teufel mit welchen Gedanken, den Gottesdienst durchgebracht.

*Kann man also sagen, daß Sie eine traditionelle, bürgerlich-religiöse Erziehung genossen haben?*

Nein. Keine bürgerliche. Es war eine rein bäuerliche. Meine Mutter ist eine Bauerntochter, mein Vater ein Bauerssohn. Beide sind die Erstgeborenen des Hofes. Es war also eine bäuerliche Religion, die mir vermittelt wurde, wenn es auch zwischen meinem Vater und meiner Mutter einen unendlichen Unterschied gab. Beide kommen zwar aus zwei ähnlich kleinen Höfen, die etwa vier, fünf Kilometer auseinanderliegen, aber sie vertreten zwei Religionen. Meine Mutter vertrat eine Religion ähnlich wie Thomas von Aquin – sie selbst kannte diesen Namen natürlich nicht. Sie war gradlinig, hatte aber eine irrsinnige Angst; sie lebte eine Angst-Religion sondersgleichen, obwohl sie praktisch aus nichts gemacht war als aus Religion. Aber gerade weil sie so intensiv religiös war, hatte man gleichzeitig das Gefühl, daß die Religion ihr keine Sekunde lang irgendeine Ruhe gebracht hat. Das hat mir damals schon, als Zuschauer, eine Ahnung gegeben von dem vollkommenen Aberwitz.

*Und der Vater?*

Mein Vater ist Theosoph geworden. Er starb, da war ich elf Jahre alt. Ich fand auf dem Dachboden eine Kiste voller Bücher, theosophische Gebetbücher, Thomas von Kempen und so ... Ich habe sie durchgeblättert. Da waren auch ein paar triviale Bücher darunter: »Unsere Zeit im Lichte der Weissagungen« beispielsweise. Als Kind habe ich darin gelesen, weil er Sätze in diesen Büchern unterstrichen hatte. Das weiß ich noch, aber das hat mir alles nichts gesagt. Also: mein Vater und meine Mutter verkörperten zwei ganz verschiedene Weisen der Religion. Mit ihnen bin ich aufgewachsen.

*Sie haben also durchaus eine katholische Sozialisation durchgemacht?*

Ich bin sozusagen im Mittelalter aufgewachsen. Meine Mutter hat mich vollkommen in ihre Angstwelt eingeschlossen; aber nicht nur mich, sondern auch meine zwei Brüder. Es gibt keinen Bereich, der davon nicht durchdrungen gewesen wäre; vom Essen über das Geld, die Krankheit, den Tod, alles.

*Gab es also so etwas wie traumatische religiöse Prägungen für Sie, die nachwirken bis heute?*

Ja, ich bezeichne mich in meinem eigenen Selbstverständnis als katholischen Krüppel.

*Was heißt das?*

Ich glaube, daß ich verkrümmt bleiben werde in meiner Erlebnisweise. Davon kann ich mich nicht mehr erholen. Das hat nichts mit meiner intellektuellen Emanzipation zu tun. Aber in der Fühlweise, der Empfindungsweise, sozusagen in der Schreckhaftigkeit bleibe ich verkrümmt. Das kommt von meiner Mutter. Da kann ich böse sein oder nicht, da kann ich fluchen oder nicht! Ich weiß, daß ich mich nicht aufrichten werde. Auch wenn ich das, was mich drückt, nicht anerkenne. Ich kann mir klar machen, daß ich nicht imstande bin, zu glauben. Da haben Sie schon das richtige Wort gewählt: es sind traumatische Erinnerungen. In diesem Punkt bin ich verletzt.

*Die Gotteserfahrungen, die aus dieser Zeit rühren, sind also alle angstbesetzt?*

Ja.

*Es gab nie eine andere Seite dieser Kindheit?*

Nein.

*... etwa über das katholische Ritualsystem, die Sakramentenpraxis ...?*

Nein. Das, was ich damit zu tun hatte, war ja hauptsächlich die Beichte, und die war total angstbesetzt. Das war ein verzweifeltes Bohren um die vollkommene Reue. Ich habe mich verkrampft, um diese Reue zu erlangen und habe gleichzeitig gesehen, daß es doch keine Reue ist. Ich fing also wieder von vorne an; wieder eine neue Drehung und immer dieselbe Drehung. Ein unerfüllbares Gebot also. Das war eine Irrsinnsschraube, die meine Mutter in Gang gesetzt hat.

*In welchem Alter begannen Sie, sich kritisch mit der Religion, dem Christentum, auseinanderzusetzen?*

Das Wort »kritisch« ist natürlich zu hoch gegriffen, weil es einen so gelehrten Anspruch besitzt. Ich glaube, daß dieses erfolglose Bemühen, richtig zu beichten, eine im Grunde genommen *praktizierte Kritik* war. Ich bin daran immer wieder verreckt. Irgendwann hört dann das Beichten auf, weil man sich das dann einfach nicht mehr zumuten kann. Dieses Unternehmen wird dann ja zu einer praktizierten Lüge, und diese Lüge ist so primitiv, daß man sie sich nicht mehr gestatten kann.

*Diese Ablösung geschah also nicht über die Religionskritik, über eine eher theoretische Auseinandersetzung mit der Religion?*

Ich habe natürlich Nietzsche gelesen und habe sozusagen geklirrt vor Schauder, wenn ich dessen Formulierungen über das Heiligste las. Ich habe gerade ein Buch geschrieben, in dem der Satz vorkommt: »Mich wird niemals jemand davon überzeugen können, daß ein katholischer Geistlicher lügen könne«. Diese Einstellung kommt durch meine Mutter. Ein katholischer Geistlicher ist für mich eine so besondere Figur, daß der gar nicht lügen kann. Und jetzt müssen Sie sich vorstellen: da liest man dann Nietzsche und bewundert natürlich diese Freiheitsrede, diese Unabhängigkeit. Ein solche Haltung könnte ich mir wahrscheinlich bis zum heutigen Tag noch nicht zu eigen machen.

*Ist mein Eindruck richtig, daß von allen theoretischen wie praktischen Problemen, die Sie in Ihrem belletristischen, aber auch in Ihren essayistischen Arbeiten ansprechen, die Gottesproblematik die am wenigsten wirklich »aufgearbeitete« ist?*

Ich habe ein – sagen wir's schnöde – »Gottesprojekt« vor. Das kann aber nicht belletristisch oder essayistisch beschrieben werden, sondern nur als *meine Erfahrung*. Dieses Projekt läuft schon über Jahre hin. Ich forciere es nicht. Immer wieder kommt etwas hinzu. Die Auseinandersetzung mit der Gottesproblematik kann man nicht so aufarbeiten, daß man danach dann damit fertig wäre. Auch das gehört zu den Verkrümmungen, die ich nicht los werde. Mit ihnen werde ich mich wohl immer herumschlagen müssen.

*Wie hat man sich denn dieses Gottesprojekt vorzustellen?*

Es geht dabei um meine Erfahrungen mit dem Vorhandensein des Wortes »Gott«. Wissen Sie, ich habe Notizbücher, in ihnen mache ich meine täglichen Schreibarbeiten wie der Klavierspieler seine Fingerübungen. Das gehört zu meiner Lebensart. Da merkt man natürlich unwillkürlich, daß bestimmte Motive und Neigungen immer wiederkehren. Dazu gehört die immer wiederkehrende Beschäftigung mit diesem Wort »Gott«. Inzwischen weiß ich, daß das sozusagen eine Spur ist. Ich könnte leicht aus meinen Notizbüchern, die ich mit Registern gut erschlossen habe, irgendwann einmal ein Büchlein herausziehen, das der reinen Erfahrung mit dem Wort »Gott« gewidmet wäre.

*Zwanzig Jahre nach »Halbzeit«, im Roman »Schwanenhaus«, kann man eine Passage nachlesen, in der der Held des Romans auf den blendenden Sonnenglanz, der aus einem Wolkenloch strömt, reagiert: »Wenn er so etwas sah, dachte er immer noch an Gott. Das war eine Vorstellung aus seiner Kindheit. Dieser aus einem Wolkenloch brechende Glanz kommt von Gott. Hinter dem Glanz wohnt Gott ... Er konnte sich sagen, er verfalle, wenn er in diesem, aus den Wolken brechenden Glanz Gott sehe, lediglich einer Vorstellung, die in seiner Kindheit in ihm fixiert worden sei; aber dadurch ließ sich das Gefühl, der Glanz aus den Wolken sei Gott, nicht vertreiben. Dieses Gefühl ließ sich nur widerlegen. Aber das Widerlegen nützt nichts. Die Macht der Vorstellung aus der Kindheit ist nicht durch Widerlegung zu brechen. Du hättest dich entwickeln müssen, denkt Gottlieb Zürn«. Ist mit solchen Reflexionen nicht ein Dilemma formuliert, das generell für die intellektuelle Auseinandersetzung mit der Religion gilt? Mit Rationalität ist die Religion nicht zu widerlegen, aber trotzdem läuft die Auseinandersetzung mit der Religion nicht ohne Rationalität?*

Daß solch ein Wetterphänomen vollkommen religiös besetzt

ist, hängt damit zusammen, daß ich mit dieser Verkrümmung nicht fertig werde. Eine amerikanische Germanistin hat einmal die Metaphern in meinen Büchern durchgezählt und festgestellt, daß die meisten von ihnen aus dem religiösen, aus dem kirchlichen Bereich stammen. Das ist eben die Erbschaft aus der Kindheit, die man nicht auf eine dem jetzigen Empfindungsstand gemäße Ebene heben kann. Und das bleibt das sozusagen Beleidigende daran, dieses widerborstig Infantile in der Gottesvorstellung.

Ich bin im übrigen nicht der Meinung, daß man unbedingt erwachsen werden soll. Diese Sprache, die da glaubt, erst sei man Kind und dann Erwachsener, klärt zuviel. Ich bin in vieler Hinsicht infantil, wenn ich einmal diesen Sprachgebrauch benutzen soll. Ich selbst würde das anders nennen. Aber es gibt Frequenzen, Wichtigkeiten, bei denen ist es – schnöde gesagt – zumindest lästig, immer noch ein Kind zu sein. Man ist dann beides: das Kind und der zuschauende Erwachsene, der urteilt, daß man noch ein Kind sei; man kommt zu nichts und zu keinem Ende. Und manchmal ist die Tatsache, daß ein bestimmter Wesensteil von einem selbst nicht entwickelt werden kann, komisch, ekelhaft, quälend, lächerlich. Dazu gehört auch die Beurteilung, die von der Religion herrührt.

*Es heißt aber auch: »Du hättest dich entwickeln müssen«. Hier wird aus der Erfahrung also eine Selbstforderung abgeleitet. Was ist mit ihr gemeint?*

Na ja, er glaubt oder traut sich, sagen zu können, daß hinter dem Wolkenloch nichts sei. Und immer wenn dieser Sonnenglanz durch die Wolken schaut, dann denkt er wieder an Gott, obwohl er von sich verlangt, zu sagen: Junge, du weißt doch, daß da nichts anderes ist als Atmosphäre. Und doch betest du diesen Sonnenglanz immer noch an. Deshalb: Du hättest dich entwickeln müssen ... Das ist eben diese Ambivalenz.

*Wäre eine Entwicklung denkbar, die nicht auf einen Atheismus hinausliefe, sondern auf eine andere Art von Gottesglauben?*

Jetzt fassen Sie das Problem sprachlich so, daß es erwachsen klingt. Die Frage ist, ob ich das so auch kann. Ich glaube nicht an die Kraft der Sprache zur Verneinung. Wenn Sie das Wort Atheismus ins Deutsche übersetzen, dann heißt das, daß Sie glauben, daß kein Gott sei. Aber in diesem Moment glauben Sie natürlich an Gott. Die Verneinungskraft der Sprache ist null und nichtig. Wenn man ein Hauptwort benutzt, dann nützt es überhaupt nichts, irgendeine Verneinung davorzusetzen. Es handelt sich dabei um eine Täuschung. Wenn man sagt: »Ich glaube an keinen Gott«, dann hat man von Gott gesprochen. Dann ist schon alles gelaufen. Deshalb wird die »Gottesfrage« für den Erwachsenen zu einem Sprachproblem. Also: Ich möchte mir diese billige Spannung zwischen dem infantilen und dem zuschauenden Erwachsenen jedenfalls nicht ein Leben lang leisten. Ich lasse das manchmal eine Romanfigur, wie diesen Dr. Zürn, so erleben. Aber wenn ich selbst das alles notiere, dann überwinde ich gerade dadurch diese Stufe.

*Gott wird also zum Sprachproblem, zur Sprachaufgabe?*

Ja, einige Versuche habe ich bereits unternommen. Ich will mit nichts allein sein, ob es jetzt die Sache mit Gott angeht, Sexualität, Politik, Geld oder das Auto – ich will mit nichts allein sein. Meine bisherigen Veröffentlichungen, die mit Gott zu tun haben, sind immer Erlebnisse, die ich mitteile, um dann zu sehen, wie andere darauf reagieren. Ich habe natürlich auch von Gott geredet, wenn ich einen Aufsatz beispielsweise über die Frage geschrieben habe, was ein Schriftsteller sei. Ich bin ja der Meinung, daß Literatur bastardisierte Religion ist. Literatur ist entstanden als Auslegung der Religion. Das heißt: Religion ist sprachliche Reaktion auf unser Dasein, so wie Literatur sprachliche Reaktion darauf ist. Religion und Literatur sind nicht Darstellung, sondern Antwort auf die Lebenssituation. Ich verwende also das Wort »Gott« ganz gerne, um zu sehen, wie andere darauf reagieren.

*Wofür steht denn das Wort »Gott«, wenn es zum Sprachproblem wird?*

Der kollektive Autor Menschheit hat als seine größte Figur Gott geschaffen. Mir fällt ein, was mir fehlt: das ist die Grundlage der Schriftstellerei. Das ist auch die Grundlage der Religion, das ist die Grundlage unserer Sprache: weil wir etwas *nicht* haben, haben wir die Sprache. Wenn wir Gott hätten, hätten wir kein Wort dafür. Nur für den Mangel braucht man die Wörter. Das Großartige an der Gott-Figur ist seine Herkunft aus unserer Geschichte, weil wir damals noch ein kollektiver Autor waren. Alle Menschen zusammen haben aus der Gesamtnot ihrer Existenz heraus diese größte Figur geschaffen. Einer Figur wie Gott können wir alles zuschieben, was uns fehlt: Allmacht, Allgegenwart, Unsterblichkeit u.s.w. Nicht Gott hat *uns* geschaffen, sondern *wir* haben Gott geschaffen. Wir könnten nun durchaus wieder solch ein Gesamt-Autor sein. Denn wir sind nicht schwächer geworden, und die Not ist auch nicht kleiner geworden. Aber wir hindern uns selbst andauernd dadurch, daß wir frühere (religiöse) Antworten verdinglicht und verfestigt haben, sie anstrengungslos, mechanisch, gewissermaßen transportierend benutzen. Deshalb meine ich: Die Literatur ist die aktuelle Religion. Noch heißt sie nicht so, aber sie ist es. Deshalb ist auch das Wort »Gott« ein Wort früherer Zeiten.

*Ein Wort also, das erstarrt ist?*

Ja, wenn Sie es böse diagnostizieren. Ich würde das so nicht sagen. Wir können natürlich nichts aufgeben. Der lächerlichste Quatsch ist zum Beispiel der sogenannte Atheismus des Marxismus. Er ist selber eine Religion und will eine andere verbieten. Das ist schon kabarettreif. Man muß das Wort Gott nicht aufgeben, es müssen alle Traditionen mitschwingen können. Ich meine also nicht, daß man etwas zurücklassen muß.

*Es ist vielleicht symptomatisch für unsere kulturelle Situation: mit vielen Figuren der Geistesgeschichte haben Sie sich immer wieder auseinandergesetzt, mit Marx und Freud, mit Sozialpsychologie, Linguistik, Soziologie. Ich habe nirgendwo gefunden, daß Sie sich mit Theologie jemals ernsthaft befaßt hätten. Ist die Theologie Ihrer Meinung nach irrelevant zur Erhellung der Lebensbedingungen unserer Zeit?*

Ich habe mich nicht mit Marx, Freud, Sozialpsychologie oder Linguistik auseinandergesetzt. Dazu reicht meine Bildung nicht aus. Hier und da konnte ich einen Satz von Marx brauchen und einen Satz von Freud nicht. Ich habe an einer Philosophisch-Theologischen Hochschule mit dem Studium begonnen, und zwar in Regensburg; nicht freiwillig, sondern weil ich, als Jahrgang 27 und unverfolgt, einer richtigen Universität nicht würdig war. So ging ich denn an eine Philosophisch-

Theologische Hochschule und habe dort Scholastik gehört. Erst viel später, als ich »draußen« war, mich wehren und arbeiten mußte, habe ich dann zurückgeschaut in den akademischen Bereich und habe dann Marx, Freud und Karl Barth so an der Nase vorbeigeschwenkt. Natürlich sah ich, daß ich beispielsweise Karl Barth für meine Beschäftigung mit Kafka sehr gut brauchen konnte. Wenn ich Universitätsprofessor wäre, würde ich die Barth'sche Theologie sehr ernst nehmen. Aber von der katholischen Theologie habe ich niemals etwas an der Nase vorbeischwenken können.

*Ist es nicht vielleicht symptomatisch für unsere Kultur, daß ein Schriftsteller von einigem Rang in der Bundesrepublik Theologie als eine Art geistige Herausforderung heute nicht unbedingt wahrnimmt, nicht zur Kenntnis nimmt?*

Natürlich, Freud nimmt jeder zur Kenntnis. Ich sage immer: Das ist der Supermarkt, in dem sich jeder bedient, auch der, der ansonsten den Supermarkt verabscheut. Aber im Freudschen Supermarkt bedient sich jeder. So ist es auch im Marxschen Supermarkt. Es kann schon sein, daß die Theologie in dieser Hinsicht nicht so effektiv ist.

*... was ja nicht schlecht wäre, höre ich jetzt heraus?*

Sehen Sie, ich habe damals Romano Guardini gehört. Ich habe versucht, ihn zu lesen. Aber er hat mir absolut nichts gesagt. Ich sehe ihn noch vor mir, das war eine Art Parfüm, für das ich meine Nase nicht ausgebildet habe.

*Sören Kierkegaard, der dänische Theologe, scheint für Sie die große Ausnahme zu sein. Welche Herausforderung geht von diesem Mann aus, daß Sie sich immer wieder auf ihn beziehen?*

Er interessiert mich, weil er dargelegt hat, daß Glaubensprobleme immer Sprachprobleme sind. Endlich findet man einen Zugang zum Phänomen des Glaubens, nachdem man die ganze Zeit gedacht hat: Was ist denn das eigentlich? Die Theologen glauben doch selbst nicht, was sie da schreiben! Diese Positivität der Glaubensaussagen! Ob Simone Weil oder Teilhard de Chardin, auch feinste Geister sind noch in ihrer Feinstheit in einer Positivität befangen, die das Durchzittern und all die verschiedenen Stadien des Glaubens nicht einfängt. Kierkegaard ist da für mich die ernsthafteste Figur...

*... die ja verbunden war mit einem sehr entschiedenen Christusglauben und Gottesglauben!*

Das sagen Sie jetzt! Das sagen Sie dem Autor von »Furcht und Zittern« nach! Die Gewißheit des Glaubens ist erkenntlich an seiner Ungewißheit. Es ist unethisch, beim Religiösen vom Äußeren auf das Innere zu schließen.

*In Ihrer Büchner-Rede heißt es: »Ob ein Kind, das in einer komplett atheistischen Familie aufwächst, noch erschreckt, wenn es 15 oder 19 wird und selber erlebt, daß Gott fehlt? Oder vermißt so jemand überhaupt nichts?« Was hat Sie veranlaßt, so scharf die Frage nach dem Fehlen Gottes zu stellen? Ich vermute, es war mehr als der äußere Anlaß der Büchner-Lektüre. Oder gar der Preisrede.*

Es ist genau die zitierte Frage. Ich kann Sie nur hinausrufen, um zu hören, ob jemand darauf etwas sagt. Ich habe eine geistliche Meisterin, Maria Menz, eine Dichterin im Ried bei Biberach, deren Werk ich mitherausgegeben habe. Diese Frau, die jetzt 80 ist, eine große religiöse Dichterin, eine Lyrikerin, besitzt eine sehr direkte Sprache. Und da sie einen unübertrefflichen Ernst hat und ihr Anliegen durch nichts mildern kann – sie erinnert mich in manchem an meine Mutter –, kann man an ihren Gedichten lernen, daß auch heute die größtmögliche Glaubensfähigkeit zugleich eine vollkommene Unfähigkeit ist. Diese Frau redet in die Richtung Gottes seit 60 Jahren und hat noch nicht eine Sekunde Antwort erhalten. Aber sie hört nicht auf, in diese Richtung zu reden.

*Und diese Frau nennen Sie Ihre geistliche Führerin?*

Sie ist eine Meisterin. Sie hat Rang. Ihr gegenüber bin ich ein plätschernder Lehrling. Ihre Ernsthaftigkeit ist unüberbietbar. Dagegen bin ich eher spielerisch. Die Gottesrichtung ist ihre einzige Richtung. Ich lenke mich immer wieder ab.

*Sie steht also in einem Zentrum, das Sie nur umkreisen?*

Sie ist nicht in einem Zentrum, sie ist gerichtet. Sie kommt keine Sekunde lang von der Gottesproblematik weg. Alles ist durchwachsen von dieser Frage. So wie bei Kierkegaard. Sie hat das alles nie intellektuell problematisiert wie Kierkegaard. Kierkegaard ist ein Fintenkönig. Er ist ein sprachlicher Virtuose, aber er kommt auch nicht weiter. Frau Menz rennt quasi in mystischen Attacken immer wieder gegen diese Stelle an, wo Gott sein könnte, aber sie spricht in ihren Gedichten keine Sekunde lang positiv von Gott.

*Es fällt auf, daß Sie die Chiffre »Gott« häufig kulturkritisch benutzen. Sie sprechen dann vom herrschenden Gott unserer Zeit, von »unserem Gott«, dem wir nachlaufen ... Theologisch würde man sagen: das sind die Götzen unserer Zeit. Sie müssen im Namen des »wahren Gottes« (christlich verstanden) gestürzt werden. Geht Ihre kulturdiagnostische Kritik an diesen »Göttern« in die gleiche Richtung? Oder bleibt Ihre Kritik als Kritik stehen, die Frage als Frage, das Dilemma als Dilemma?*

Eine kulturkritische Variante dieses ganzen Komplexes könnte ich mir nur denken, soweit die Religion eine gesellschaftliche Macht ist und das auch sein will. Das ist dann für mich durchaus nicht ekelerregend oder bemitleidenswert. Anteil an der Kirche nehme ich, weil ich die Kapläne liebe. Wir hatten damals zwei Kapläne, und einer von den beiden besaß alle Bände von Karl May. Und deshalb sind wir als Buben immer scharenweise zu diesem Kaplan hinausgewandert, haben ihm unsere alten Karl-May-Bände gebracht und die neuen bei ihm geholt. Ich trete deswegen nicht aus der Kirche aus. Ich bezahle meine Kirchensteuer sozusagen als nachgezahlte Bibliotheksspende für diese Bücher, die ich bei diesem Kaplan geholt habe. Die Bücher haben mir sehr viel bedeutet. Das war eine Kirche, die ich nicht vergesse, eine liebenswürdige, eine schöne Kirche. Aber die offizielle Kirche, die ich jetzt als Zeitgenosse erlebe, finde ich furchtbar. Die ist genauso furchtbar wie der Literaturmensch – Professor oder Kritiker –, der ein Klassikerzitat, beispielsweise von Goethe, Fichte oder Hölderlin, zur Legitimierung von Macht einsetzt. Genau das passiert in der Kirche. Aber im Grunde ist mein Interesse an Kulturkritik nicht sehr groß.

*Mir fiel auf, wie stark Sie in Ihrer Heine-Interpretation (in: Liebeserklärungen, 1983) die religiöse Komponente dieses Autors herausstellen. Heine sei »ununterbrochen« religiös gewesen. »Ich kenne kaum weisere und bescheidenere Religionsgespräche mit Gott als die seinen«, heißt es. Am Ende habe er »die Kostüme, Masken und Attitüden« abgeworfen. Der Eindruck drängt sich auf: Wer Heinrich Heine so beschreiben kann, muß eine innere Nähe zu ihm haben. Repräsentiert Heine für Sie so etwas wie eine mögliche, lebbare Verschwisterung von Religion und kritischem Bewußtsein? Hat er beispielhafte Bedeutung, auch für heute?*

Ich bin Ihnen dankbar, daß Sie dieses Thema jetzt anschneiden. Wir hätten es nicht vergessen dürfen. Bei mir spricht da der reine Neid, und zwar ein Neid, für den ich persönlich nicht haftbar bin. Heine hat zur Religion gefunden in einer positiven Form, weil er damit zum Judentum fand. Das Religiöse war zugleich das Nationale. Und das Nationale war die zeitlebens fehlende Identität. Am Schluß ist er dann ein gläubiger Jude geworden. Er ist ein Gläubiger geworden, weil er dadurch ein Jude werden konnte. Diese historische Beschreibung von Heinrich Heine hat zunächst einmal mit mir nichts zu tun.

Was meine Haltung dazu angeht, so möchte ich ein Beispiel nennen: es gibt da einen evangelischen Verlag, der Bibel-Assoziationen herausgibt. Man bekommt einen Bibelspruch ins Haus geschickt und wird gebeten, dazu etwas zu sagen. Ich habe mich dieser Aufgabenstellung gegenüber eher polemisch verhalten. Ich merkte, als ich diese kleinen Arbeiten erledigt hatte, daß ich zu meinem Erstaunen eine immer polemischer werdende Einstellung zur Bibel einnehmen könnte. Ich sehe einen lächerlichen Standpunkt in mir wachsen, nämlich den des nationalen Ressentiments. Ich wünschte mir fünf Jahre, in denen ich nichts anderes tun möchte als nachzuweisen, daß die größte Mißweisung dadurch entstehen kann, daß man Religion mit Hilfe von Aposteln und Missionaren von da nach da trägt unter der Devise: Geht hinaus ... und nehmt den Kelten ihre Bäume und ihre Quellen und gebt ihnen dafür Statuen und geistige Werte. Ich glaube, daß wir Völker nördlich der Alpen unendlich beraubt sind. Ein Beispiel: Der Abt der Kirche von St. Gallen verbot den Menschen das Jodeln in der Kirche. Daß er es verbieten mußte, setzt voraus, daß dort gejodelt wurde. Also: Es geht um die Beraubung vorhandener Traditionen durch den Import der Religion. Wir sind unserer Fruchtbarkeit beraubt worden.

*Sie meinen jetzt uns Deutsche?*

Nicht nur, auch die Polen, Niederländer, Franzosen, die Skandinavier … Was ich in mir als Peinlichkeit dem Religiösen gegenüber empfinde, muß auch damit zusammenhängen, daß ich einer beraubten Tradition angehöre. Ich sage das jetzt ein bißchen vorschnell, weil dieser Gedanke zu meinem Gottesprojekt gehört. Damit muß ich mich noch intensiver beschäftigen.
*Sie wollen also – etwas ironisch formuliert – den »Fall Bonifatius« wieder aufrollen?*
Ich gehe davon aus, daß Mission immer imperialistisch ist. Natürlich müssen wir dankbar sein, daß uns die Römer den Obstbaum und den Weinbau gebracht haben. Aber die Römer waren gleichzeitig bescheidener, sie haben uns keine Religion gebracht; natürlich kann man sagen: weil sie keine hatten oder nicht dazu imstande waren. Aber sie haben den Weinbau gebracht und nicht Gott.
Inzwischen habe ich einen Verdacht, den ich einfach nicht loswerde. Ich habe einmal einen Altskandinavisten gefragt, wie die Bekehrungen eigentlich zustande kamen. Und da hat er gesagt: Ja, nur über die Könige. Die Könige haben zuerst gemerkt, was man mit der Religion machen kann. Kaiser Nero zum Beispiel hatte ein äußerst großes Interesse an Christus. Er merkte, welches Herrschaftsinstrument der Monotheismus sein kann. Deshalb meine ich: Alles, was von der Zentrale kommt, kann nur schlecht sein, weil es Machtausübung bedeutet. So ist uns also, was die Religion angeht, vielleicht verlorengegangen, was wir im Grunde im Tiefsten immer noch in uns haben.
*Eine generelle Frage, Herr Walser. Die Gottesfrage taucht ja in Ihren Arbeiten häufiger auf, dagegen die Figur des Jesus von Nazareth fast gar nicht. Lediglich in Ihrem Essay zu Robert Walser kann man einiges Kritische dazu lesen, wie Robert Walser zu seinem »Liebling Jesus« gestanden habe. Dennoch ist spürbar – gerade in der Auseinandersetzung mit Robert Walser –, daß dieser Jesus auch für Sie eine Bedeutung hat. Welche Bedeutung hat er für Sie?*
Jesus ist für mich eine Peinlichkeit, weil ich natürlich weiß, daß man gegen ihn nichts haben kann. Andererseits ist er eine ärgerliche Figur wegen seiner Anmaßungen. Von meiner Kind-

heit her ist er auch dieses Jesulein – da bin ich wieder der Gespaltene. Und dieses Jesuskind hat sich als Unangreifbarkeit erwiesen. Ich kenne niemanden, der etwas gegen Mozart hat. Gegen Mozart und Jesus kann im Grunde niemand etwas haben. Und doch stört mich an Jesus diese Anmaßung. Ich habe mich immer davor gedrückt, dazu Stellung nehmen zu müssen. Ich muß mich vorerst für krank erklären, wenn von Jesus die Rede ist; weil ich einerseits nichts gegen ihn haben kann und andererseits gerne sehr viel gegen ihn hätte. Das gehört zu meinen Hausaufgaben, die ich noch nicht gemacht habe.

*Die Unterscheidung von Lessing zwischen der christlichen Religion und der Religion Christi als einem kritischen Instrumentarium war also für Sie nie von Bedeutung?*

Nein, die Anmaßung kommt ja von ihm, sie ist keine nachträglich hinzugefügte Sache.

*Religion ist auch Verpflichtung, ist Ethik. Verpflichtet Religion in Ihrem Verständnis zu etwas?*

Wenn ich mich verhalte, fühle ich mich am meisten abhängig von den Leidensbeispielen meiner Eltern. Sie haben, glaube ich, ein für allemal mein Verhältnis zur Machtausübung, zum Gutsein oder Nichtgutsein geformt. Ich glaube auch, daß die gesamte Gesellschaft auf eine Art Eltern-Ersparnis beruht und daß wir von einer Substanz leben, die wir nicht mehr weiterproduzieren. Die Religionen, und speziell die christliche Religion, haben einen sehr großen Anteil an dieser Gutseins-Sparkasse.

*Sie schrieben Ende der 70er Jahre in Ihrem Essay »Wer ist ein Schriftsteller?«: »Daß der Inhalt der christlichen Wünsche immer noch reine Utopie ist, daß wir immer noch Herrschaft dulden, daß wir von Gerechtigkeit immer noch nicht viel mehr haben als die Idee u.s.w., das ist, wenn man es direkt ausspricht, eine Behauptung, die von den übermächtigen Instanzen der Herrschenden durch übermächtige Gegenbehauptungen weggewischt wird«. In diesem Zusammenhang eine letzte Frage: Gibt es für Sie so etwas wie ein »Sinnziel« der Geschichte, einen gesellschaftlichen Zustand, in dem diese Wünsche letztlich erfüllt sind und sich Religion, damit auch das Christentum, überflüssig gemacht hat?*

Das stellt sich mir so dar, daß eben die Literatur die zeitgenössische Erscheinungsweise von Religion ist. Man kann hier nicht an ein »Ziel« denken. So zu denken, ist eben fatal christlich und daran dürfen wir leiden. Daß man das Leben nicht mehr aushält, ohne sich ein Ziel vorzustellen, rührt, denke ich, von dieser Beraubtheit her. Man ist ja nicht das Ganze, man ist ein Teilchen, und als solches kann man gar kein Ziel haben und kann auch nicht vom Ganzen mit einem Zielbild sprechen. Daß uns solche Vorstellungen über »Ziele« eingebleut sind, ist das Christliche an unserem Vorstellungs-, Gefühls- und Daseinswesen. Ich würde mir gerne eine Kraft einbilden, die wiederum das Christliche relativierte und uns wieder erlaubte, auf eine andere Weise religiös zu sein.
Also nicht religiös sein auf ein Ziel hin, Erübrigung der Utopie. Ersatzloses Streichen des Prinzips Hoffnung. Der Himmel ist auf Erden und auch da nicht in der Zukunft, sondern jetzt. Nur etwas, was hinter uns liegt, kann uns leiten oder helfen oder retten. Könnte es sein, daß wir durch die christliche Religion Individuen geworden sind? Auf jeden Fall sind wir dadurch auch unglücklich geworden. Wir können fast nichts mehr mit anderen teilen. Aus meinem Leben ergibt sich der Wunsch, das Bedürfnis: alles mit allen gemeinsam zu haben. Das wäre meine Religion: nicht allein zu sein.

# »Der Gang zu den Dichtern«: Über die gegenseitige Herausforderung von Religion und Literatur

*Karl-Josef Kuschel*

Wie gehen Schriftsteller unserer Zeit mit dem Thema Religion um: das war die Grundfrage dieses Buches. In der Zusammenschau kann jetzt zum Abschluß gefragt werden: Worin liegt der Erkenntniswert dieser Gespräche, die inhaltliche Herausforderung für die religiös-theologische wie literarisch-ästhetische Reflexion? Es lohnt sich, das vorliegende Material noch einmal im Querschnitt zu betrachten und nach thematischen Gliederungspunkten zu strukturieren, um ein klares Spiegelbild von den zentralen Topoi der Gespräche zu erhalten.

## *Von der Doppelgesichtigkeit der Religion*

1. Wer könnte als Theologe unbetroffen sein von dem, was hier zum Thema *Kirche* und zur *individuellen religiösen Sozialisation* ausgesprochen wurde? Mag diese Kritik von der aktuellen politischen Diskussion um den Frieden bestimmt (»Wer sich heute für Rüstung erklärt, kann nicht mit dem Argument kommen, auch diese diene am Ende irgendwie dem Frieden – so wie es manche Würdenträger beider Konfessionen gerne hätten« *W. Jens*), mag sie von der allgemeinen gesellschaftlichen Entwicklung der Großkirchen ausgelöst sein (»Ich finde ja die Entwicklung des deutschen Katholizismus nach dem Krieg schlimmer als je zuvor, auch des politischen, etablierten, organisierten, korporierten Katholizismus« *H. Böll*): alle Gesprä-

che zeugen von einem Gefühl der »*Kirchenfremdheit*« (H. Böll), gleichgültig ob Protestantismus oder Katholizismus autobiographischer Hintergrund waren.
Mehr noch: Was Böll für sich nicht gelten ließ, läßt sich bei Martin Walser, aufgewachsen in der katholischen Region des Bodensees, oder bei Adolf Muschg, großgeworden an der »Goldküste« (rechtes Zürichsee-Ufer) des protestantischen Zürich, mit Händen greifen: *Kirchenvergiftung* könnte man es nennen, in Anlehnung an Tilmann Mosers Buch »Gottesvergiftung«. Als »katholischen Krüppel« bezeichnet sich ein Mann wie Martin Walser, und im Gespräch über Religion wird für den 57jährigen Autor eine Zeit lebendig, von der man nicht für möglich hält, daß sie schon ein halbes Jahrhundert zurückliegt. Deutlich wird, wie tief die katholische Sozialisation Walser zeitlebens geprägt hat. Der Grund: »Ich bin sozusagen im Mittelalter aufgewachsen. Meine Mutter hat mich vollkommen in ihre Angstwelt eingeschlossen.«
Die Probleme, von Walser angesprochen, sind von grundsätzlicher Bedeutung: *Mutterbindung* und *Angst* als Wurzeln einer defizitären Religiösität. »Ich glaube, daß ich verkrümmt bleiben werde in meiner Erlebnisweise. Davon kann ich mich nicht mehr erholen. Das hat nichts mit meiner intellektuellen Emanzipation zu tun. Aber in der Fühlweise, der Empfindungsweise, sozusagen in der Schreckhaftigkeit bleibe ich verkrümmt. Das kommt von meiner Mutter«. Und zur Illustration der Angstwelt des Katholizismus verweist Walser auf die *Beichtpraxis*, die »total angstbesetzt« gewesen sei: »Das war ein verzweifeltes Bohren um die vollkommene Reue. Ich habe mich verkrampft, um diese Reue zu erlangen und habe gleichzeitig gesehen, daß es doch keine Reue ist. Ich fing also wieder von vorne an; wieder eine neue Drehung. Ein unerfüllbares Gebot also. Das war eine Irrsinnsschraube, die meine Mutter in Gang gesetzt hat.«
Ähnlich der im protestantischen Schweizer Milieu aufgewachsene *Adolf Muschg*. Die aus der Kindheit stammende Angstbesetztheit der Gotteserfahrung entsprang für ihn naturgemäß nicht der Beicht-, wohl aber der Erziehungspraxis des eigenen Vaters. Dieser hatte seine Rolle offenkundig mit Hilfe seines

eigenen Gottesbildes legitimiert (aus dem richterlichen Gott-Vater im Himmel wurde ein sehr irdischer richterlicher Vater-Gott), Bauerngeschichten »in einer für mich heute erschrekkenden Selbstgerechtigkeit« nach dem »Schwarz-Weiß-Muster gestrickt« und »jeden Samstagabend Gericht gehalten – auch über seine Frau«. Traumatisch blieb aber auch für Muschg das Verhältnis zu seiner Mutter. Da »Religion« und »Gott« – so die Anamnese des nun 50jährigen Sohnes – bei der Mutter »Decknamen« für Defizite gewesen seien und er als ihr »Geschöpf« einzustehen gehabt habe »für das, was uns beiden fehlte«, sei ein wirklicher Durchbruch in der religiösen Entwicklung lange Zeit verhindert worden: Sie bediente sich der religiösen Sprache, meinte aber etwas sehr viel Einfacheres: ›Sorge dafür, daß ich gelebt haben darf. Sei der lebendige Beweis dafür, daß ich alles recht gemacht habe!‹«. Die Folge? Die Mutter mußte stets »geschont« werden, man war angehalten, bei ihren »religiösen Fiktionen« mitzuspielen; das Leben stand so »im Zeichen der Fortsetzung dieser ›religiösen‹ Kinderpflicht«. Wahre Emanzipation von dieser Form von Religion (etwa durch Religionskritik) war so nicht möglich: »Ich hätte das Gefühl gehabt, ich bringe meine Mutter damit um. Es war eine erpresserische Lebenssituation, die ich selber weiter gepflegt habe. Wir waren beide sehr geschickt darin, unsere infantilen Verhältnisse weiterzupflegen. Die größte Enttäuschung war für mich, daß sie eigentlich von meiner Entwicklung keine Kenntnis genommen hat, es sei denn, sie hätte in meinen Büchern etwas Anstößiges gefunden, womit ich ihren Erziehungserfolg – also ihre Lebensleistung – in Frage stellte.«
Infantile Verhältnisse, Vater-Mutter-Bindung, Angst, seelische Verkrüppelung: wenn Schriftsteller über Religion reden, reden sie häufig über sich selbst. Gefragt nach *Religion*, beginnen sie von der *eigenen Lebensgeschichte* zu erzählen. Auseinandersetzung mit Religion ist so offenbar stets auch Auseinandersetzung mit sich selbst, der eigenen Person, Geschichte und Identität. Gesellschaftsanalyse und Seelendiagnose, Introspektion und Außenbeobachtung verbinden sich zu einem komplexen, oft langwierigen Versuch der Selbstbefreiung aus traumatischen Prägungen. Dieser Aspekt des Umgangs mit

Religion ist selbstverständlich kein Spezifikum der Literaten (und somit nicht eigentlich originell), aber Schriftsteller vermögen stellvertretend für Ungezählte ihre Erfahrungen öffentlich auszusprechen. Und Aus-sprache ist selber schon – nach Freud – ein Akt der Befreiung. Drei weitere Aspekte scheinen mir charakteristisch für literarische Auseinandersetzung mit diesem Thema.

2. Der autobiographische Hintergrund läßt verständlich werden, warum Walser und Muschg ihre *Kirchenkritik zur Christentumskritik erweitern.* Sie treffen sich hier mit Aussagen eines Wolfdietrich Schnurre, der sich selber (in freilich differenzierter Form) als »Atheisten« bezeichnet. Für *Adolf Muschg* hat das verbürgerlichte Christentum seine spirituelle Kraft verloren. Die nötige »Lebenskunst« traut er ihm nicht mehr zu. Positives Gegenbild dazu ist der *Zen-Buddhismus*, den Muschg durch einen Japan-Aufenthalt kennenlernte und zu dem er sich so hingezogen fühlt, daß er sich künftig auch dessen harter Praxis zu unterziehen bereit ist (»um meine Grenze kennenzulernen«). Die Gründe für diese neue Faszination des Buddhismus: »Vielleicht hat es etwas damit zu tun, daß keine (nennen wir es einmal so) ›Religiosität‹ so klar wie der Buddhismus hinausweist über untaugliche Alternativen wie Körper-Geist, Körper-Seele, Gut und Böse, Schwarz und Weiß. Keine so sehr die Chance des Durchbruchs dieser Raster eröffnet. Keine weniger das Bedürfnis zu missionieren und auszugrenzen. Keine selbstverständliche Lebenskunst, Lebensweisheit, Liebe zum Alltag, Liebe zur Kleinigkeit und Einzelheit ist«. Die Grundthemen des Muschgschen Verständnisses von Religion in ihrer lebensbejahenden und lebensgestaltenden Funktion sind damit angeschlagen.

Bei *Martin Walser* verschwistert sich auf überraschende Weise die politische Kritik (»Alles, was von der Zentrale kommt, kann nur schlecht sein, weil es Machtausübung bedeutet«) mit der *nationalen*. Die regionale kulturelle Identität des Alemannen schlägt durch. Gewiß, im Gespräch bezeichnet er den selbstformulierten Standpunkt noch als »lächerlich« oder »ein bißchen vorschnell«, schränkt er ein, daß er sich »noch intensiver« damit »beschäftigen« müsse, aber die Substanz der Kritik scheint im Laufe der Jahre eher erhärtet: »Was ich in mir als Peinlichkeit dem Religiösen gegenüber empfinde, muß auch damit zusammenhängen, daß ich einer beraubten Tradition angehöre.« Walser spürt bei diesem Gedanken geradezu ein »nationales Ressentiment« hochkommen. Christliche Mission ist für ihn ein Akt des Imperialismus, Monotheismus ein Herrschaftsinstrument, Christianisierung der Völker nördlich der Alpen eine politische Unterdrückung wie religiös-kulturelle Überfremdung gleichermaßen. »Ich wünschte mir fünf Jahre, in denen ich nichts anderes tun möchte als nachzuweisen, daß die größte Mißweisung dadurch entstehen kann, daß man Religion mit Hilfe von Aposteln und Missionaren von da nach da trägt unter der Devise: Geht hinaus ... und nehmt den Kelten ihre Bäume und ihre Quellen und gebt ihnen dadurch Statuen und geistige Werte. Ich glaube, daß wir Völker nördlich der Alpen unendlich beraubt sind ... Es geht um Beraubung vorhandener Traditionen durch den Import der Religion. Wir sind unserer Fruchtbarkeit beraubt worden.«

Und *Wolfdietrich Schnurre* untermauert seine Christentumskritik von der Rezeption *jüdischer Theologie* her. Das Christentum – oder jede ähnliche Form von Religion – wird bei Schnurre indirekt zur negativen Kontrastfolie, wenn er seine eigene geistige Verwandtschaft mit dem jüdischen Denken beschreibt (angestoßen von der Frage, wie denn »die jüdische Leidensfähigkeit« zu ergründen sei): »Die jüdische Theologie ist diesseitsbetont. Sie bietet dem Gläubigen eine enorme Daseinskräftigung an. Nicht zufällig ist das Weiterleben nach dem Tode aus jüdischer Sicht nur sehr vage umrissen: Kann sein, kann auch *nicht* sein. Die Thora gibt Direktiven für's Heute, für's Jetzt. Noch immer hält ein orthodoxer Jude gut sechzig Gebote für einhaltenswert. Früher sind es weit über dreihundert gewesen. Für mich ein Beweis ... für den Wert dieses Lebens. Ich, der Nichtjude, stufe es ebenfalls genauso hoch ein.« Lebenskunst, ein anderes Verhältnis zu Herrschaft, Natur und Gemeinschaft, Diesseitsbejahung: das sind die Stichworte einer sehr verschieden begründeten und legitimierten Christentumskritik.

3. Freilich: Christentumskritik heißt *nicht Ablehnung des Christentums*. Selbst Schnurre hatte auf das »angewandte

Christentum«, das »wahrhaft Christliche« verwiesen: »Die Vermenschlichung der Welt bleibt eine Aufgabe vieler Generationen. Kein Christ wird arbeitslos, wenn er christlich zu handeln beginnt«. Ein Mann wie Muschg hatte bei aller Kritik ebenso deutlich seine Erwartungen artikuliert. Das Engagement der Kirche sei ihm »sympathisch«, vielfach biete die Kirche das »einzige Dach, unter dem sich gesellschaftlich verfeindete Gruppen treffen können«. Und doch wünscht er sich mehr »als eine Agentur, die im Namen Gottes Gutes tut. Ich wünsche mir mehr Leibhaftigkeit«. Und auch ein so scharfer Kritiker wie Walser berichtet – in aller ironischen Gebrochenheit, zu der er fähig ist – »von einer Kirche, die ich nicht vergesse, einer liebenswürdigen, einer schönen Kirche« und davon, daß er seine Kirchensteuer heute noch »sozusagen als nachgetragene Bibliothekenspende« für einstmals von einem Kaplan ausgeliehene Karl-May-Bände zahle.

Und doch: noch einmal anders als bei Martin Walser trifft man bei anderen Schriftstellern auf eine eigentümliche Mischung aus *Distanz und bleibender Faszination*. Karin Struck und Barbara Frischmuth, die eine protestantisch, die andere katholisch aufgewachsen, mögen dafür stehen. Die Österreicherin *Barbara Frischmuth*, die in ihrem Erstlingsroman »Klosterschule« in kühler Objektivität die katholische Welt als ein »sehr geschlossenes Sozialsystem« diagnostiziert hatte, macht im Gespräch aus ihrer Beziehungslosigkeit zum heute existierenden Katholizismus kein Hehl. Erwartungen hat sie nicht. Ihr Engagement gehe einfach nicht so weit. Und doch muß sie eine bleibende Geprägtheit zugestehen (»daß es natürlich kein wirkliches Entrinnen gibt, habe ich mit der Zeit einsehen gelernt«), die sich weniger als traumatische Fixierung denn als ein – den künstlerischen Produktivitätsprozeß speisendes – Reservoir von Bildern, Geschichten, Szenen erweist. Es ist die »Dramaturgie der Kindheit«, die prägend blieb: »beispielsweise das Herbergssuchen um sechs Uhr früh, wenn wir in der Adventszeit als Zehnjährige aus den Betten gescheucht wurden und bei Finsternis und beginnendem Schneetreiben, mit gefrorenen Fäustlingen, unser Kerzerl in der Hand hielten und über die Wege im Park gestolpert sind«.

Was freilich Barbara Frischmuth, die Katholikin, noch als »Klischee« für sich zurückweist (nicht Sakramentalität und Sinnlichkeit, sondern Askese und Orgie seien für sie die Spannungspole des Katholischen), findet bei der Nichtkatholikin *Karin Struck* eingestandenes Interesse. Über die Auseinandersetzung mit der Mutterproblematik und der eigenen Ehe ist sie auf die »Muttergottes-Figur« aufmerksam geworden, die sie wie vieles am Katholizismus zu faszinieren begann: »der Geruch des Weihrauchs, gewisse sinnliche Darstellungsformen, die es bei den Protestanten eben nicht gab«, überhaupt »das Sinnliche im Katholizismus«. Gewiß, es war eine Illusion, es hier zu finden, und zur Zeit der Studentenbewegung war sie aus der Kirche ausgetreten. Und doch spricht sie in diesem Gespräch von einem »Prozeß«, den sie an sich beobachtete, und der anders als bei Muschg und Walser nicht als infantil oder regressiv wahrgenommen wird, obwohl die Symptome gleich erscheinen: »In ganz extremen Situationen habe ich gebetet, was mir innerhalb einer institutionalisierten Religion sehr schwer fällt. In diesen extremen Situationen spüre ich den Wunsch, nach Gott zu rufen – wie man so sagt. Ich sehe darin aber jetzt nicht eine Art Kapitulation. Ich glaube vielmehr, daß in solchen extremen Situationen vernachlässigte Gebiete wieder auftauchen«. Konkret ist es der Wunsch nach Schweigen und Meditation, der hier wieder auftaucht. Es kann zum Beispiel sein, daß ich den Wunsch habe, in die Wüste zu gehen und zu meditieren, eine Leere zu spüren. Das bedeutet dann nicht gleich, daß ich an Gott glauben will. Aber in diesen extremen Situationen konzentriert sich das vielleicht auf jenen Punkt, den ich Gott nenne. Dieses Sich-Zurück-Ziehen, Zu-Sich-Selbst-Finden, das sind ja auch im Grunde säkularisierte religiöse Bedürfnisse.«

4. Allen Autoren ist in der kritischen Auseinandersetzung mit der institutionalisierten Religion die Erfahrung einer grundlegenden *Ambivalenz* gemeinsam. Diese Ambivalenz wird je nach Nähe und Distanz zur Religion individuell sehr verschieden erfahren. Wir sahen: Christentumskritik bestimmter Autoren blieb doch mit Erwartungen verbunden; Distanz war bei anderen mit bleibender Faszination gepaart. Aber auch die Au-

toren, die der Kirche und dem Christentum näher stehen, erfahren die *Doppelgesichtigkeit des Phänomens Religion,* die in vielen individuellen Brechungen erscheint. Sie reicht von kritischen Selbstbeobachtungen eines Autors wie *Kurt Marti,* der sich als Pfarrer angesichts von Ungeheuerlichkeiten und Unbegreiflichkeiten zunächst der glatten Sprachroutine, dann der Sprachohnmacht ausgesetzt sah und in literarischen Texten seine eigene Sprache wiederfinden wollte, über die Kritik einer so engagiert christlichen Autorin wie *Luise Rinser* an der »rein intellektuellen Theologie«, an der Reduzierung der Theologie auf Intellektualismus und Sozialkritik, bis zu den Ausführungen einer so unermüdlich für die sozial Benachteiligten in unserer Gesellschaft kämpfenden Autorin wie *Ingeborg Drewitz,* die unbeschadet ihres Engagements in der protestantischen Kirche sagen kann: »Die Kirche hat mir nie viel bedeutet. Ich habe immer versucht, mich mühselig von außen an die Inhalte der Religion heranzurobben.«
»Kirchenfremdheit«, Perspektive von außen? Doppelgesichtigkeit auch hier. Sie kommt zum Ausdruck im überraschenden kirchlichen Engagement eines Schriftstellers wie *Peter Härtling*, der ähnlich wie Karin Struck aus seiner Kindheit von positiven Erfahrungen mit Menschen der Kirche berichten kann. Gewiß, auch für Härtling ist klar, daß Kirche nicht als »Amtskirche« überleben wird und seine Kritik an der Verwaltung, Bürokratisierung und Dogmatisierung des Kirchlichen ist überdeutlich. Und doch bezeichnet er sich als »sporadisch zähen Kirchgänger« und engagiert sich in seinem Wohnort Mörfelden-Walldorf, derjenigen Gemeinde, die vom Bau der Startbahn-West des Frankfurter Flughafens am meisten betroffen war, im evangelischen Kirchenvorstand (»das ist eine Gelegenheit, auch die Vorurteile, die du hast, wenigstens einmal zu überprüfen«).
Und eine andere Beobachtung ist ebenso wichtig: Was Peter Härtling schon andeutete (»wenn ich die DDR besuche ... und mit Pfarrern spreche, dann denke ich oft, daß die Kirche dort den Gemeinden viel näher ist und dadurch wohl auch dem Glauben«), findet seine erstaunliche Bestätigung im Gespräch mit *Stefan Heym*, Schriftsteller aus der DDR, Jude und Mar-

xist seiner Herkunft nach. Auch Heym läßt keinen Zweifel daran, daß die Kirche noch zuletzt im Dritten Reich als »ideologischer Arm der Bourgeoisie« fungierte, als »reaktionärer Teil des Establishments, das auf den Nazismus zuging mit Einverständnis der Pfarrer und der Kirche«, und doch hat sich für ihn in der DDR heutzutage Entscheidendes verschoben. Für Heym verkörpert heute das sozialistische Establishment die rechte Reaktion, die jüngeren Pfarrer in den evangelischen Kirchen seien dagegen »zum Teil bessere Marxisten ... als die Bürokraten und Funktionäre in der Partei.« In der Tat eine sonderbare Situation, die noch dadurch unterstrichen wird, daß der Jude marxistischer Provenienz in seinem eigenen sozialistischen Staat öffentlich nur noch im Raum der christlichen Kirche auftreten kann. Deshalb die Diagnose: »Die Kirche ist heute – zum Teil wenigstens in einigen ihrer Gemeinden, in einigen ihrer Bistümer – das, was ich als eine fortschrittliche Organisation bezeichnen würde. Ich würde sie also noch links von der Partei eingruppieren ... Wenn mir die Kirche diesen Boden gibt, more power to the church ...«

## *Konfrontation mit dem Nazarener*

Themenwechsel. Perspektivenwechsel. Doppelgesichtigkeit der christlichen Kirche – Doppelgesichtigkeit auch des *Christus Jesus*? Man war gewohnt, daß gerade kritische Autoren bezüglich Jesus von der Lessingschen Unterscheidung von christlicher Religion und Religion Christi oder der Kierkegaardschen Differenz von Christenheit und Christentum ausgingen. Die Gespräche zeigen, daß dies keineswegs bei allen der Fall ist. Auffallend war etwa vom Roman- oder Essay-Werk *Martin Walsers* her, daß zwar die Auseinandersetzung mit »Gott« ein bleibender Topos Walserscher Prosa war, weniger dagegen die Beschäftigung mit der *Jesus-Figur*. Überraschend war dann die heftige Abwehrhaltung, die auch durch den Hinweis auf das »Jesulein« der Kindheit oder die Selbsteinschränkung (»ich habe meine Hausaufgaben noch nicht gemacht«) in der Substanz nicht relativiert wird. Von »Peinlichkeit« ist die Rede und von »Anmaßungen«. Unheimlich und

provokativ zugleich erscheint ihm dieser Jesus in seiner »Unangreifbarkeit«.
Vielleicht wird von daher die Heftigkeit verständlich, gepaart mit Walserscher Ironie: »Ich kenne niemanden, der etwas gegen Mozart hat. Gegen Mozart und Jesus kann im Grunde niemand etwas haben. Und doch stört mich an Jesus diese Anmaßung.« Die selbsteingestandene Gespaltenheit des Autors bricht offen zu Tage, wenn er bekennt: »Ich habe mich immer davor gedrückt, dazu Stellung nehmen zu müssen. Ich muß mich vorerst für krank erklären, wenn von Jesus die Rede ist; weil ich einerseits nichts gegen ihn haben kann und andererseits gerne sehr viel gegen ihn hätte.«
Ähnlich *Schnurre*. Auffällig war, daß schon im »Schattenfotograf« die Auseinandersetzung mit Jesus aus jüdischer Perspektive erfolgte und Schnurre dort ein eindrückliches Christus-Gedicht mit der Fisch-Symbolik aufgenommen hatte. Überraschend war dann im Gespräch die Relativierung des Gedichtes (»Mein Kindheitschristus in diesem Gedicht ist so blaß, so gereinigt, daß ihm selbst Argwohn noch abgeht«) und die entschiedene Polemik gegen den Christus der Christen aus »orthodoxer« jüdischer Perspektive. Zwar sei der historische Jesus »ein Terrorist, ein Umstürzler und Neuerer« gewesen, doch die Christus-Figur, die das Neue Testament schildere? Wen schildere es anderen als einen »aufdringlichen, ständig auf seine Vorzüge pochenden Vereinfacher und Schismatiker, der aus dem kunstvollen jüdischen Glaubensgebäude einen Sozialwohnblock für geistig Minderbemittelte machte; die nun also auch ohne Thora-Kenntnis, ohne Talmud-Studium in den Genuß von Gottes Güte gelangen sollen.« Kurz, das Christentum eine »Proletarier- und Analphabetenreligion«?
Auch *Muschg* nimmt die Doppelgesichtigkeit der Christusgestalt wahr. Einerseits ist Christus für ihn »*die* antikirchliche, antiinstitutionelle menschliche Existenz schlechthin, auch für die künstlerische Arbeit und für die sozialen Kontakte unentbehrlich«, andererseits setzt Muschg auch hier das Christentum und seinen Christus gegen den Buddhismus und dessen Buddha ab: »Im Buddhismus gibt es keine Berufung auf den Einzigen ... alle sind ›Söhne Gottes‹ – oder keiner ... Bei Jesus

heißt es: Folge ihm nach. Die Verpflichtung einer ganzen Zivilisation auf Christus, der ihre Defizite decken und als Alibi für das Unerschütterliche sündhafter Zustände herhalten muß – eine solche Haltung läßt der Buddhismus nicht zu. Der Christ kann gegen seinen Herrn sündigen – der Anhänger Buddhas nur gegen sich selbst.«

Und doch: die Äußerungen im Gespräch sind keine abschließenden Urteile und wollen es nicht sein; die Auseinandersetzung mit Jesus bleibt unabgeschlossen und gerade so für die Theologie herausfordernd. Er ist »ein Mensch, der mit seinen Widersprüchen lebt«, wie *Stefan Heym* sagte, und gerade er hatte bekanntlich diesem Jesus in seinem Roman »Ahasver« eindrücklich Profil gegeben. Widerspruch – weil »er ja auch ein Gott ist« –, und, so sagt Heym: »Götter haben ja auch Widersprüche ... Jesus ist einer, mit dem man sehr viel Mitleid haben muß.« Ein Satz, der aufhorchen macht, weil er auf die Grunddiskrepanz von Predigt Jesu und Praxis der Kirche, von Anspruch und Wirklichkeit, Traum und Realität verweist.

In dieser Perspektive haben andere Schriftsteller ihn wahrgenommen: für *Peter Härtling* hat Jesus – gerade in der Bergpredigt – »ein Muster für das menschliche Zusammenleben« entworfen. Einzigartig sei diese große Utopie, die mehr sei als bloße Utopie: Auftrag nämlich. Einzigartig – auch im Vergleich mit anderen Größen der Religionsgeschichte – sei, daß dieser Jesus »die Haut des Menschen bis zum Äußersten ausgefüllt« habe: »daß er Mensch bleibt, daß er, anders als der unglaublich sanfte Buddha oder der in seinem Anspruch anmaßende Mohammed, in dieser Menschengestalt gefangen ist. Und Jesus hält diese Gefangenschaft durch, er hält sie aus. Er sprengt diese Haut nie. Im Gegenteil, dieser Leib wird immer ärmer, immer schmutziger, immer dürftiger und bedürftiger ... Die Person Jesu ist für mich der große Entwurf des Menschen.«

So hatte man es von Peter Härtling noch nicht gehört. So auch nicht von *Ingeborg Drewitz*, wenn sie ihre kritische Diagnose der Moderne im Figurenpaar von Prometheus und Jesus konkretisiert. Das »prometheische Denken« steht bei ihr für Technologie, Freiheitsrausch, Gestaltungswille, den Selbstlauf freigesetzter industrieller und menschlicher Energien. Ein Denken, »das zur Selbstzerstörung führen kann« und das »im Grunde schon auf den Schlachtfeldern des Ersten Weltkriegs« gescheitert ist. »Schon damals tauchten Gedanken auf, die nach einer Änderung unserer Einstellung verlangten«.

Und das Gegenbild? Es ist in Jesus verkörpert als *Widerstandskraft gegen den Selbstlauf der Zerstörung*. Jesus von Nazareth ist für die Autorin einer, der sich gegen alle gesellschaftlichen Regeln gewehrt hat: »Er hat Lasten, die auf den Menschen ruhten, ganz gezielt gesprengt: Ob er nun die sozial Benachteiligten genauso angesprochen hat wie die Reichen, ja ihnen mit größerer Intensität und Zärtlichkeit begegnet ist als den Pharisäern; ob er die Grenzen durchstoßen hat ... Jesus hat alles in Frage gestellt aus der Erkenntnis, daß jeder Mensch das gleiche Existenzrecht hat; auch daß der, der privilegierter lebt, eine größere Verpflichtung hat, nicht in sich selbst zu verharren.«

Ein Doppelaspekt scheint auf: Für Schriftsteller unserer Zeit kann Jesus von Nazareth *kritische Leitfigur sein für gesellschaftliches Handeln* ebenso wie für die *eigene Praxis*. Selbstansprüche werden formuliert, an der eigenen Person wird Maß genommen! Die Auseinandersetzung mit dem Nazarener, der auch Karin Struck zufolge »in die Linie von Rebellen, Ketzern, Außenseitern« gehört und gerade als solcher Heilkraft besitzt (unerwartet bei Karin Struck auch die literarische Aueinandersetzung mit »Christus als dem Heiler«), die Konfrontation mit ihm wird persönlicher, betroffener, verliert den Charakter des distanzierten Vergleichs oder des ironischen Parlandos. Beispiel: *Walter Jens*. Es ist die Selbstverpflichtung auf die Praxis dieses Jesus, die ihn zur konkreten Realisierung eigener Aussagen kommen ließ: »Ich glaube, daß es notwendig ist, sich unter Umständen – alt und jung, und ich wäre dabei – von den Atomrampen wegtragen zu lassen«.

Ein Jesus steht für ihn im Vordergrund, der sein zeitgemäßes Portrait durch einen Otto Dix bekommen hat (»Ich sehne mich nach den Zeiten, als anklägerisch-humane Künstler wie Otto Dix Jesus mit der Gasmaske gemalt haben«) und dessen Unvergleichlichkeit in der »Identität von Macht und Ohnmacht« besteht: »Griechische Götter, Figuren aus anderen Religionen, sind gewaltige Menschen, unendlich viel mehr als wir und gerade deshalb nicht sehr viel mehr. Jesus Christus ist uns wesentlich näher als Zeus oder andere Götter, und zu gleicher Zeit der ganz andere. Und in dieser Identiät von ungeheurer Nähe und Weltferne – und dem jederzeit möglichen Umschlag von einem ins andere – wird für mich die Eigenart des Christlichen deutlich.«

Keine Frage: es ist die Innenausleuchtung, diese re-lecture eigener christlicher Traditionen, die die Auseinandersetzung um ein adäquates Verstehen Jesu Christi ebenso aufregend macht wie die leidenschaftliche Kritik »von außen«. Wie schwierig es ist, sich der Jesus-Figur literarisch adäquat zu nähern, machen die Reflexionen von Walter Jens und Heinrich Böll zur *literarästhetischen Problematik* deutlich. Gerade sie haben immer wieder versucht, mit literarischen Mitteln der Person und der Sache Jesu Christi gerecht zu werden. *Heinrich Böll* vor allem in »Und sagte kein einziges Wort« und »Ansichten eines Clowns«, *Walter Jens* im »Fall Judas«. Wie etwa die Weihnachtsgeschichte mit modernen literarischen Stilmitteln beschreiben? Wie der Gefahr entgehen, daß »religiöser Kitsch« oder »Sartre mit Happy-end« dabei herauskommt? »Man könnte sich eines Tages« – so Jens – »eine Beschreibung ganz von der Peripherie her, etwa aus der Sicht dessen, der unverdient im Hintergrund bleibt, des zweifelnden Joseph etwa, denken. Aber das ist so delikat, daß ich, käme ein Schriftsteller zu mir mit diesem Plan, ihm zunächst einmal abraten würde. Allenfalls könnte dies ein Mann, der über die summierte Kraft von Böll und Bernanos und über deren Glauben verfügte, schreiben.«

Und Böll selbst, dessen Menschen- und Gottesbild ganz vom »Menschgewordenen« her geprägt ist? Er, der in Dostojewskis Roman »Der Idiot« immer den Höhepunkt literarischer Auseinandersetzung mit der Christus-Figur gesehen hat? Gefragt, ob es ihn reizen würde, den Christus-Roman der zweiten Hälfte des 20. Jahrhunderts auf der Höhe von Dostojewski zu schreiben, hatte er geantwortet: »Ich glaube nicht, daß ich fähig bin, einen solchen Roman zu schreiben. Es gibt immer wieder Annäherungen, aber mehr ist da nicht möglich.«

*Annäherungen an Jesus*: Sie konkretisieren sich in überraschenden Konvergenzen zwischen so verschiedenartigen Autoren wie *Kurt Marti, Luise Rinser, Heinrich Böll* und *Karin Struck*. Allen gemeinsam ist die von der Jungschen Tiefenpsychologie her beeinflußte Deutung Christi als *Synthese von Männlichem und Weiblichem*, Animus und Anima. Böll hatte davon gesprochen, daß »die Geschlechtlichkeit des Menschgewordenen nie deutlich geworden« sei: »Auch Frauen haben ja den Menschgewordenen in sich, den ich nicht für geschlechtlich festgelegt halte«; für Luise Rinser bildet Christus »Animus und Anima in voller Harmonie. Das macht ihn einzigartig und göttlich«, und Karin Struck hält die feministische Kritik an der Männlichkeit Jesu für nicht überzeugend: »Für mich ist dieser Mann, dieser Jesus Christus, Mann und Frau. Den Feministinnen möchte ich sagen, sie sollten doch einmal versuchen zu trennen zwischen der Person und dem, was aus ihr gemacht worden ist«. Es ist der Pfarrer Kurt Marti, der von diesem Ansatz her kühne theologische Konsequenzen zieht. Wer konnte Jesus unter seinen spezifischen historischen Bedingungen anderer sein als ein Mann? War er nicht gleichsam »dazu verurteilt«? Muß dies aber auch theologisch das »letzte Wort« sein, müßte nicht etwa die Messiaserwartung dementsprechend verändert werden dürfen? »Vielleicht liegt die Innovation darin, daß der Messias eben nicht mehr nur ein Mann ist, auch nicht das Gegenteil, also nur eine Frau, sondern warum nicht ein Paar? ... Es gibt in der östlichen Theologie die Vorstellung, daß Christus mit der Sophia, der Weisheit, wiederkommt. Das wäre ja auch ein Paar.« Weitere Reflexionen Martis dazu sind nachzulesen in seinem Notizenband »Zärtlichkeit und Schmerz«.

## *Rückkehr der Gottesfrage*

All diese Überlegungen sind von den Aussagen über die *Gottesfrage* nicht abzulösen. Ein erstaunlich reiches Spektrum von Reflexionen bietet sich gerade hier an, und man wird ohne Übertreibung von einer überraschenden *Rückkehr der Gottesfrage* in die zeitgenössische Literatur sprechen können. Worin liegt das Weiterführende dieser Gespräche?

Im Werk von *Martin Walser* war offenkundig, daß sich die kritische Auseinandersetzung mit der Gottesfrage wie ein roter Faden durchzog, gipfelnd in der Büchner-Preis-Rede, wo die Frage nach dem »Fehlen« Gottes scharf und bohrend zugleich gestellt wurde. Weniger bekannt war erstens, wie selbstverständlich Walser den Atheismus (zumal marxistischer Provenienz) ablehnt, da die Sprache nicht die Kraft der Verneinung habe; zweitens, daß er selber seit Jahren an dem arbeitet, was er sein »Gottesprojekt« nennt: »Erfahrungen mit dem Vorhandensein des Wortes ›Gott‹«; drittens, wie sehr für Walser, in der Nachfolge Heines und Kierkegaards, Gott zum Sprachproblem geworden ist; viertens, wie sehr Walser die Rede von »Gott« in seinen literarischen Texten gleichsam als Testsonde verwendet, um Reaktionen darauf zu erproben (»Ich möchte mir diese billige Spannung zwischen dem infantilen und dem zuschauenden Erwachsenen jedenfalls nicht ein Leben lang leisten«); fünftens, wie sehr gerade hinsichtlich der Redeweise von »Gott« Literatur und Religion für ihn verschwistert sind: »Mir fällt ein, was mir fehlt: das ist die Grundlage der Schriftstellerei. Das ist auch die Grundlage der Religion, das ist die Grundlage unserer Sprache: weil wir etwas nicht haben, haben wir die Sprache. Wenn wir Gott hätten, hätten wir kein Wort dafür.«

Von den Arbeiten *Wolfdietrich Schnurres* war bekannt, daß für ihn die Auseinandersetzung mit Religion durch die Aufzeichnungen des »Schattenfotografen« eine neue Dimension bekommen hatte. So nicht bekannt war erstens, wie sehr das Jüdische bei Schnurre auch als »Lust« an der theologischen Reflexion eine Rolle spielt; zweitens, daß Kritik an Religion mehr mit Offenheit als mit »religionsfeindlichen Scheuklappen« zu tun hat (»Könnte ja sein, daß man mal ›angeweht‹ wird«); drittens, wie sehr Schnurre selber zwischen seinen religionskritischen Texten aus der Nachkriegszeit (nachzulesen in dem Gedichtband »Kassiber«) und seinen gegenwärtigen Arbeiten eine Zäsur setzt: »Inzwischen hat es in meinem Denken eine Art Auferstehung gegeben. Gott lebt. Er lebt in der erinnerungslosen Hoffnung der Menschen«; viertens, wie sehr Schnurre von der unbewältigten Todes- und Vergänglichkeits-

problematik her die Gottesfrage wachhält: Schriftsteller und Theologe in einer Front gegen die »Hauptfeindin«: Vergänglichkeit. Kurz, wie sehr Schnurre bei aller Diesseitsbejahung, Lebensbewältigung, Ablehnung eines metaphysischen »Jenseits« und selbstauferlegter Ethik von der »Neugierde auf Religion«, der Suche nach den »Spuren Gottes« bestimmt bleibt. Wer so den Tod als »sein Thema eins« bezeichnet, muß offen sein für die radikale Alternative, offen, nicht festgelegt! Der dezidierte Atheist wird selbstkritisch zum »angeblichen« Atheisten.
Gewiß, es war bekannt, wie sehr sich *Walter Jens* im »Fall Judas« oder in seinen »Reden« im Zusammenhang mit Jesus auch mit der Sagbarkeit Gottes beschäftigte, wie stark *Heinrich Böll* stets die Gottes- und Christusfrage verwoben, wie luzid und leidenschaftlich zugleich *Stefan Heym* im »Ahasver« die großen metaphysischen Fragen neu aufgeworfen und *Ingeborg Drewitz* sich in zahlreichen biblischen Stücken und lyrischen Texten mit der Theodizee-Frage befaßt hatte: Nirgendwo aber konnte man lesen, wie sehr die eigene Betroffenheit, die konkrete Lebensgeschichte in diese Auseinandersetzung hineingewirkt hat. Noch hinter dem distanzierten Satz von der »Unverzichtbarkeit der Rede von Gott in Jesus Christus«, noch hinter der Maske des Lessing-Zitats leuchtet bei *Walter Jens* die persönliche Betroffenheit auf: «Ich kann mir keine andere Religion oder Weltanschauung denken, die mich mit Lessing sagen läßt: ›Ich mag *in* meiner Todesstunde zittern, *vor* meiner Todesstunde zittere ich nicht‹«. Auf die Frage, warum er persönlich an Gott glaube, hatte *Heinrich Böll* nüchtern und ergreifend zugleich geantwortet, es sei das Empfinden, der Traum oder die Sehnsucht, daß die Menschen – auch wenn sie glücklich seien – »sich dennoch auf dieser Erde fremd fühlen«. Dabei handele es sich keineswegs um ein bloßes Gefühl, »sondern vielleicht um eine uralte Erinnerung an etwas, das außerhalb unserer selbst existiert.« Und ein weiterer Grund? »Ich glaube an Gott, weil es den Menschen gibt. Und weil die Menschen Gott durch den Menschgewordenen auch in sich haben.«
Bisher hatte auch *Ingeborg Drewitz* nie deutlicher gegen den Atheismus und für den Gottesglauben Stellung genommen,

weil sie erkannt hätte, »daß es für Menschen wichtig sei, einen Angelpunkt, einen Bezugspunkt zu haben ... Gott ist *ein* Name für dieses Zentrum, für diesen Halt«. Gerade im Gespräch mit ihr wird deutlich, wie groß die Diskrepanz zwischen Lebens- und Werkgeschichte bei zeitgenössischen Autoren sein kann. Das heißt: Viele Autoren sind persönlich *religiöser als sie ihre eigenen literarischen Figuren sein lassen können*. Literatur – so Drewitz – könne den Menschen nur in seiner Zwiespältigkeit zeigen, ohne das klare Bewußtsein, irgendwo hinzugehören, ohne Richtschnur, an der entlang man leben könne. Und doch sei diese Richtschnur vorhanden. Sie selber hat stets in ihren Romanen (von »Oktoberlicht« angefangen über »Gestern war heute«, »Wer verteidigt Katrin Lambert?« bis zu »Eis auf der Elbe«) diese »Zwiespältigkeit« thematisiert: daß viele Menschen nach einer (ethischen) Richtschnur leben, ohne dies bewußt zu affirmieren, und sich so verhalten als sähe ihnen jemand zu, »obwohl sie natürlich leugnen würden, *daß* ihnen jemand zusieht.«
Von *Stefan Heym* war bekannt, daß er sich schon im »König David Bericht« intensiv mit der Gottesfrage beschäftigt hatte; und auch im »Ahasver« sind die Grundprobleme des biblischen Schöpfungsglaubens »Stoff« für diesen Schriftsteller. Weniger bekannt war, wie sehr sich hinter dem literarischen Stoff auch ganz persönliche Fragen verbergen. Muß sich der Mensch, wenn er in die Jahre kommt, nicht fragen: »Ja, was wird denn nun? Ist das alles gewesen? Oder bleibt doch irgendetwas übrig, nachdem alles andere zu Staub geworden ist?« Das heißt: auch für Heym ist in der Frage nach Gott die Frage nach dem Ursprung, nach dem Woher des Ganzen gestellt, nach »Vernunft« oder »Zufall«: die *Frage* wohlgemerkt, auf die Heym im literarischen Modell Antworten entwerfen kann, ohne sich selber mit diesen zu identifizieren.
Zwei weitere Charakteristika für die zeitgenössische Literatur bedürfen hier der Erwähnung: die *Rückkehr der Gottesfrage, ja der Gotteserfahrung im Gewande von Mystik und Mythos*. Mystik: die Erfahrung der Versenkung des Ich, der Ver-innerlichung des Selbst, des Schweigens vor dem umfassenden Geheimnis ist schon bei *Heinrich Böll* von dessen Gotteserfah-

rung nicht ablösbar (»es gibt für mich gar keinen anderen Einstieg als einen mystischen«), wird aber in ihrer Ambivalenz durchschaut und mit Hinweis auf den »Menschgewordenen« abgebogen. Haben diese Mystiker – so Böll – nicht alle »eine merkwürdige Beziehung zum Nichts«?

Auch das *Muschgsche Religions- und Gottesverständnis* ist von seinem mystischen Wurzelboden nicht zu trennen. Die Affinität zum Buddhismus hat hier ihren Grund. Gott muß beim »Teetrinken, beim Autofahren, beim Arbeiten« erfahrbar sein, sonst verkommt er zu einem merkwürdigen Reservat. Für Muschg ist entscheidend, daß Gott keinen Sonderbereich neben oder über unserer Wirklichkeit bezeichnet. Ihm geht es darum, *aus* Gott, *in* Gott zu leben und alle Trennungen, die das Wort »Gott« in unserer Sprache immer noch bezeichnet, aufzuheben. Gewiß: eine »religiöse Erleuchtung« hat er nicht erlebt. Wohl aber kennt er Augenblicke, »wo mir zwar nicht die Sprache verging, aber die Sprache sich füllte mit Schweigen und von ihm nicht zu trennen war: die Unterscheidung fiel dahin.«

In zwei Gesprächen verbindet sich die Frage nach Mystik und nach Mythos zu einer eigentümlichen Synthese: bei Luise Rinser und Barbara Frischmuth. Schon den Tagebüchern und dem ersten Band der Autobiographie *Luise Rinsers* konnte man entnehmen, wie stark mystische Erfahrungen ihre religiöse Welt geprägt haben, Erfahrungen, die sie begreifen ließen, was Gott eigentlich ist: »nämlich alles«: Sympathie, Liebe, Leben. Nicht so deutlich aber war, daß die Beschäftigung mit Mystik und Mythen östlicher Religionen Luise Rinser auch das abendländische Christentum neu sehen ließ. Es war eine für sie bedeutende Erkenntnis, daß in der Gestalt Jesu Christi »alle Mythen vom Sonnengott zusammenlaufen«. Jesus ist für sie deshalb die Inkarnation dessen, was mit Gott gemeint ist: universelle Sympathie. Kühn werden daraus Konsequenzen für die Menschwerdung Gottes gezogen: »Ich sah einmal den Himmel ganz leer, Gott ist nicht mehr ›da oben‹, sondern er ist ganz und gar hier«. Deutlich wird, wie sehr gerade für Luise Rinser die religiöse Erfahrung den Primat vor der Reflexion hat, das (mystische) Sehen vor dem Denken, ja daß ihre Reflexion nur aktiv wird auf Grund einer vorgängigen, oft vorbewußt, vorsprachlich erlebten Erfahrung. Diese Urerfahrungen werden zum hermeneutischen Schlüssel, mit dem die Autorin auch die Geschichte des Christentums, der Religionen überhaupt neu für sich erschließt. Globales ökumenisches Bewußtsein ist bei ihr wach, das die großen Religionen als Versprachlichung, symbolische Repräsentanz und rituellen Vollzug einer einzigen menschlichen Urerfahrung begreifen macht: dem Streben des Menschen nach Einheit mit dem Absoluten. Und wer die Welt mit mystischen Augen sieht, für den sind zwar nicht alle Religionen gleich, aber doch alle vorläufige, zeitbedingte Objektivationen des einen Absoluten.

Ähnlich – wenngleich durch den Generationenunterschied nicht in gleicher Intensität – die Verschwisterung von Mystik und Mythos bei *Barbara Frischmuth*. Im Gespräch zögert sie, sich einen »mystischen Menschen« zu nennen, und hat auch mit dem Wort Religion Schwierigkeiten. Und doch sieht sie Verbindungen zwischen der Mystik und der Erfahrung des Schreibens: »Woher kommt das, was mich jetzt anspringt, was mich jetzt angeht?« Sind nicht Mystiker und Sprachkünstler im »Zwang der Sprache« verbunden? Geht es nicht auch in der Beschäftigung mit dem Mythos um die Versprachlichung des Sprachlosen, die Verbildlichung des Unanschaulichen? Das Interesse von Barbara Frischmuth etwa am Demeter-Mythos oder gnostischen Spekulationen ist hier begründet: Bilder zu entwerfen für das Ganze der Welt im Vertrauen auf die Kreativitätskraft der Phantasie. Hier sieht sie ihr ganz persönliches Abenteuer, das im Vergnügen am kreativen Entwurf der eigenen Welt (Religion) besteht. Sätze aus dem Gespräch wie dieser werden von daher verständlich: »Allein die Tatsache, daß und wie sich Menschen auf das Unfaßbare eingelassen haben, das vielleicht existieren könnte, und mit welcher Inbrunst und Kreativität sie es durch die Jahrtausende hindurch getan haben, ist für mich eine so grundlegende Leistung, daß ich ihr rettungslos verfallen bin.«

## *Was ist Religion? – 12 Antworten*

Was ist Religion? Welche Bedeutung hat sie für die am Gespräch beteiligten Schriftsteller? Ohne den komplexen Gesprächsinhalt auf einige Formeln reduzieren zu wollen, wage ich es dennoch, charakteristische Schlüsselsätze hervorzuheben. Die Antworten sind so verschieden wie die Autoren und ihr Werk und doch kreisen sie alle um denselben Grundgedanken:

Für den christlichen Theologen *Kurt Marti* geht es in erster Linie darum, Gottesbilder von falschen Vorstellungen zu befreien, Gott als den allmächtigen Welten-Herrn zugunsten eines (von Jesus her verstandenen) solidarisch mit-betroffenen Gottes neu zu verstehen: »Gott war in Auschwitz als Jude!« Das Symbol der *Auferstehung* – gründend in der Auferweckung des Gekreuzigten – bekommt von daher für Marti eine doppelte paradigmatische Bedeutung: »Auferstehung« weist ins Leben hinein als Aufstand gegen den täglichen Tod und über das Leben hinaus als *Verwandlung* des Menschen durch Gott. Charakteristisch für Marti: »Ich glaube, daß es eine Verwandlung gibt, daß Gott Verwandlung bewirkt. Ich glaube sogar, daß es zur Schöpfung gehört, daß sich alles immer wieder verwandelt, und ich lese an der Schöpfung ab, daß nichts verloren geht. Es bleibt aber auch nichts wie es ist, sondern es kommt völlig anders wieder.«

Auch für *Walter Jens* ist Religion ganz von der Figur Christi her bestimmt. Ihm geht es um eine Verbindung »zwischen einem humanen Sozialismus und einem Christentum, das vom *Liebeskommunismus* weiß und ihn praktiziert«. Christologie im Geiste von Matthäus 25 ist die Grundlage seiner Überzeugung: »Jesus von Nazareth wird heute tagtäglich, während die Bombensegner und Bombenapologeten wegblicken, getötet.« Aber zugleich: »Christen sehen die gerechtere Welt *hier* als ein Gleichnis der verheißenen Welt am Ende der Tage an, die gerecht ist.« Religion, jesuanisch geprägt, ist also Kritik des Bestehenden und Antizipation des Künftigen zugleich, ist Diagnose einer vielfach heillosen Welt im Lichte des versprochenen Heils.

Konvergenz zu *Luise Rinser*, trotz des verschiedenen Hintergrunds von Mystik und Mythos. Religion, christlich durchtränkt, ist für sie Streben nach *Einheit mit dem Absoluten* durch die Erfahrung von *Liebe und Sympathie*. Sie ist in Jesus aufgeleuchtet; er ist der Bringer des Lichtes (Sonnengott-Mythos). Er erinnert den Menschen an seine wahre Bestimmung, seine eigentliche Herkunft, seinen wirklichen Auftrag. Religion ist Bewußtsein von der wahren Herkunft, vom höheren Selbst des Menschen. Christologie auch hier im Geist von Matthäus 25: »im Nebenmenschen den Christus sehen und ihn danach behandeln. Wenn Sie an Christus glauben, wirklich glauben, dann können Sie kein Menschenverächter sein und dann werden Sie auch nie einen Menschen verloren geben. Sie werden immer an ihn glauben und für ihn hoffen. Der Christus ist in vielen Menschen freilich wie verschüttet. Man muß ihn herausholen, ihn aufwecken.«
Für *Peter Härtling* ist Religion zunächst gekennzeichnet durch eine Geschichte verratener Utopien. Und dennoch leuchtet die Bergpredigt, auf die man sich ganz anders vertrauend einlassen kann als etwa auf das Kommunistische Manifest. Sie ist das Grundgesetz menschlichen Handelns. Religion ist für Peter Härtling deshalb immer auch mit Ethik, mit *Verantwortung* verbunden. Aber Religion – im Verweis auf den Jesus der Bergpredigt – hat auch mit *Erlösung* zu tun: »Wir spüren wieder entsetzlich unser Eingesperrtsein in uns selbst«. Das ist die Grunderfahrung des Autors. Aber: hat Jesus diese »Gefangenschaft im Menschen« nicht deshalb so verdeutlicht, um uns zu zeigen, daß wir fähig sein könnten, uns selbst zu erlösen? »Das ist ein ganz wesentlicher Punkt. Er hat dies ja immer wieder, vor allem in der Bergpredigt, auszudrücken versucht. Er hat diese Erlösung des Menschen zum Menschen vorgelebt.«
Auch *Karin Struck* stellt in ihren Aussagen zur Religion das Moment der *Liebe* heraus, akzentuiert freilich stärker als andere die *Körperlichkeit*, Leiblichkeit: »Ich verstehe Religion nicht so fixiert auf die Institution Kirche, aber auch nicht privatistisch. Ich verstehe unter Religion im weitesten Sinne religiöses Gefühl, eine religiöse Verbindung zur Natur, zu den Menschen, zu den Dingen. Für mich findet sich auch in der

Liebe immer ein religiöses Moment, das Körperliche eingeschlossen.«

Für *Heinrich Böll* beruht Religion dagegen ganz und gar auf dem Doppelgefühl der *Fremdheit* auf dieser Erde und der *Herkunft* »von außerirdischen Kräften«. Der Mensch ist für Böll ein Gottesbeweis, und das heißt: »daß wir alle eigentlich wissen – auch wenn wir es nicht zugeben –, daß wir hier auf der Erde nicht zu Hause sind, nicht ganz zu Hause sind. Daß wir also noch woanders hingehören und von woanders herkommen.«

Für *Ingeborg Drewitz'* Religionsverständnis ist die ethische Dimension, die *moralische Selbstverpflichtung* zentral. Religion ermöglicht Widerstand gegen Vernichtungsprozesse und eigene wie fremde Hoffnungslosigkeiten. Religion ermöglicht Kraft zum Durchhalten und zum Einsatz für die Humanisierung unserer Welt: »indem wir da sind, leben, sterben und handeln, arbeiten wir an der Verwirklichung dieser Schöpfung mit«. Zum unverzichtbaren Grundbestand ihres Glaubens gehört: »Als Mensch aufgefordert zu sein, dieses Leben denkbar unantastbar zu leben, also die Kräfte, die mir gegeben sind, einzubringen und wirksam zu machen. Also mit dem Moment, da ich lebe, in die Verantwortung gestellt zu sein. Und immer Freiheit und Verantwortung miteinander korrespondieren zu lassen.«

Für *Stefan Heym* ist in Religion die Doppelfrage nach dem Sinn- und Ordnungsgefüge der Welt im Ganzen und nach der Zukunft des individuellen Selbst aufbewahrt. Jüdisches Erbe verbindet sich mit marxistischer Gesellschaftskritik. Die Bibel enthält für ihn als Schriftsteller einen »ungeheuren Stoff«, der immer wieder dazu herausfordert, die *Grundfragen menschlicher Existenz* neu zu stellen. Charakteristisch für Heym die Antwort: »Natürlich habe ich mich sehr viel mit Fragen der Religion und des Determinismus beschäftigt. Beispielsweise mit der Frage: Sind wir von vornherein verdammt, böse zu sein? Oder: haben wir selber die Entscheidungsmöglichkeit oder nicht? Fragen, die die Kirche niemals richtig beantwortet hat.«

*Wolfdietrich Schnurres* Auseinandersetzung mit Religion ist durch drei Stichworte gekennzeichnet: *Ablehnung* einer Jenseits-Metaphysik, *Bewältigung* des Todes, der Vergänglichkeit und *Ethik*. Diesseitsbejahung steht im Vordergrund, Lebensbewältigung, »eine Ethik, die ich mir selbst auferlege« und die »für's Bücherschreiben Voraussetzung ist«. Leben aber steht für Schnurre stets auch in der Spannung von »Gnade« und »Schuld«. Es ist ermöglichtes Leben einerseits (»Eine Gnade ist jeder Tag, den mein anfälliger Körper mir noch zu leben gestattet«) und schuldiges Leben andererseits: »Ein schuldloses Leben gibt es nicht .. Als Schriftsteller weiß ich, daß mein Schuldbewußtsein meine eigentliche schöpferische Triebfeder ist. Ich werde ja schon schuldig, indem ich zu schreiben beginne. Ich vergesse dabei, ich schreibe auf Kosten derer, die um mich sind.«

*Adolf Muschgs* Interesse an der Auseinandersetzung mit Religion liegt gerade darin, »von dem Wort Religion wegzukommen«. Religion ist für ihn kein getrennter Wissensbereich, keine spezialisierte Weisheit, sondern: »*Erfahrung des Eingebundenseins*«. »Religiös sein« kann dann heißen, »aus dem Zentrum, dem Schwerpunkt des Da-seins zu leben und zu arbeiten. Die Selbstverständlichkeit der künstlerischen Arbeit müßte Ausdruck eines Grundvertrauens sein.« Von daher wird auch der Wunsch Adolf Muschgs nach größerer Gelassenheit verständlich, nach Außer-Kraft-Setzung der angelernten Erfolgszwänge: »Ich möchte meines Lebens und Todes froh werden lernen.«

*Barbara Frischmuths* Auseinandersetzung mit Religion entstammt ganz mythischem Wurzelboden. »Das Göttliche« ist für sie »ein Zustand«, ein »*Gefühl des Einsseins*«, ein »fast pantheistisches Erlebnis, daß alles in der Welt zusammenhängt und man ein Teil davon ist«, ein Gefühl, »eine Adresse für so etwas wie Dankbarkeit zu haben.« Entscheidend ist für Frischmuth, daß das religiöse Denken Entwurfscharakter hat, zum geistigen Abenteuer des Lebens gehört und von der Dynamik des Lebens verändert werden kann (»meine eigenen Tanzschritte«). An der Gnosis war ja für sie gerade die Erkenntnis faszinierend, daß »jeder Mensch Gott neu erfinden muß. Oder auch die ganze Kosmologie ... Die Gnostiker haben ja die wildesten Dinge entworfen und zwar immer im Hinblick auf diesen Zwang zur Kreativität: ›Wenn du nicht hervorbringst, was in dir ist, wird das, was du nicht hervorbringst, dich töten.‹ Das ist für mich *die* zentrale Einsicht.«

Für *Martin Walser* ist Religion von dem Doppelaspekt her wichtig: »Religion ist sprachliche Reaktion auf unser Dasein, so wie Literatur sprachliche Reaktion darauf ist« einerseits und andererseits »Ich will mit nichts allein sein, ob es jetzt die Sache mit Gott angeht, Sexualität, Politik, Geld oder das Auto – ich will mit nichts allein sein«. Für Walser ist entscheidend, Religion *nicht* als Zustandsbeschreibung eines möglichen »Sinnziels« der Geschichte zu benutzen: »Daß uns solche Vorstellungen über ›Ziele‹ eingebleut sind, ist das Christliche an unserem Vorstellungs-, Gefühls- und Daseinswesen«. Diesen Prozeß der Individualisierung gilt es zu durchschauen und zu revidieren, weil »wir dadurch auch unglücklich geworden« sind: »Wir können fast nichts mehr mit anderen teilen. Aus meinem Leben ergibt sich der Wunsch, das Bedürfnis: alles mit allen gemeinsam zu haben. Das wäre meine Religion: *nicht allein zu sein.*«

## *Über die religionskritische Resistenz der Religion*

Zwölf Autoren – zwölf verschiedene Weisen der Annäherung, der Umkreisung und Umschreibung des Phänomens Religion. Gibt es einen Grundgedanken, der alle Antworten durchzieht? Eine Grundhaltung, mit der alle diese Reflexionen formuliert wurden? Vielleicht hat Heinrich Böll das zentrale Stichwort für den Grundgedanken gegeben: *Fremdheit, das Sich-nicht-zu-Hause-Fühlen auf dieser Erde.* Ich habe gewagt, die Böllsche Formulierung als Titel über diese Gespräche zu setzen. Gemeint ist keine Abwertung dieser Welt, ist keine Weltflucht und Jenseits-Religiosität. Gemeint ist nicht die Denunziation der Erde zugunsten des Himmels, der Verweis auf die bessere Zukunft angesichts der Heillosigkeit der Welt. Gemeint ist ein bleibendes Gefühl der Distanz zu den Bedingungen, Strukturen und Mächten *dieser* Erde, ein kritischer Blick »von außen« für die Widersprüche und Risse unserer Welt, ein Gefühl der Unversöhnlichkeit mit dem status quo, das auch die noch antreibt, die den »Himmel auf Erden« suchen, die »Erfahrung des Eingebundenseins« beschwören und das Einssein anstreben mit allem, was ist. Die Religion ist hier gemeint, die fähig ist zu beidem gleichzeitig: Treue zur Erde, Liebe zur Schöpfung einerseits und andererseits Bewahrung des Wissens um eine andere Herkunft und Zukunft. Solche Religion wird genährt aus der menschlichen Grunderfahrung: die Welt ist nicht so, wie sie sein könnte; ich selber bin nicht so, wie ich sein könnte! Religion wird so zum Ausdruck von Fremdheit und Heimat zugleich, von Kritik und Verantwortung, Distanz und Selbstverpflichtung.

Die Gespräche zeigen es: Religion bleibt Suchbild und wird neu zum *kritischen Indikator einer unversöhnten Welt, eines nichtidentischen Ich*. Ist es zu viel behauptet, wenn man folgert, daß das, was sich in ihr an Hoffnungsbildern des Menschen von sich selbst bewahrt hat, resistenter geworden sei gegen die Einwände der modernen Religionskritik? Daß wir – wenn die Zeichen nicht trügen – gegenwärtig in einer neuen Phase postmoderner Rezeption von Religion stehen – nach der Religionskritik von Feuerbach und Marx, Nietzsche und Freud, Wittgenstein und Popper, Adorno und Marcuse? Das jedenfalls lassen die Texte, Essays und Selbstzeugnisse der Autoren deutlich werden: Religion ist nicht bloß affirmativ präsent; von einer irrationalen Weltflucht kann hier ebensowenig die Rede sein wie von einer ideologieverdächtigen Versöhntheit mit dem status quo. Im Gegenteil: auffällig ist an diesen Gesprächen, daß *nach* Nietzsche, Freud und Marx, nach der modernen Religionskritik überhaupt, daß *in* einer Epoche der Säkularisierung und Entkirchlichung Religion so zur Sprache kommt, daß die Welt und das eigene Ich in ihrer Unversöhntheit, Nicht-Identität, Heil-losigkeit aufgedeckt werden, daß Hoffnungsbilder »gegen den Tod« beschreibbar sind; daß Selbstbindung möglich, Verantwortung spürbar und Ethik lebbar wird. Gewiß, Religionskritik ist stets präsent, bleibt der Schatten affirmativer Rede, und doch ist sie nicht mehr der einzige Maßstab des Umgangs mit Religion. Es ist unübersehbar: Religion – wie sie hier erscheint – ist *resistenter geworden gegen Kritik*, und das heißt: ihrem analytischen und affirmativen Potential ist mit den Kategorien der klassischen Religionskritik (Irrationalismus-, Vertröstungs- und Projektionsverdacht) nicht mehr so leicht beizukommen.

Es ist möglich geworden, religiös zu sein (bei aller Distanz zur »Kirche« in überkommener Form) ohne Angst vor dem Ideologieverdacht!

Dabei liefern diese Gespräche keine »Theorie von Religion«. Ihre Stärke liegt gerade darin, nicht theoretisch, sondern praktisch, nicht abstrakt, sondern erfahrungsgesättigt von Religion zu reden. Sie geben Zeugnis, »vom Vergnügen, seine eigene Religion zu haben«. Die Vitalität literarischer Auseinandersetzung mit Religion ist Folge der unbefangenen Subjektivität der hier betroffenen Menschen. Schriftsteller leben – oft im Gegensatz zu Theologen – nicht von »geliehenen«, sondern von authentischen Erfahrungen. Und sie haben den Mut, von ihren Erfahrungen unbekümmert zu reden und mit Religion neue Erfahrungen zu machen. Die Bibel ist somit in erster Linie »Stoff« für Schriftsteller, und religiöse Figuren sind Modell-Gestalten für die Sichtbarmachung archetypischer Grundsituationen des Menschen. Anders gesagt: Institutionalisierte Religion wird daran gemessen, ob man selber mit den eigenen Erfahrungen, Fragen, Ängsten und Hoffnungen darin vorkommt. »Von Elfenbeinturm, Schneckenhaus, Nabelschau kann allerdings keine Rede sein.« Horst Schwebel hat Recht mit dieser Beobachtung: »Vielmehr zeigt sich, daß derjenige die Welt, die Gesellschaft, das Du noch am besten versteht, der das Risiko, ein Ich zu sein, voll auf sich genommen hat. Die ›subjektive Brechung‹ der Statements ist kein Mangel, sondern gibt den Aussagen Plastizität und Authentizität.«

Mit welcher *Grundhaltung* gehen Schriftsteller an Religion heran? Wir sahen: Vorbehalte wurden stets geäußert, Distanz zu herkömmlichen Formen der Religion immer wieder geschaffen. Es herrschte durchgängig die »Angst vor den großen Worten« (P. Härtling). Und doch: Nicht das Etikett »Religion« oder »religiös« war entscheidend, sondern die Sache selbst, das geistige »Abenteuer«. *Barbara Frischmuth* hat diese Grundhaltung wohl stellvertretend für andere beschrieben: Denken im Prozeß, Scheu vor Identifikationen, Dynamik des

Lebens offenhalten, tastende Versuche der Neuorientierung, Entdecken neuer Traditionen und Stoffe. »Religion ist genau jenes Gebiet, wo es für mich keinen festen Tritt gibt, wo ich wirklich nicht sagen kann: Ich bin das oder ich bin jener. Ich weiß, daß mich religiöse Fragen brennend interessieren, daß ich aber als Person fast unbeteiligt danebenstehe, mich manchmal aber dann bis zu Visionen steigern kann. Aber ich kann dazu kein Statement abgeben, alles, was ich behaupte, wäre gelogen.« Soll man als Theologe diese eigentümliche Mischung aus Nähe und Distanz bedauern, die enge Verknüpfung von Religion und eigener Lebensgeschichte kritisieren, die Vagheit und Unverbindlichkeit der Selbstfestlegung als mangelnde Konsequenz beklagen? Nein! Solche Äußerungen sind vielmehr Ausdruck davon, daß Religion noch ein Raum der Freiheit ist, der subjektiv-ungesicherten Selbst-auslegung, der unverzweckten Entdeckung neuer Möglichkeiten von sich selbst. Nein, der Theologe muß ein Interesse daran haben, daß Religion nicht zum Sonderbereich degeneriert, zum Raum des »festen Tritts«, zum objektiven Wissensfundus, über den man »Statements« abgeben kann. Daß Religion vielmehr – im befreienden Gegensatz zu vielen anderen Lebensbereichen – freigehalten wird von kruder Objektivation, Verzweckung und Funktionalisierung.
Vielleicht können gerade hier Literatur und Religion im tiefsten übereinstimmen: im Erschließen, im Offenhalten, im Bedenken des nichtobjektivierbaren Geheimnisses der menschlichen Wirklichkeit.

## *Gegenseitige Herausforderung*

Was also kann Literatur und Religion gemeinsam sein? Gibt es ein erkenntnistheoretisches Strukturprinzip in der Weise der Annäherung an die Wirklichkeit? Es könnte – die Gespräche geben Hinweise darauf – im *Entwurfscharakter literarischer und religiöser Sprache* liegen. Barbara Frischmuth hatte von der produktiven Kraft der Phantasie gesprochen und davon, daß Theologie und Literatur sich im »Entwerfen großer Bilder« treffen, Sinn-Bilder der Wirklichkeit im ganzen; Stefan

Heym hatte darauf verwiesen, daß die Menschen Gott »erfinden«; Walser sprach vom »Gesamt-Autor« Menschheit, der Gott geschaffen habe, und Peter Härtling von der »Auferstehung« als »großer, erlösender Fiktion«. Religion also wie Literatur ein Stück »Fiktion«? Erfindung? Neuschaffung des Menschen? Literatur dann als beerbte Religion, »zeitgenössische Erscheinungsweise von Religion« (M. Walser)? Religion und Literatur als Indikatoren einer defizitären Welt und als Versuch der sprachlichen Bewältigung dieser Defizite gleichzeitig? Verschwistert im Entwurf von Modellen der Wirklichkeit, von Ordnungs-Strukturen, Sinn-Gefügen? Verbunden im Bemühen um die Bewältigung der Vergänglichkeit, einig im Bewußtsein der Dialektik von Scheitern und Gelingen beim Versuch einer Sinn-Deutung der Welt- und Lebensgeschichte?
Die Herausforderung der Literatur an die Religion, die Theologie ist nirgendwo größer als an diesem Punkt. Hier muß weiter gesprochen werden. Was ist das Spezifikum religiöser und literarischer Sprache? Was sind – bei allen Überschneidungen – die je eigenen Möglichkeiten von Theologie und Literatur? Was heißt »Fiktion«? Wem ist der Theologe letztlich verpflichtet, wem der Schriftsteller? Ist die Benennung der Ambivalenzen menschlicher Erfahrung das letzte Wort? Ist die Dialektik das äußerste an menschlicher Möglichkeit?
Worin könnte umgekehrt die *Herausforderung der Theologie* an die Literatur liegen, gerade wenn es sich – wie in unserem Fall – um eine religionsoffene Literatur handelt? Auf Rückfragen an die literarische Auseinandersetzung mit Religion wird die Theologie nicht verzichten können, will sie ihre Identität wahren und als Partner im Dialog ernstgenommen werden.
Deshalb: bei aller Bedeutung von Subjektivität und Kreativität – Religion ist von ihrem Selbstverständnis her mehr als Religiosität. Religion hat neben der subjektiven auch eine objektive Seite, ist neben der individuellen auch eine *soziale Realität*. Auch der Schriftsteller ist, wenn er/sie zu schreiben beginnt, mit dieser sozialen, »objektiven« Realität konfrontiert. Anders gesagt: Wer sich als Schriftsteller in den Raum der Religion begibt, wer sich etwa mit Jesus oder Buddha auseinandersetzt, mit christlichem, jüdischem, buddhistischem Gottesverständ-

nis, trifft unausweichlich auf geschichtlich Gewordenes, Objektiviertes: Glaubensbekenntnisse, Lehren, Riten, Praktiken, welche die Auseinandersetzung mit Religion ihrer Beliebigkeit entheben.
Diese »objektive« Seite von Religion gibt es nicht ohne *Zeugnisse, Texte, Ur-kunden.* Wer sich mit Religion befaßt, kann nicht davon absehen, was sich in diesen Quellen an authentischen oder nichtauthentischen Zeugnissen niedergeschlagen hat. Soll Religion nicht bloße Privatreligion sein, kommt auch der Schriftsteller nicht darum herum, die klassischen Texte der Religion (christlich oder nichtchristlich) zu rezipieren und in ihrer ganzen Breite wahrzunehmen.
Urkunden aber als historische Zeugnisse müssen interpretiert werden. Zur Erschließung und zum adäquaten Umgang mit diesen Texten kann auch ein Schriftsteller nicht ignorieren, was *theologische Forschung* im Verlauf der Jahrhunderte zum Verständnis klassischer religiöser Texte beigetragen, was Theologie zur systematischen Erhellung und begrifflichen Durchdringung religiöser Erfahrungen geleistet hat. Theologie wäre so ein unverzichtbarer Beitrag zur immer auch nötigen *Entsubjektivierung* allzu subjektiver Religiosität. Die Herausforderung der christlichen Theologie an eine religionsoffene Literatur wäre demnach eine dreifache:
1. Dem christlichen Theologen geht es um mehr als um allgemeine Religiosität. Rückgebunden an eine konkrete Gestalt von Religion, wie sie sich in der Botschaft Jesu von Nazarets manifestiert, wird er/sie im Gespräch mit der Literatur auf *konkrete Verifikation* dringen. Theologie wird auf der Linie von Kurt Marti, Walter Jens, Luise Rinser, Ingeborg Drewitz, Peter Härtling, Heinrich Böll Religion im Menschgewordenen konkretisiert sehen, das Absolute im Partikulären, Gott in der Niedrigkeitsgestalt eines bestimmten Menschen. Religion ist so – im Verweis auf Ihn – immer auch *konkrete Selbstverpflichtung* zum Handeln für betroffene Menschen. Die Rückfrage an eine religionsoffene Literatur also wäre: Hat konkrete Religion neben dem Erfahrungs- nicht auch Zeugnischarakter? Neben der Fiktions- nicht auch eine Vertrauensstruktur? Neben dem Entwurfs- nicht auch Bindungscharakter?

2. Im Gespräch mit der Literatur müßte Theologie sich einbringen als *Korrektiv aller partikulären, selektiven Interpretationen religiöser Gestalten und Texte,* seien sie christlicher oder nichtchristlicher Provenienz. Die Rückfrage also lautete: Kann die Subjektivität in der Rezeption religiöser Traditionen zum Subjektivismus werden? Ist der Preis für Authentizität die Partikularität, die der Beliebigkeit ausgelieferte Auswahl? Können eigene religiöse Erfahrungen noch einmal korrigiert werden, ergänzt und vertieft durch die Erfahrungen der klassischen religiösen Traditionen? Wäre nicht zu bedenken, daß etwa die Bibel (aber auch Thora, Koran oder die Gita) mehr sein wollen als »Stoff«, als Material für die Darstellung menschlicher Grundprobleme? Daß ihre Provokation gerade darin besteht, Zeugnis von der Geschichte Gottes mit der Welt zu sein, Zeugnis aber auch von der Verzweiflungs- und Hoffnungsgeschichte der Menschen mit ihrem Gott? Daß ihre Herausforderung gerade darin liegt, neben der Benennung und Entfaltung menschlicher Grundprobleme *Heilszusage* zu sein und einen Heilsweg anzubieten?
3. Bei aller nur allzu berechtigten Kritik an Verkopftheit, Sterilität und Lebensfremdheit: müßten nicht auch Schriftsteller die Erfahrungen der *komplexen Denkgeschichte theologischer Reflexion* stärker mit berücksichtigen lernen? Bei der Auseinandersetzung mit der Gottesfrage die denkerische Subtilität und kreative Sprachkraft von Nicolaus Cusanus bis Karl Barth; bei der Rezeption biblischer Texte die aufklärerische Leidenschaft von Gotthold Ephraim Lessing bis Rudolf Bultmann; bei der Konfrontation mit dem Nazarener die abgründige Tiefenschärfe von Kierkegaard bis Bonhoeffer; beim Engagement für oder gegen die Gesellschaft, bei der Kritik an der kirchlichen Institution das prophetische Zeugnis von Martin Luther bis Martin Luther King? Gewiss, es ist auch die Schuld der Theologie, daß sie in Kreisen kritischer Schriftsteller nicht gelesen wird, aber ist es ausschließlich *ihre* Schuld? Viel wäre erreicht im Dialog zwischen Theologen und Schriftstellern, wenn Theologen anfingen, Literatur nicht nur bildungsmäßig zu zitieren oder ornamental für ihre »Modernität« zu funktionalisieren, sondern für ihren theologischen Erkenntnisprozeß

genuin fruchtbar zu machen. Viel wäre ebenso erreicht, wenn auch Schriftsteller anfingen, Theologie unverzichtbar zu finden für die Erhellung des Geheimnisses Mensch.
Ein Satz von Adolf Muschg soll am Ende stehen und Gemeinsamkeit wie Differenz zwischen Theologie und Literatur noch einmal beleuchten. Im Gespräch fiel der Satz: »Die Literatur ist das Medium, in dem die Zivilisation und der Autor am ehesten ihre eigene Unsicherheit erfahren. Die Literatur sucht die kräftigsten Wörter, um anzudeuten, daß sie nicht das Letzte hat. Ja, sie könnte Ausdruck der Hoffnung sein, daß das letzte Wort über uns nie gesprochen wird.« Dieser Satz wäre aufzugreifen und theologisch fruchtbar zu machen. Denn Religion wäre nicht Religion, Theologie nicht Theologie, wenn sie nicht von der Hoffnung und dem Vertrauen Zeugnis gäben, daß das letzte Wort über uns keinem Menschen, wohl aber Gott selbst zusteht.

Zur Vertiefung und literaturwissenschaftlichen wie theologischen Einordnung dieser Ausführungen sei ein Hinweis auf folgende Arbeiten von mir erlaubt: Jesus in der deutschsprachigen Gegenwartsliteratur (1978). Stellvertreter Christi? Der Papst in der zeitgenössischen Literatur (1980). Der andere Jesus. Ein Lesebuch moderner literarischer Texte (1983). Gottesbilder – Menschenbilder. Blicke durch die Literatur unserer Zeit (1985). Alle Arbeiten sind erschienen im Benziger Verlag Zürich und im Gütersloher Verlagshaus Gerd Mohn.

# Autoren- und Quellenverzeichnis

Im folgenden werden vor allem solche Titel aufgeführt, auf die im Gespräch Bezug genommen wurde oder die für die religiös-theologische Auseinandersetzung mit dem Werk des betreffenden Autors von besonderer Bedeutung sind.

## HEINRICH BÖLL

Geb. am 21. Dezember 1917 in Köln. 1970 Präsident des Bundesdeutschen, 1971–1974 Präsident des Internationalen PEN-Clubs. 1972 Nobelpreis für Literatur. Lebt in Hürtgenwald/Grosshau. Unter den *Romanen* sind von besonderer religiös-theologischer Bedeutung: »Und sagte kein einziges Wort« (1953), »Ansichten eines Clowns« (1963), »Gruppenbild mit Dame« (1971), »Fürsorgliche Belagerung« (1979). Im Gespräch hingewiesen wurde auf die *Erzählung* »Steh auf, steh doch auf« (1950), in: Wanderer kommst du nach Spa ..., Erzählungen, München 1967, S. 27–29 (dtv-Ausgabe), auf die *Satire* »Dr. Murkes gesammeltes Schweigen«, in: Nicht nur zur Weihnachtszeit. Satiren, München 1966, S. 87–112 (dtv-Ausgabe), die *Nobelvorlesung* »Versuch über die Vernunft der Poesie«, in: Spuren der Zeitgenossenschaft. Literarische Schriften, München 1980, S. 16–32 sowie das *Gedicht* »Köln 1«, in: Werke 6 (Hörspiele, Theaterstücke, Drehbücher, Gedichte), hrsg. v. B. Balzer (Köln 1979), S. 23. Die Äußerung über *Dostojewski* findet sich in dem Aufsatz: »Blick zurück mit Bitterkeit. Über Rudolf Augsteins ›Jesus Menschensohn‹«, in: Spuren der Zeitgenossenschaft ... S. 9–15. Die *Äußerung über Jesus von Nazareth* findet sich in: Wer ist Jesus von Nazareth – für mich? 100 zeitgenössische Zeugnisse, München 1973, S. 39f. Das Gespräch erschien erstmals am 9.9.1983 in PUBLIK-FORUM.

## Ingeborg Drewitz

Geb. am 10. Januar 1923 in Berlin. Sie ist Mitbegründerin des Verbandes deutscher Schriftsteller, deren Vizepräsidentin sie von 1969 bis 1980 war. Seit 1966 Präsidiumsmitglied des PEN-Zentrums Bundesrepublik Deutschland. Lebt in Berlin/W. Unter den *Romanen* sind von besonderer religiös-theologischer Bedeutung »Oktoberlicht« (1969), »Wer verteidigt Katrin Lambert?« (1974), »Gestern war heute. Hundert Jahre Gegenwart« (1978), »Eis auf der Elbe« (1982). Die *Dramen* der fünfziger Jahre lassen eine intensive Auseinandersetzung mit biblischen Stoffen erkennen: »Alle Tore waren bewacht«. Entst. 1951/52, »Der Mann, der Gott gehaßt hat« (1954), »Moses« (1954). Eindrücke von der *Indienreise* wurden veröffentlicht unter dem Titel »Mein indisches Tagebuch« (1983). Ihre *religiöse Sozialisation* hat sie beschrieben in: Glauben Frauen anders? Erfahrungen, hrsg. v. M. Dirks, Freiburg/Br. 1983, S. 131–136. Das *Gedicht* »Ostern«, die *Äußerung* über den *Tod* und andere (auch religiös relevante) Texte sind zu entnehmen: »Die Samtvorhänge. Erzählungen, Szenen, Berichte«, Gütersloh 1978. Ausführliche *bibliographische Nachweise* enthält der Band: Ingeborg Drewitz. Materialien zu Werk und Wirken, hrsg. v. T. Häussermann, Stuttgart 1983.
Das Gespräch erschien erstmals am 20.1.1984 in PUBLIK-FORUM.

## Barbara Frischmuth

Geb. Am 5. Juli 1941 in Altaussee (Steiermark). Studium der Orientalistik. Längerer Aufenthalt in der Türkei. Veröffentlichte seit 1968 zahlreiche Romane und Erzählungen. Gehört zu den führenden Autorinnen der österreichischen Nachkriegsliteratur. Lebt in Wien.
Unter ihren *Romanen* sind unter religiös-theologischem Aspekt wichtig: »Klosterschule« (1968), »Die Mystifikationen der Sophie Silber« (1976) und »Kopftänzer« (1984). Ihr Aufsatz über *Hildegard von Bingen* ist erschienen in: Die Presse (Wien) vom 15./16.10.1983.
Das Gespräch erschien erstmals am 11.1.1985 in PUBLIK-FORUM.

## Peter Härtling

Geb. am 13. November 1933 in Chemnitz. Journalistische Tätigkeit in den fünfziger Jahren, 1968 bis 1973 zuerst Cheflektor, dann Geschäftsführer des S. Fischer Verlags. Lebt seit 1974 als freier Schriftsteller in Mörfelden-Walldorf. Sein Werk umfaßt Romane, Erzählungen, Kindergeschichten, Gedichte, Essays.
Unter den *Romanen* sind wichtig auch unter theologisch-religiösem Aspekt: »Eine Frau« (1974), »Hölderlin« (1976), »Hubert oder die Rückkehr nach Casablanca« (1978), »Das Windrad« (1983). Unter den *Kindergeschichten* »Oma« (1975), »Ben liebt Anna« (1979), unter den *Erzählungen* »Der wiederholte Unfall« (1980: vor allem die Kafka-Erzählung »Für Ottla«), unter den *Gedichtbänden* »Ausgewählte Gedichte 1953–1979« (1979: dort auch das Franz-von-Assisi-

Gedicht) und »Vorwarnung« (1983), unter den *Essay-Bänden*: »Du bist Orplid, mein Land. Texte von Eduard Mörike und Ludwig Bauer« (1982).
Die Äußerung zur *Friedensproblematik* ist entnommen dem Aufsatz: Klagen wie Hiob, in: Süddeutsche Zeitung vom 1./2.9.1982.
Das Gespräch erschien erstmals am 5.11.1982 in PUBLIK-FORUM.

## STEFAN HEYM

Geb. am 10. April 1913 in Chemnitz. Studierte in Berlin Germanistik und Zeitungswissenschaft, emigrierte 1933 in die Tschechoslowakei, im selben Jahr in die USA. 1937 Chefredakteur der deutsch-amerikanischen Wochenzeitung »Deutsches Volksecho«. 1943 US-Soldat, amerikanische Staatsbürgerschaft, 1948 Austritt aus der Armee. 1953 Übersiedlung in die DDR. Nationalpreisträger der DDR. Seit 1974 können Heyms Arbeiten nur noch im Westen erscheinen. 1979 Ausschluß aus dem DDR-Schriftstellerverband. Begann mit sozialkritischen, zeitgeschichtlichen und historischen *Romanen*, darunter: »Der Fall Glasenapp« (1942), »Goldsborough« (1953), »Lassalle« (1969). Unter religiös-theologischem Aspekt sind besonders interessant die Romane: »Der König David Bericht« (1972) und »Ahasver« (1981). *Autobiographische Essays* enthält die Sammlung: Wege und Umwege. Streitbare Schriften aus fünf Jahrzehnten (1980). Lebt in Berlin/O.
Das Gespräch erschien erstmals am 5.10.1984 in PUBLIK-FORUM.

## WALTER JENS

Geb. am 8. März 1923 in Hamburg. Studium der Germanistik und Klassischen Philologie in Hamburg und Freiburg/Br. Promotion über Sophokles 1944, Habilitation über Tacitus 1949. Seit 1962 Professor für Klassische Philologie und Allgemeine Rhetorik an der Universität Tübingen. 1976–1982 Präsident des PEN-Zentrums Bundesrepublik Deutschland. Lebt in Tübingen. Unter seinen *literarischen Arbeiten*, darunter zahlreiche *Romane, Hörspiele, Übersetzungen, Essays, Kritiken*, sind unter religiös-theologischem Aspekt von besonderer Bedeutung: »Am Anfang der Stall, am Ende der Galgen: Jesus von Nazareth« (1972: Übersetzung des Matthäus-Evangeliums), »Der Barmherzige Samariter« (1973), »Der Fall Judas« (1975), »Republikanische Reden« (1976), »Warum ich Christ bin« (1979), »Frieden. Die Weihnachtsgeschichte in unserer Zeit« (1981), »Ort der Handlung ist Deutschland. Reden in erinnerungsfeindlicher Zeit« (1981), »Kanzel und Katheder« (1984). Außerdem ist Walter Jens der *Hrsg.* der Reihe »Assoziationen. Gedanken zu biblischen Texten« (1978ff). Peter Kuschels Gedicht findet sich in dessen Gedichtband »Chausseen, Chausseen«, Frankfurt am Main, 1963, S. 64.
Das Gespräch erschien erstmals am 23.12.1981 in PUBLIK-FORUM.

### Kurt Marti

Geb. am 31. Januar 1921 in Bern. Studierte Jura und Theologie in Bern und Basel. Von 1961 bis 1983 war er reformierter Pfarrer an der Nydegg-Kirche in Bern. Lebt in Bern. Veröffentlichte *Romane* (»Die Riesin. Ein Bericht« 1975), *Gedichte, Essays*. Von besonderer Bedeutung sind folgende Arbeiten: »Gedichte am Rand« (1963), »Leichenreden« (1969), »Zärtlichkeit und Schmerz. Notizen« (1979), »Abendland. Gedichte« (1980), »Gottesbefragung. Der 1. Johannesbrief heute« (1982), »Schöpfungsglaube. Die Ökologie Gottes« (1983).
Das Gespräch erschien erstmals am 17.4.1981 in PUBLIK-FORUM.

### Adolf Muschg

Geb. am 13. Mai 1934 in Zollikon bei Zürich. Studium der Germanistik, Anglistik und Psychologie. Promotion 1959 über Ernst Barlach. Lehrtätigkeit in Zürich, Tokio, Göttingen, Ithaca, N.Y., Genf. Seit 1970 Professor für Germanistik an der ETH in Zürich. Lebt in Kilchberg bei Zürich.
Veröffentlichte zahlreiche *Romane, Erzählungen, Theaterstücke, Essays*, darunter: »Gegenzauber« (1967), »Liebesgeschichten« (1972), »Albissers Grund« (1974), »Leib und Leben« (1982). Unter religiös-theologischem Aspekt sind von besonderer Bedeutung: »Literatur als Therapie? Ein Exkurs über das Heilsame und das Unheilbare« (1981) sowie »Das Licht und der Schlüssel. Erziehungsroman eines Vampirs« (1984).
Das Gespräch wird in diesem Band zum ersten Mal veröffentlicht.

### Luise Rinser

Geb. am 30. April 1911 in Pitzling/Obb. Studium der Psychologie und Pädagogik. 1934 bis 1939 Lehrerin, dann freie Schriftstellerin. Lebt in Rocca di Papa bei Rom.
Veröffentlichte zahlreiche *Romane*, *Erzählungen* und *Essays*, die stets eine engagierte Auseinandersetzung mit religiös-christlichen Themen enthalten. Ihre seit 1970 veröffentlichten *Tagebücher* lassen eine religiöse Neuorientierung erkennen und sind deshalb für das Gespräch von besonderer Bedeutung: »Baustelle« (1970), »Grenzübergänge« (1972), »Kriegsspielzeug« (1978), »Winterfrühling« (1982). Wichtig außerdem der erste Band der *Autobiographie*: »Den Wolf umarmen« (1981) sowie der *Maria-Magdalena-Roman* »Mirjam« (1983).
Das Gespräch erschien erstmals am 18.6.1982 in PUBLIK-FORUM.

## Wolfdietrich Schnurre

Geb. am 22. August 1920 in Frankfurt/M. 1939 bis 1945 Soldat, dann Film- und Theaterkritiker. Mitbegründer der Gruppe 47. 1983 Georg-Büchner-Preis für Literatur. Lebt in Barförde bei Lauenburg.
Schrieb zahlreiche *Erzählungen, Romane, Kinderbücher, Gedichte, Hör- und Fernsehspiele*. Darunter »Als Vaters Bart noch rot war« (1958), »Das Los unserer Stadt« (1959), »Die Aufzeichnungen des Pudels Ali« (1962). Unter religiös-theologischem Aspekt sind vor allem die *Gedichte der Frühzeit*, gesammelt unter dem Titel »Kassiber« (1956: dort auch das Gedicht »Tröstung«), von Bedeutung sowie die *Publikationen vom Ende der siebziger Jahre an*: »Der Schattenfotograf. Aufzeichnungen« (1978) und »Ein Unglücksfall. Roman« (1981). Hingewiesen sei auch auf die *Büchner-Preis-Rede*: »Zwiegespräch mit einem toten Kollegen. Versuch einer Annäherung« in: Süddeutsche Zeitung vom 22./23.10.1983.
Das Gespräch erschien erstmals am 11.5.1984 in PUBLIK-FORUM.

## Karin Struck

Geb. am 14. Mai 1947 in Schlagtow bei Greifswald/Mecklenburg. Studium der Germanistik, Romanistik und Psychologie in Bochum, Bonn und Düsseldorf. Seit 1973 freie Schriftstellerin. Lebt in Hamburg.
Auch unter religiös-theologischem Aspekt sind ihre *Romane* von Bedeutung: »Klassenliebe« (1973), »Die Mutter« (1975), »Lieben« (1977), außerdem ihre *Erzählungen* »Die Herberge« (1981) und »Zwei Frauen« (1982). Ihre im Gespräch erwähnten *Prosaarbeiten*, »Schnee. Erzählung« sowie »Das zerstörte Weihnachtsgefühl oder Lenz und Oberlin« liegen mir im Manuskript vor.
Das Gespräch erschien erstmals am 3.6.1983 in PUBLIK-FORUM.

## Martin Walser

Geb. am 24. März 1927 in Wasserburg/Bodensee. Studium der Germanistik, Geschichte und Philosophie in Tübingen. Promotion 1951 über Franz Kafka. Mitarbeit beim Süddeutschen Rundfunk in den fünfziger Jahren, dann freier Schriftsteller. Lebt in Nußdorf/Bodensee.
Veröffentlichte zahlreiche *Romane*, *Erzählungen*, *Theaterstücke* und *Essays*. Erhielt 1981 den Georg-Büchner-Preis. Unter religiös-theologischen Aspekten sind folgende Arbeiten von Bedeutung: »Halbzeit« (1960), »Seelenarbeit« (1979), »Das Schwanenhaus« (1980). Neben diesen Romanen folgende *Essay-Bände*: »Wer ist ein Schriftsteller?« (1979), »Selbstbewußtsein und Ironie. Frankfurter Vorlesungen« (1981: darin Auseinandersetzung mit Kierkegaard), »Liebeserklärungen« (1983: darin die Reden über Heinrich Heine und Georg Büchner).
Das Gespräch erschien erstmals am 3.5.1985 in PUBLIK-FORUM.